# 자바따
### 자격증 바로 따기

핵심만 쏙쏙 예제는 빵빵

# DIAT
## 워드프로세서 2022

**초판 발행일** | 2024년 12월 05일
**저자** | 해람북스 기획팀
**발행인** | 최용섭
**책임편집** | 이준우
**기획진행** | 김미경

㈜해람북스
**주소** | 서울시 용산구 한남대로 11길 12, 6층
**문의전화** | 02-6337-5419
**팩스** | 02-6337-5429
**홈페이지** | https://class.edupartner.co.kr

**발행처** | (주)미래엔에듀파트너  **출판등록번호** | 제2020-000101호

**ISBN** 979-11-6571-215-0 (13000)

이 책은 저작권법에 따라 보호받는 저작물이므로 무단전재와 무단복제를 금지하며,
이 책 내용의 전부 또는 일부를 이용하려면 반드시 저작권자와 (주)미래엔에듀파트너의 서면동의를 받아야 합니다.

※ 잘못된 책은 바꾸어 드립니다.
※ 책 가격은 뒷면에 있습니다.

# DIAT 시험 안내

## ⊙ 디지털정보활용능력(DIAT ; Digital Information Ability Test)

- 컴퓨터와 인터넷을 이용한 정보가 넘쳐나고 사물과 사물 간에도 컴퓨터와 인터넷이 연결된 디지털 정보시대에 기본적인 정보통신기술, 정보처리기술의 활용 분야에 대해 학습이나 사무업무를 수행할 수 있도록 종합적으로 묶어서 구성한 자격 종목입니다.
- 총 6개의 과목으로 구성(작업식 5개 과목, 객관식 1개 과목)되어 1개 과목만으로도 자격 취득이 가능하고, 합격 점수에 따라 초/중/고급 자격이 부여됩니다.
- 과목별로 시험을 응시하며, 시험 당일 한 회차에 최대 3개 과목까지 응시가 가능합니다.

## ⊙ 필요성

- 사무업무에 즉시 활용이 가능한 작업식 위주의 실기 시험입니다.
- 정보통신, OA, 멀티미디어, 인터넷 등 분야별 등급화를 통한 실무 능력을 인증합니다.

## ⊙ 자격 종류

- 자격구분 : 공인민간자격
- 등록번호 : 2008-0265
- 공인번호 : 과학기술정보통신부 제2020-2호

## ⊙ 응시 지역 및 비용

| 응시 지역 | 응시 자격 | 응시 비용 |
|---|---|---|
| 전국 | 제한 없음 | 1과목 20,000원 / 2과목 36,000원 / 3과목 51,000원<br>(※시행일자 기준 2021년 1월 적용) |

※ 응시 지역은 운영 상황에 따라 변경될 수 있음
※ 자격증 발급 수수료 : 5,800원(배송료 포함)
  - 정보 이용료 별도 : 신용카드/계좌이체 650원, 가상계좌 입금 300원

## ⊙ 시험 준비물

- 신분증 : 주민등록증, 운전면허증(국내), 여권(유효기간 내), 청소년증, 공무원증, 장애인등록증 등
- 필기 도구 : 검정색 볼펜(시험 문제지에 이름/수험번호 기재 시 사용)
- 수험표 : 시험접수 → 수험표 출력 메뉴에서 수험표 출력(수험표를 출력하기 위해서는 응시자 본인 여부를 명확히 판단할 수 있는 증명 사진이 등록되어야 함)

Digital Information Ability Test

## ◉ 시험 과목

| 검정 과목 | 사용 프로그램 | 검정 방법 | 문항수 | 시험 시간 | 배점 | 합격 기준 |
|---|---|---|---|---|---|---|
| 프리젠테이션 | - MS 파워포인트<br>- 한컴오피스 한쇼 | 작업식 | 4문항 | 40분 | 200점 | - 초급 : 80~119점<br>- 중급 : 120~159점<br>- 고급 : 160~200점 |
| 스프레드시트 | - MS 엑셀<br>- 한컴오피스 한셀 | 작업식 | 5문항 | 40분 | 200점 | |
| 워드프로세서 | 한컴오피스 한글 | 작업식 | 2문항 | 40분 | 200점 | |
| 멀티미디어제작 | 포토샵/곰믹스 | 작업식 | 3문항 | 40분 | 200점 | |
| 인터넷정보검색 | 인터넷 | | 8문항 | 40분 | 100점 | - 초급 : 40~59점<br>- 중급 : 60~79점<br>- 고급 : 80~100점 |
| 정보통신상식 | CBT 프로그램 | 객관식 | 40문항 | 40분 | 100점 | |

※ 스프레드시트(한셀), 프리젠테이션(한쇼)는 서울, 경기, 인천 지역에 한하여 접수 가능

## ◉ 출제 가이드

| 과목 | 검정 항목 | 검정 내용 |
|---|---|---|
| 프리젠테이션 | 기본 설정 | 용지 크기 및 방향 설정, 슬라이드 마스터 작성 |
| | 슬라이드 작성 | 도형 모양, 색상, 도형 효과, 애니메이션, 스마트아트, 표 및 차트, 워드아트 등 |
| 스프레드시트 | 데이터 입력 및 수식과 함수 | 데이터 입력과 셀 선택, 워크시트 데이터 편집, 수식과 함수 이용 |
| | 데이터 관리/분석 및 차트 | 피벗 테이블 및 차트 작성 |
| 워드프로세서 | 워드 작성 | 제목, 특수 문자, 문서 글꼴 변경, 속성 변경, 크기 변경, 머리말, 쪽 번호 |
| | 표 및 차트 작성 | 제목, 한자, 소제목, 글꼴 변경, 편집, 다단, 각주, 이미지, 표, 차트, 테두리, 머리말, 쪽 번호 |
| 멀티미디어제작 | 이미지 보정 및 편집 | 이미지 크기, 밝기 및 레벨, 보정 및 편집, 사진 합성 및 클리핑 마스크/레이어 마스크 |
| | 동영상 편집 | 클립 및 순서 지정, 비디오 속도 및 전환 효과 설정 |
| 인터넷정보검색 | 주제별 내용 검색 | 시사, 정치, 사회, 문학, 의학, 과학, 오락, 교육, 경제, 스포츠 |
| 정보통신상식 | 컴퓨터의 이해 | 컴퓨터 일반, 운영 체제, 멀티미디어 등 |
| | 정보통신 이해 | 네트워크 기술, 인터넷 기술 등 |
| | 정보사회 이해 | 정보사회와 윤리, 정보보호 등 |

Digital Information Ability Test

## ◉ 입실 및 시험 시간

| 교시 | 입실 완료 시간 | 시험 시간 |
|---|---|---|
| 1교시 | 08:50 | 09:00~09:40(40분) |
| 2교시 | 10:00 | 10:10~10:50(40분) |
| 3교시 | 11:10 | 11:20~12:00(40분) |
| 4교시 | 12:20 | 12:30~13:10(40분) |

※ 시험실에는 수험생만 입실할 수 있으며, 입실 완료 시간 이후 절대 입실 불가

## ◉ 자격 활용 현황

| 구분 | 내용 | 관련 근거 |
|---|---|---|
| 학점은행제 인정 | 3과목 이상 : 고급 6학점, 중급 4학점(일반 선택) | 학점인정 등에 관한 법률 제7조 |
| 고등학생 재학 중 취득 학교생활기록부 기재 인정 | 초급, 중급, 고급 | 초·중등교육법 제25조 |
| 현역병 군지원(모병) 대상자 복무 선정 | 초급, 중급, 고급 | 병무청 군지원(모병) 안내 |
| 육군 학군부사관 모집 가점 | 고급 | 육군본부 학군부사관 모집 공고 |

## ◉ 자격 활용처

| 내용 | 활용처 |
|---|---|
| 학점 인정 | 한국성서대학교 |
| 채용 우대 | 한국관광공사, 울산해양경찰서, 국립해양과학관, 전북선거관리위원회, ㈜트리피, 중소기업기술정보진흥원, 오알피연구소, 나인스텝컨설팅㈜, 한국부동산원, 한국과학기술평가원, ㈜KT(인턴), ㈜인스코리아, ㈜고고팩토리, ㈜유니컴즈, ㈜에이투이커뮤니케이션, ㈜웨슬리퀘스트, ㈜마음AI, ㈜아테나컴퍼니, ㈜인하이브, ㈜백스포트, ㈜케이아이미디어 |

# 답안 전송 프로그램 사용 방법

**01** 수검번호의 목록 단추를 클릭하여 해당 과목을 선택한 후 수검번호와 수검자명을 입력하고, [확인] 버튼을 클릭합니다.

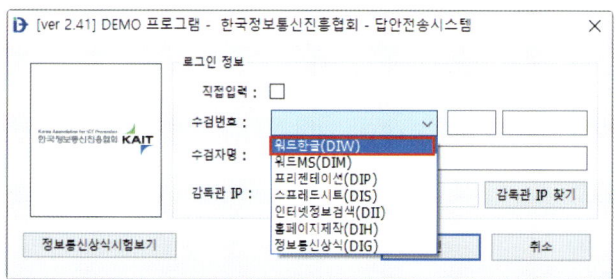 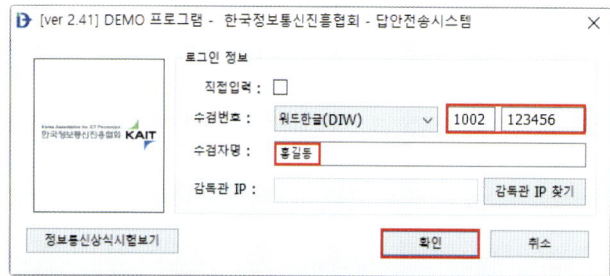

※ 'KAITCBT_DEMO' 프로그램은 KAIT에서 배포한 데모 버전의 개인용 실습 프로그램으로 실제 시험장에서는 제어되지 않습니다. 시험 환경을 미리 확인하는 차원에서 사용합니다.

**02** 수검자 유의사항을 확인한 후 마스터 키 입력란을 클릭하고, [Enter] 키를 누릅니다.

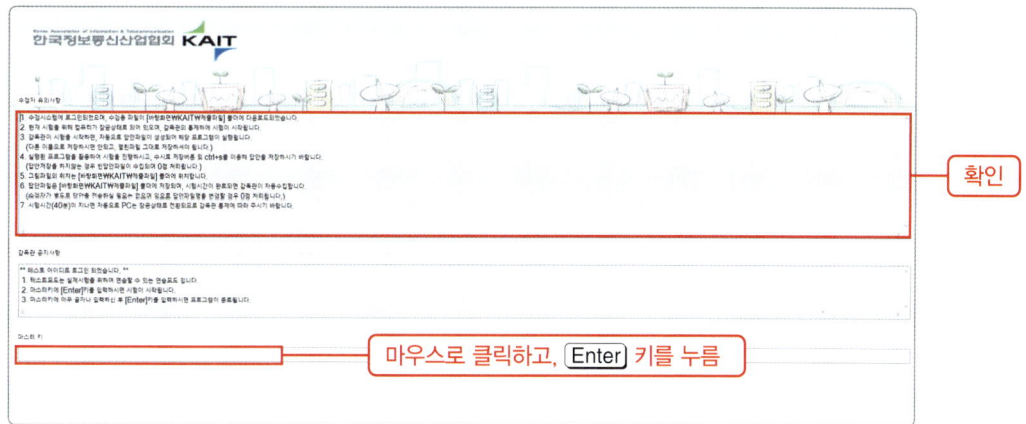

**03** 시험이 시작되면서 해당 프로그램이 자동으로 실행됩니다. 이때, 답안 전송 프로그램에서 자동으로 파일명이 생성되므로 파일명을 임의로 변경하지 않습니다.

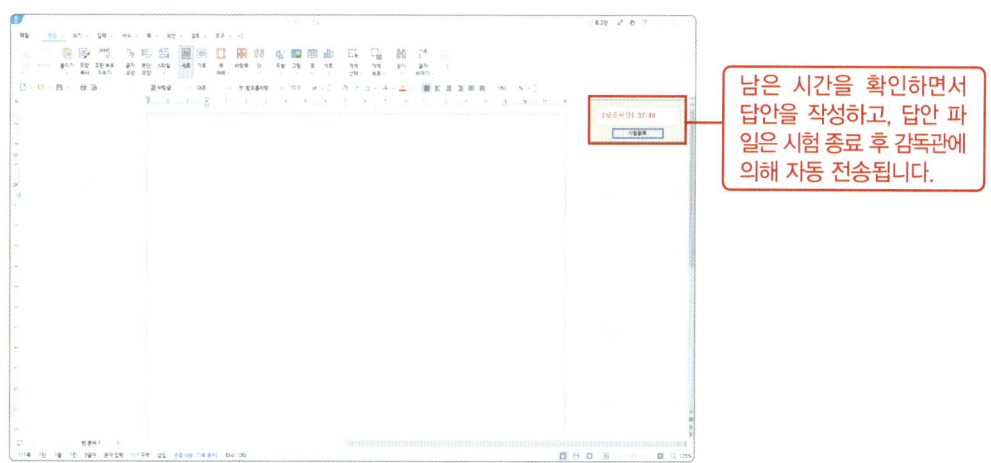

# 이 책의 차례

## PART 01 유형사로잡기

유형 분석 01 기본 설정과 문서 작성 …………… 008
유형 분석 02 글맵시 입력과 편집 …………… 015
유형 분석 03 문단 첫 글자 장식 …………… 021
유형 분석 04 특수 문자와 글자/문단 모양 ……… 025
유형 분석 05 머리말과 쪽 번호 매기기 ………… 037
유형 분석 06 다단과 글상자 삽입 …………… 043
유형 분석 07 다단 내용과 한자/각주 입력 ……… 050
유형 분석 08 그림 삽입과 쪽 테두리 설정 ……… 061
유형 분석 09 표 삽입과 편집 …………… 068
유형 분석 10 차트 삽입과 편집 …………… 078

## PART 02 실전모의고사

제01회 실전모의고사 …………… 094
제02회 실전모의고사 …………… 098
제03회 실전모의고사 …………… 102
제04회 실전모의고사 …………… 106
제05회 실전모의고사 …………… 110
제06회 실전모의고사 …………… 114
제07회 실전모의고사 …………… 118
제08회 실전모의고사 …………… 122
제09회 실전모의고사 …………… 126
제10회 실전모의고사 …………… 130
제11회 실전모의고사 …………… 134
제12회 실전모의고사 …………… 138
제13회 실전모의고사 …………… 142
제14회 실전모의고사 …………… 146
제15회 실전모의고사 …………… 150
제16회 실전모의고사 …………… 154
제17회 실전모의고사 …………… 158
제18회 실전모의고사 …………… 162
제19회 실전모의고사 …………… 166
제20회 실전모의고사 …………… 170

## PART 03 최신기출유형

제01회 최신기출유형 …………… 176
제02회 최신기출유형 …………… 180
제03회 최신기출유형 …………… 184
제04회 최신기출유형 …………… 188
제05회 최신기출유형 …………… 192
제06회 최신기출유형 …………… 196
제07회 최신기출유형 …………… 200
제08회 최신기출유형 …………… 204
제09회 최신기출유형 …………… 208
제10회 최신기출유형 …………… 212

# PART

# 01

# 유형사로잡기

유형 분석 **01** 기본 설정과 문서 작성

유형 분석 **02** 글맵시 입력과 편집

유형 분석 **03** 문단 첫 글자 장식

유형 분석 **04** 특수 문자와 글자/문단 모양

유형 분석 **05** 머리말과 쪽 번호 매기기

유형 분석 **06** 다단과 글상자 삽입

유형 분석 **07** 다단 내용과 한자/각주 입력

유형 분석 **08** 그림 삽입과 쪽 테두리 설정

유형 분석 **09** 표 삽입과 편집

유형 분석 **10** 차트 삽입과 편집

# 기본 설정과 문서 작성

유형분석 01

**핵심만 쏙쏙** 편집 용지 설정 / 기본 글자 서식 지정 / 구역 나누기

문서 작성 전에 시험 문제의 주어진 조건에 맞게 편집 용지, 기본 글자 서식, 구역 나누기 등의 기본적인 설정 방법에 대하여 알아봅니다.

▶ 예제 파일 : 없음  ▶ 완성 파일 : 유형 분석 01₩유형 01_완성.hwpx

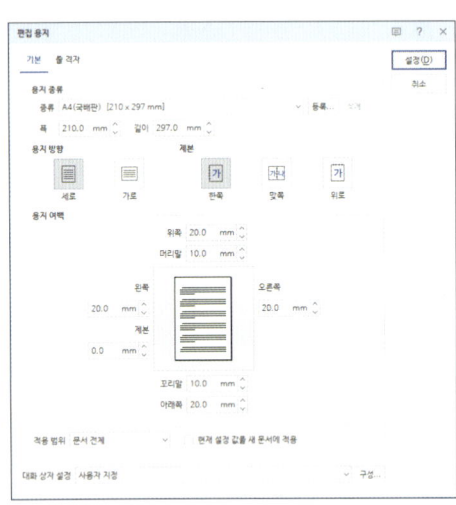

◀ [파일]-[편집 용지] / [쪽] 탭-[편집 용지] 단추

▼ 서식 도구 상자

▲ [쪽]-[구역 나누기] / [쪽] 탭-[구역 나누기] 단추

### 클래스 업

- [편집 용지] 대화 상자에서 용지 종류, 용지 방향, 용지 여백을 조건에 맞게 설정합니다.
- 서식 도구 상자에서 조건에 맞게 기본 글자 서식을 지정합니다.
- 구역 나누기를 실행한 후 [문제1]의 내용을 입력하고, 저장합니다.

## 유형잡기 01 편집 용지와 기본 글자 서식 지정하기

❶ 한글 2022 초기 화면에서 [파일]-[편집 용지]를 선택하거나 F7 키를 누릅니다.

❷ [편집 용지] 대화 상자의 [기본] 탭에서 용지 종류(A4(국배판) [210×297mm]), 용지 방향(세로), 용지 여백(왼쪽-20mm, 오른쪽-20mm, 위쪽-20mm, 아래쪽-20mm, 머리말-10mm, 꼬리말-10mm, 제본-0mm)을 각각 지정하고, [설정] 버튼을 클릭합니다.

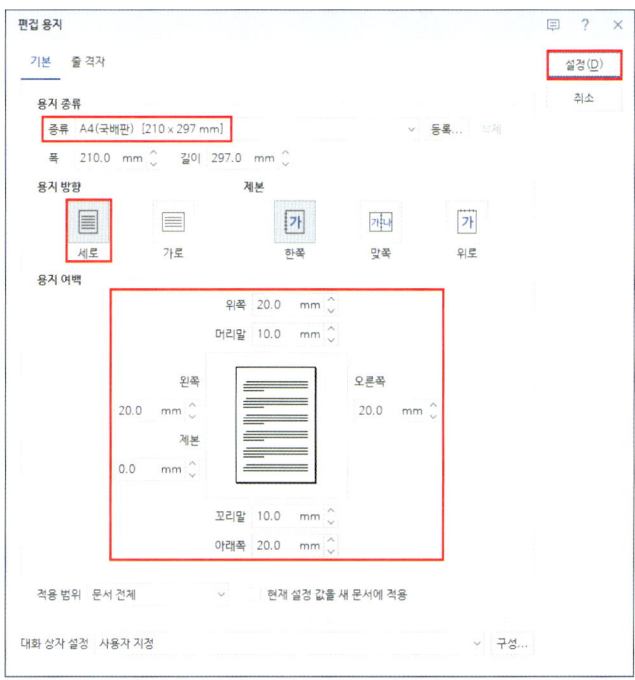

❸ 서식 도구 상자에서 글꼴(바탕), 글자 크기(10pt), 정렬 방식(양쪽 정렬), 줄 간격(160%)을 확인(변경)합니다.

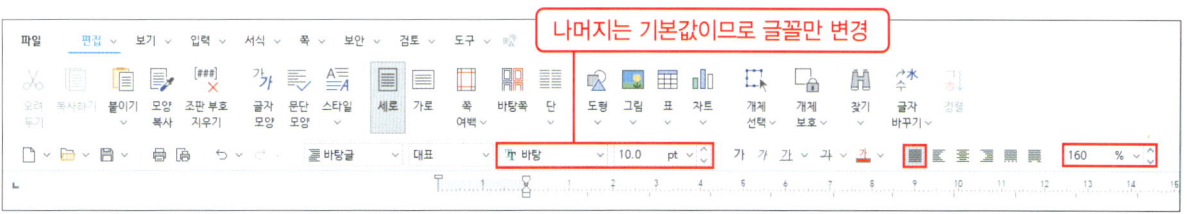

 **기타 글자 서식**
- 영문, 숫자 등은 별도의 지시가 없는 한 반각(1byte) 문자를 사용합니다.
- 특수 문자는 문자표(전각 기호)를 이용하여 작성합니다.

## 유형잡기 02 페이지 구역 나누기

① 구역을 나누기 위하여 [쪽]-[구역 나누기]를 선택하거나 Alt + Shift + Enter 키를 누릅니다.

② 페이지가 나누어지면서 마우스 포인터가 2쪽에 위치하는 것을 확인할 수 있습니다.

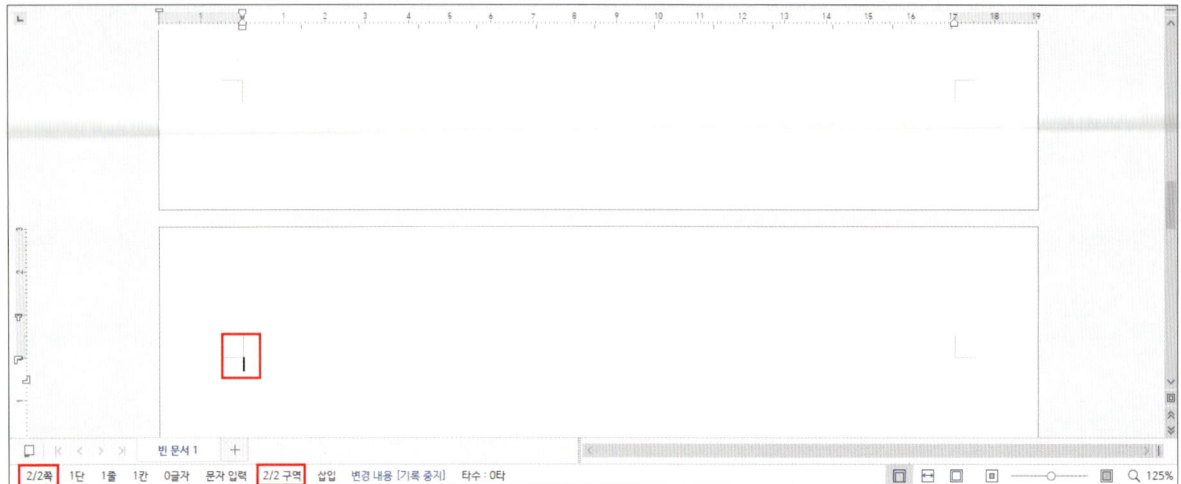

 **쪽 나누기와 구역 나누기**

- 쪽 나누기는 커서 위치에서 쪽을 새로 나누는 기능이고, 구역 나누기는 커서 위치에서 구역을 새로 나누는 기능인데 구역을 나누면 구역마다 [편집 용지]를 다르게 설정하거나 [새 개요 번호 모양]을 만들 수 있습니다.
- 1페이지에 [문제1]을 작성하고, 구역을 나누어 2페이지에 [문제2]를 작성합니다.

## 유형잡기 03 문서 작성과 저장하기

① 마우스 포인터를 1페이지로 이동시킨 후 Enter 키를 두 번 누르고, [문제1]의 내용을 다음과 같이 정확하게 입력합니다.

> Enter 키를 두 번 누르는 이유는 추후 글맵시를 삽입하기 위함
>
> 인공지능은 이제 한 분야의 학문으로 정립된 지 70여 년이 되어가고 있습니다. 작년 학술대회는 다양한 분야에 적용 가능한 관련 논문과 각 분야의 전문가께서 연사로 참여해 주셔서 성공리에 마무리될 수 있었습니다. 2025년 학술대회에서는 최근 인공지능 기술과 4차 산업혁명이 앞으로 사회적 그리고 경제적으로 우리 인류에게 어떤 영향을 미칠지 되짚어 볼 수 있는 소중하고 의미 있는 시간이 되리라 생각합니다. 많은 관심과 참석 바랍니다.

### Tip 문단 부호

실제 시험의 지시 사항과는 무관하지만 문장의 줄 바꿈을 확인하려면 [보기] 탭에서 '문단 부호'를 선택합니다.

② [파일]-[저장하기]를 선택하거나 Alt + S 키를 눌러서 완성된 파일을 저장합니다. 서식 도구 상자에서 저장하기() 단추를 클릭해도 됩니다.

### Tip 답안 파일명

- 시험장에서는 답안 전송 프로그램에 따라 자동으로 생성된 파일명을 사용해야 하므로 저장(🖫) 단추나 Ctrl + S 키를 수시로 눌러서 저장하는 것이 좋습니다.
- 답안 파일이 저장되는 위치는 지정된 폴더(바탕 화면의 [KAIT] 폴더)이며, 이는 답안 전송 프로그램 로그인 시 바탕 화면에 자동으로 생성됩니다.

# 출제 유형 문제

▶ 예제 파일 : 없음  ▶ 완성 파일 : 유형 분석 01₩유형 02_완성.hwpx

**01** 작성 조건을 이용하여 다음과 같은 문서를 완성해 보세요.

**작성 조건**
- ▶ 용지 종류(A4(국배판) [210×297mm]), 용지 방향(세로), 용지 여백(왼쪽/오른쪽-20mm, 위쪽/아래쪽-20mm, 머리말/꼬리말-10mm, 제본-0mm)
- ▶ 글꼴(바탕), 글자 크기(10pt), 정렬 방식(양쪽 정렬), 줄 간격(160%), 구역 나누기

올해 10월 9일에 세종대왕박물관에서는 세종대왕께서 한글을 창제하고 반포하신 것을 기념하고, 또한 한글 창제의 깊은 뜻을 알리려고 합니다. 국내외에서 한국어를 공부하고 있는 모든 이에게 한글과 관련된 박물관에서 소장하고 있는 관련 그림과 문헌자료 외에도 외부 박물관 및 개인 소장품의 전시가 계획되어 있습니다. 이번 전시행사를 통해 한글에 대하여 보다 깊은 이해뿐만 아니라 교육생과 교육자의 친목 및 의견교환을 할 수 있는 소중한 시간이 되리라 생각합니다.

▶ 예제 파일 : 없음  ▶ 완성 파일 : 유형 분석 01₩유형 03_완성.hwpx

**02** 작성 조건을 이용하여 다음과 같은 문서를 완성해 보세요.

**작성 조건**
- ▶ 용지 종류(A4(국배판) [210×297mm]), 용지 방향(세로), 용지 여백(왼쪽/오른쪽-20mm, 위쪽/아래쪽-20mm, 머리말/꼬리말-10mm, 제본-0mm)
- ▶ 글꼴(바탕), 글자 크기(10pt), 정렬 방식(양쪽 정렬), 줄 간격(160%), 구역 나누기

동해바다사랑축제는 지역 상권 발전을 위해 지역 상인들의 기부와 봉사로 시작되었고 축제 첫날부터 백사장 미디어 존과 미디어아트로 신비롭고 창의적인 경광을 볼 수 있습니다. 아름다운 빛의 조형물과 함께 포토존에서 추억을 만들어 보세요! 그 외에도 무료 체험부스와 먹거리부스, 각종 행사존 스탬프 투어로 많은 선물을 받아 가시면서 온 가족이 즐길 수 있는 축제가 될 것입니다. 바다와 함께 정적인 이미지를 개선할 다양한 행사를 즐겨보시기를 바랍니다.

# 출제 유형 문제

▶ 예제 파일 : 없음  ▶ 완성 파일 : 유형 분석 01₩유형 04_완성.hwpx

**03** 작성 조건을 이용하여 다음과 같은 문서를 완성해 보세요.

**작성 조건**
- ▶ 용지 종류(A4(국배판) [210×297mm]), 용지 방향(세로), 용지 여백(왼쪽/오른쪽-20mm, 위쪽/아래쪽-20mm, 머리말/꼬리말-10mm, 제본-0mm)
- ▶ 글꼴(바탕), 글자 크기(10pt), 정렬 방식(양쪽 정렬), 줄 간격(160%), 구역 나누기

교육용 로봇으로서의 휴머노이드 사용 증가와 가정에서 개인 보조용으로 휴머노이드 로봇에 대한 수요가 급증하는 등 로봇 시장은 2028년까지 138억 달러 규모로 성장할 것으로 예측하고 있습니다. 이번 박람회에서는 로봇과 관련한 여러 분야에 걸쳐 로봇공학 기술의 최신 발전을 한눈에 볼 수 있으며 국내외 로봇 산업 회사들의 프레젠테이션과 로봇 제품을 모두 만나실 수 있습니다. 로봇 산업에 관심을 가지고 계신 다양한 업계의 관계자 여러분들의 많은 참여를 바랍니다.

▶ 예제 파일 : 없음  ▶ 완성 파일 : 유형 분석 01₩유형 05_완성.hwpx

**04** 작성 조건을 이용하여 다음과 같은 문서를 완성해 보세요.

**작성 조건**
- ▶ 용지 종류(A4(국배판) [210×297mm]), 용지 방향(세로), 용지 여백(왼쪽/오른쪽-20mm, 위쪽/아래쪽-20mm, 머리말/꼬리말-10mm, 제본-0mm)
- ▶ 글꼴(바탕), 글자 크기(10pt), 정렬 방식(양쪽 정렬), 줄 간격(160%), 구역 나누기

서울시가 중장년의 안정적인 노후 준비, 지속적인 경제 활동을 지원함으로써 교육 사각지대를 해소하기 위해 서울런 4050 중장년 특화 온라인 강좌를 시작합니다. 이용자는 수강 신청 시 일부 비용을 부담하되 강좌 수료 시 환급받을 수 있습니다. 강좌는 서울시에 거주하는 4050 세대 시민이라면 누구나 주제별, 인기순 등 맞춤형 큐레이션을 통해 강좌를 추천받고, 자신의 학습 현황을 관리하는 등 편리한 학습 환경을 이용할 수 있습니다. 4050 중장년 여러분의 많은 관심과 참여를 부탁드립니다.

## 출제 유형 문제

▶ 예제 파일 : 없음  ▶ 완성 파일 : 유형 분석 01₩유형 06_완성.hwpx

**05** 작성 조건을 이용하여 다음과 같은 문서를 완성해 보세요.

작성 조건
▶ 용지 종류(A4(국배판) [210×297mm]), 용지 방향(세로), 용지 여백(왼쪽/오른쪽-20mm, 위쪽/아래쪽-20mm, 머리말/꼬리말-10mm, 제본-0mm)
▶ 글꼴(바탕), 글자 크기(10pt), 정렬 방식(양쪽 정렬), 줄 간격(160%), 구역 나누기

---

제주 청룡 파크에서 <여름에도 청룡 파크와 보내세요!> 하계 행사를 진행합니다. 축제가 진행되는 기간 중 방문한 모든 용띠 고객에게 특별한 선물을 제공할 예정입니다. 실외 광장에서는 여의주를 꼭 닮은 여름 한정 메뉴를 만나볼 수 있으며, 전시실에서는 용과 관련된 전시를 관람하실 수 있습니다. 행사 동안 마스터 레이서만이 탑승할 수 있는 경주용 카트를 한 시간 동안 무제한으로 탈 수 있는 시간권을 선보여 특별함을 더했습니다. 여러분의 많은 관심과 참여를 부탁드립니다.

---

▶ 예제 파일 : 없음  ▶ 완성 파일 : 유형 분석 01₩유형 07_완성.hwpx

**06** 작성 조건을 이용하여 다음과 같은 문서를 완성해 보세요.

작성 조건
▶ 용지 종류(A4(국배판) [210×297mm]), 용지 방향(세로), 용지 여백(왼쪽/오른쪽-20mm, 위쪽/아래쪽-20mm, 머리말/꼬리말-10mm, 제본-0mm)
▶ 글꼴(바탕), 글자 크기(10pt), 정렬 방식(양쪽 정렬), 줄 간격(160%), 구역 나누기

---

도로에서 보행자 및 운전자의 안전과 올바른 교통 문화를 정립하기 위해서는 매년 변경되는 도로교통법에 대하여 반드시 이해해야 합니다. 운전자가 미처 인지하지 못하는 다양한 돌발 상황의 발생 가능성을 최대한 낮추고, 도로에서 발생 가능한 분쟁을 보다 합리적으로 대처할 수 있는 환경을 함께 만들어가야 할 것입니다. 올해 상반기에 개최하는 '제3회 우리교통문화 캠페인'의 원활한 진행을 위해 적극적으로 활동해 주실 자원봉사자를 모집합니다. 올바른 교통 문화 정착을 위해 성심성의껏 봉사해 주실 분들의 많은 관심과 지원을 부탁드립니다.

---

[Hint] [파일]-[편집 용지], 서식 도구 상자, [쪽]-[구역 나누기] 등을 이용하여 작성 조건을 설정합니다.

## 유형분석 02 글맵시 입력과 편집

**핵심만 쏙쏙** 글맵시 입력 / 글맵시 편집

문서 상단에 [문제1]에 있는 글맵시 내용을 입력한 후 글맵시 모양, 글꼴, 크기(너비와 높이), 위치, 채우기(면 색) 등의 글맵시 편집 방법에 대하여 알아봅니다.

▶ 예제 파일 : 유형 분석 02₩유형 01_문제.hwpx  ▶ 완성 파일 : 유형 분석 02₩유형 01_완성.hwpx

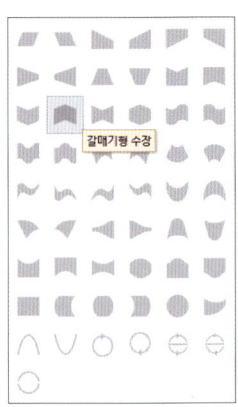
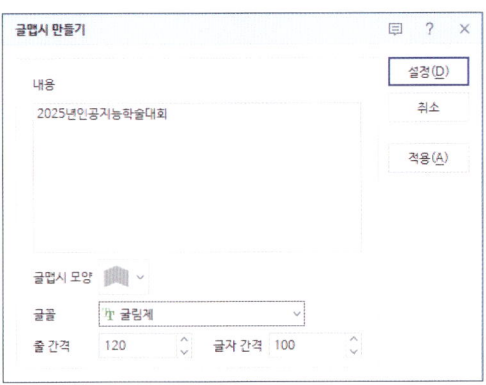

▲ [입력]-[개체]-[글맵시] / [입력] 탭-[글맵시] 단추

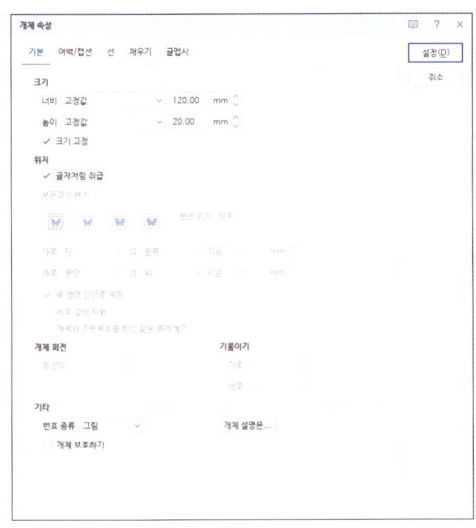
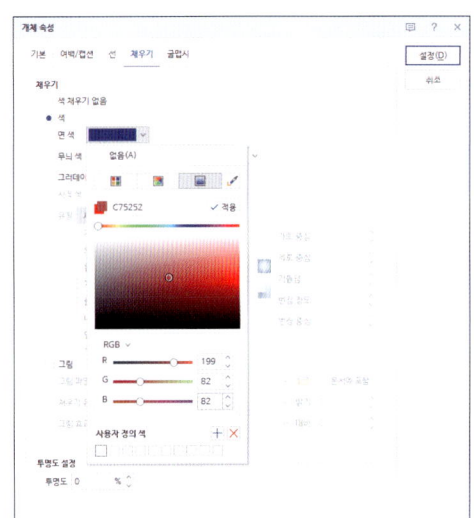

▲ 글맵시 더블 클릭 / 글맵시의 [바로 가기 메뉴]-[개체 속성]

### 클래스 업

- [글맵시 만들기] 대화 상자에서 내용, 글맵시 모양, 글꼴을 각각 선택합니다.
- [개체 속성] 대화 상자의 [기본] 탭에서 크기와 위치를, [채우기] 탭에서 면 색(색상:RGB)을 각각 지정합니다.

## 유형잡기 01 글맵시 입력하기

1. [파일]-[불러오기]를 선택하거나 서식 도구 상자에서 불러오기(📂) 단추를 클릭합니다. [불러오기] 대화 상자에서 '유형 분석 02₩유형 01_문제.hwpx'를 불러오기 합니다.

2. 1페이지의 첫 번째 줄에 커서를 위치시킨 후 [입력]-[개체]-[글맵시]를 선택합니다.

3. [글맵시 만들기] 대화 상자에서 주어진 내용을 입력한 후 글맵시 모양(갈매기형 수장), 글꼴(굴림체)를 각각 선택하고, [설정] 버튼을 클릭합니다.

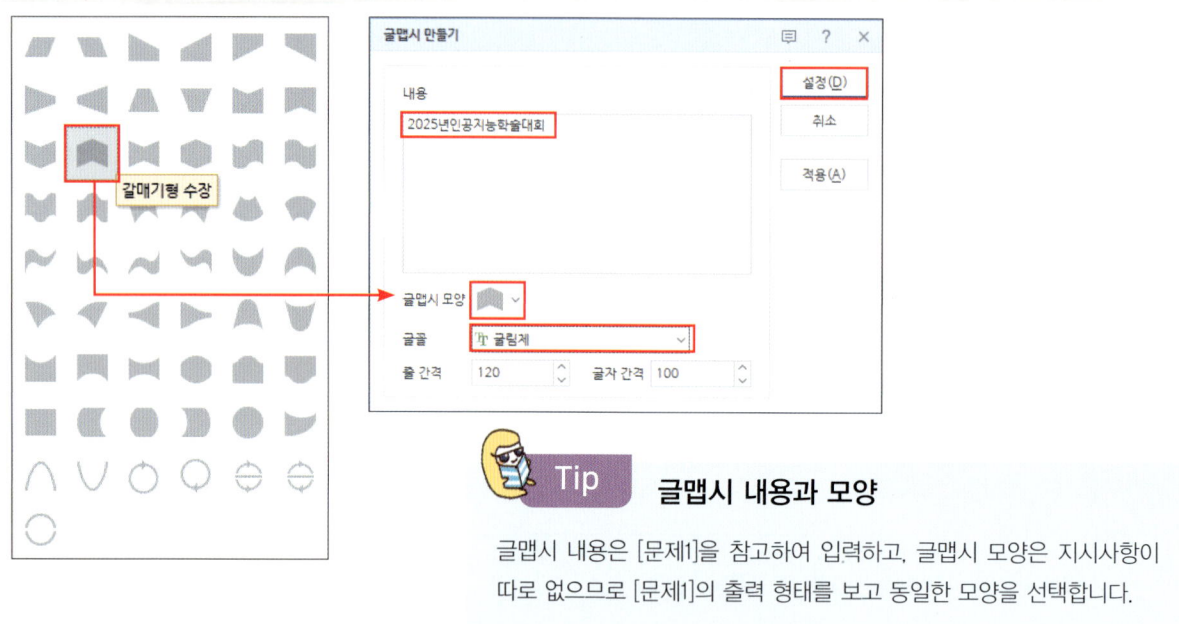

**Tip 글맵시 내용과 모양**

글맵시 내용은 [문제1]을 참고하여 입력하고, 글맵시 모양은 지시사항이 따로 없으므로 [문제1]의 출력 형태를 보고 동일한 모양을 선택합니다.

## 유형잡기 02 글맵시 편집하기

1. 글맵시가 삽입되면 해당 글맵시를 더블 클릭하거나 글맵시 위에서 마우스 오른쪽 버튼을 클릭하고, [개체 속성]을 선택합니다.

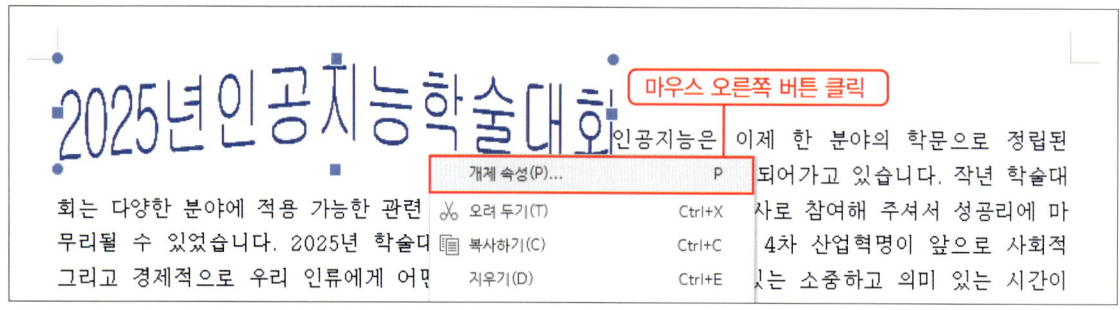

2. [개체 속성] 대화 상자의 [기본] 탭에서 크기는 너비(120mm)와 높이(20mm), '크기 고정'을, 위치는 '글자처럼 취급'을 각각 선택합니다.

❸ [채우기] 탭에서 면 색의 목록 단추를 클릭하고, 스펙트럼( )을 선택합니다. [문제1]의 지시사항을 참조하여 색상의 'RGB:199,82,82'를 입력하고, [적용] 버튼을 클릭한 후 다시 [설정] 버튼을 클릭합니다.

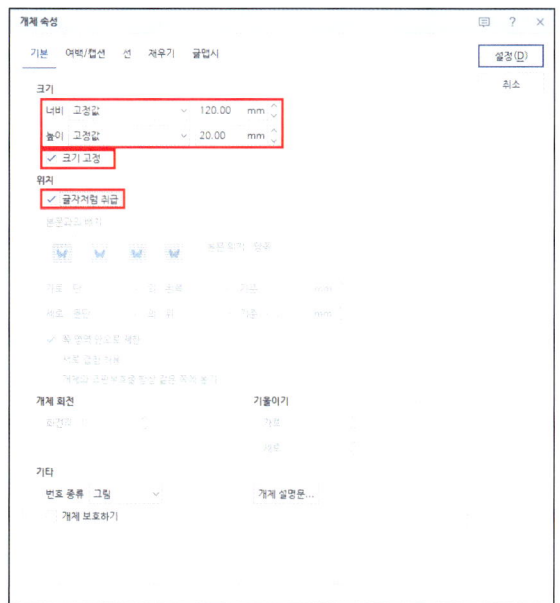
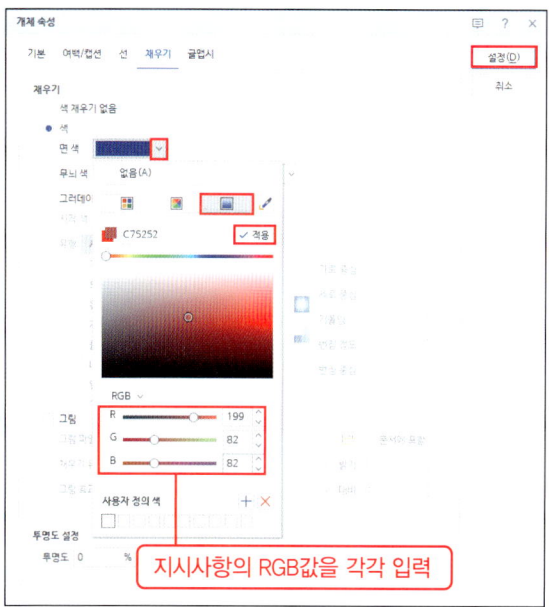

지시사항의 RGB값을 각각 입력

 **글자처럼 취급**

하나의 도형 개체가 아닌 문서에 포함된 보통 글자처럼 취급하므로 본문 내용을 입력하거나 지우는 대로 개체의 위치가 같이 변경됩니다.

❹ 편집된 글맵시 오른쪽 끝에 마우스를 위치시킨 후 서식 도구 상자에서 가운데 정렬( ) 단추를 클릭합니다.

마우스를 클릭하여 커서를 오른쪽 끝에 위치함

❺ [파일]-[저장하기]를 선택하거나 Alt+S 키를 눌러서 완성된 파일을 저장합니다. 서식 도구 상자에서 저장하기( ) 단추를 클릭해도 됩니다.

# 출제 유형 문제

▶ 예제 파일 : 유형 분석 02₩유형 02_문제.hwpx   ▶ 완성 파일 : 유형 분석 02₩유형 02_완성.hwpx

**01** 작성 조건을 이용하여 다음과 같은 글맵시를 완성해 보세요.

> 글맵시 – 궁서체, 채우기 : 색상(RGB:53,135,145)
> 크기 : 너비(120mm), 높이(20mm), 위치 : 글자처럼 취급, 가운데 정렬

### 세종대왕박물관페스타

**[Hint]** [글맵시 만들기] 대화 상자에서 주어진 내용을 입력한 후 글맵시 모양으로 '물결 1'을 선택합니다.

▶ 예제 파일 : 유형 분석 02₩유형 03_문제.hwpx   ▶ 완성 파일 : 유형 분석 02₩유형 03_완성.hwpx

**02** 작성 조건을 이용하여 다음과 같은 글맵시를 완성해 보세요.

> 글맵시 – 굴림, 채우기 : 색상(RGB:28,61,98)
> 크기 : 너비(100mm), 높이(20mm), 위치 : 글자처럼 취급, 가운데 정렬

### 동해바다사랑축제

**[Hint]** [글맵시 만들기] 대화 상자에서 주어진 내용을 입력한 후 글맵시 모양으로 '아래쪽 리본 사각형'을 선택합니다.

# 출제 유형 문제

> 예제 파일 : 유형 분석 02₩유형 04_문제.hwpx  > 완성 파일 : 유형 분석 02₩유형 04_완성.hwpx

**03** 작성 조건을 이용하여 다음과 같은 글맵시를 완성해 보세요.

글맵시 – 중고딕, 채우기 : RGB:233,174,43
크기 : 너비(120mm), 높이(20mm), 위치 : 글자처럼 취급, 가운데 정렬

휴머노이드로봇박람회

**[Hint]**
- [글맵시 만들기] 대화 상자에서 주어진 내용을 입력한 후 글맵시 모양으로 '육각형'을 선택합니다.
- 글맵시가 삽입되면 해당 글맵시를 더블 클릭하거나 글맵시 위에서 마우스 오른쪽 버튼을 클릭하고, [개체 속성]을 선택합니다.

> 예제 파일 : 유형 분석 02₩유형 05_문제.hwpx  > 완성 파일 : 유형 분석 02₩유형 05_완성.hwpx

**04** 작성 조건을 이용하여 다음과 같은 글맵시를 완성해 보세요.

글맵시 – 휴먼옛체, 채우기 : 색상(RGB:180,80,240)
크기 : 너비(110mm), 높이(20mm), 위치 : 글자처럼 취급, 가운데 정렬

서울런4050중장년특화온라인강좌

**[Hint]**
- [글맵시 만들기] 대화 상자에서 주어진 내용을 입력한 후 글맵시 모양으로 '나비넥타이'를 선택합니다.
- [개체 속성] 대화 상자의 [기본] 탭에서 크기는 너비(110mm)와 높이(20mm), '크기 고정'을, 위치는 '글자처럼 취급'을 각각 선택합니다.

# 출제 유형 문제

▶ 예제 파일 : 유형 분석 02₩유형 06_문제.hwpx   ▶ 완성 파일 : 유형 분석 02₩유형 06_완성.hwpx

**05** 작성 조건을 이용하여 다음과 같은 글맵시를 완성해 보세요.

글맵시 – 견고딕, 채우기 : 색상(RGB:66,105,240)
크기 : 너비(80mm), 높이(20mm), 위치 : 글자처럼 취급, 가운데 정렬

청룡처럼푸른여름휴가

**[Hint]**
- [글맵시 만들기] 대화 상자에서 주어진 내용을 입력한 후 글맵시 모양으로 '아래쪽 수축'을 선택합니다.
- [개체 속성] 대화 상자의 [채우기] 탭에서 면 색의 목록 단추를 클릭하고, [스펙트럼]을 선택한 다음 색상의 'RGB:66,105,240'을 입력합니다.

▶ 예제 파일 : 유형 분석 02₩유형 07_문제.hwpx   ▶ 완성 파일 : 유형 분석 02₩유형 07_완성.hwpx

**06** 작성 조건을 이용하여 다음과 같은 글맵시를 완성해 보세요.

글맵시 – 돋움체, 채우기 : 색상(RGB:145,80,53),
크기 : 너비(115mm), 높이(18mm), 위치 : 글자처럼 취급, 가운데 정렬

교통문화캠페인자원봉사자모집

**[Hint]**
- [글맵시 만들기] 대화 상자에서 주어진 내용을 입력한 후 글맵시 모양으로 '물결 4'를 선택합니다.
- 글맵시 오른쪽 끝에 마우스를 위치시킨 후 서식 도구 상자에서 [가운데 정렬] 단추를 클릭합니다.

## 유형분석 03 문단 첫 글자 장식

**핵심만 쏙쏙** 문단 첫 글자 장식 지정

[문제1]에서 문단이 시작되는 첫 번째 글자에 문단 첫 글자 장식을 지정하되 모양, 글꼴, 면 색, 본문과의 간격 등을 지정하는 방법에 대하여 알아봅니다.

### 핵심 짚어보기

▶ 예제 파일 : 유형 분석 03₩유형 01_문제.hwpx    ▶ 완성 파일 : 유형 분석 03₩유형 01_완성.hwpx

▲ [서식]-[문단 첫 글자 장식] / [서식] 탭-[문단 첫 글자 장식] 단추

인공지능은 이제 한 분야의 학문으로 정립된 지 70여 년이 되어가고 있습니다. 작년 학술대회는 다양한 분야에 적용 가능한 관련 논문과 각 분야의 전문가께서 연사로 참여해 주셔서 성공리에 마무리될 수 있었습니다. 2025년 학술대회에서는 최근 인공지능 기술과 4차 산업혁명이 앞으로 사회적 그리고 경제적으로 우리 인류에게 어떤 영향을 미칠지 되짚어 볼 수 있는 소중하고 의미 있는 시간이 되리라 생각합니다. 많은 관심과 참석 바랍니다.

▲ 문단 첫 글자 장식 지정

### 클래스 업

- 문단 첫 글자 장식을 위해 문단이 시작되는 첫 번째 글자 앞에 커서를 위치시킵니다.
- [문단 첫 글자 장식] 대화 상자에서 모양, 글꼴, 면 색, 본문과의 간격을 각각 지정합니다.

## 유형잡기 01  문단 첫 글자 장식하기

① [파일]-[불러오기]를 선택하거나 서식 도구 상자에서 불러오기(📂) 단추를 클릭합니다. [불러오기] 대화 상자에서 '유형 분석 03₩유형 01_문제.hwpx'를 불러오기 합니다.

② 1페이지에서 문단이 시작되는 첫 번째 글자 앞에 커서를 위치시킨 후 [서식]-[문단 첫 글자 장식]을 선택합니다.

③ [문단 첫 글자 장식] 대화 상자에서 모양(2줄), 글꼴(궁서체), 면 색(노랑(RGB: 255,225,0)), 본문과의 간격(3mm)을 각각 지정하고, [설정] 버튼을 클릭합니다.

**Tip  본문과의 간격**

• [문단 첫 글자 장식] 대화 상자에서 본문과의 간격은 '3.0mm'가 기본값으로 지정되어 있으므로 수치를 따로 설정할 필요는 없습니다.
• 면 색의 목록 단추를 클릭하고, [스펙트럼]을 선택하여 조건에 해당하는 RGB 값을 입력할 수도 있습니다.

④ [파일]-[저장하기]를 선택하거나 Alt+S 키를 눌러서 완성된 파일을 저장합니다. 서식 도구 상자에서 저장하기(💾) 단추를 클릭해도 됩니다.

# 출제 유형 문제

▶ 예제 파일 : 유형 분석 03₩유형 02_문제.hwpx  ▶ 완성 파일 : 유형 분석 03₩유형 02_완성.hwpx

**01** 작성 조건을 이용하여 다음과 같이 문단 첫 글자 장식을 완성해 보세요.

> 문단 첫 글자 장식 - 모양 : 2줄, 궁서
> 면 색 : 색상(RGB:66,199,241), 본문과의 간격 : 3.0mm

올해 10월 9일에 세종대왕박물관에서는 세종대왕께서 한글을 창제하고 반포하신 것을 기념하고, 또한 한글 창제의 깊은 뜻을 알리려고 합니다. 국내외에서 한국어를 공부하고 있는 모든 이에게 한글과 관련된 박물관에서 소장하고 있는 관련 그림과 문헌자료 외에도 외부 박물관 및 개인 소장품의 전시가 계획되어 있습니다. 이번 전시행사를 통해 한글에 대하여 보다 깊은 이해뿐만 아니라 교육생과 교육자의 친목 및 의견교환을 할 수 있는 소중한 시간이 되리라 생각합니다.

**[Hint]** 문단이 시작되는 첫 번째 글자 앞에 커서를 위치시킵니다.

▶ 예제 파일 : 유형 분석 03₩유형 03_문제.hwpx  ▶ 완성 파일 : 유형 분석 03₩유형 03_완성.hwpx

**02** 작성 조건을 이용하여 다음과 같이 문단 첫 글자 장식을 완성해 보세요.

> 문단 첫 글자 장식 - 모양 : 2줄, 굴림체
> 면 색 : 색상(RGB:255,102,0), 본문과의 간격 : 3.0mm

동해바다사랑축제는 지역 상권 발전을 위해 지역 상인들의 기부와 봉사로 시작되었고 축제 첫날부터 백사장 미디어 존과 미디어아트로 신비롭고 창의적인 경광을 볼 수 있습니다. 아름다운 빛의 조형물과 함께 포토존에서 추억을 만들어 보세요! ㅗ 외에도 무료 체험부스와 먹거리부스, 각종 행사존 스탬프 투어로 많은 선물을 받아 가시면서 온 가족이 즐길 수 있는 축제가 될 것입니다. 바다와 함께 정적인 이미지를 개선할 다양한 행사를 즐겨보시기를 바랍니다.

**[Hint]** [문단 첫 글자 장식] 대화 상자에서 모양(2줄), 글꼴(굴림체), 면 색(주황(RGB: 255,102,0)), 본문과의 간격(3mm)을 각각 지정합니다.

▶ 예제 파일 : 유형 분석 03₩유형 04_문제.hwpx  ▶ 완성 파일 : 유형 분석 03₩유형 04_완성.hwpx

**03** 작성 조건을 이용하여 다음과 같이 문단 첫 글자 장식을 완성해 보세요.

> 문단 첫 글자 장식 - 모양 : 2줄, 돋움체
> 면 색 : 색상(RGB:186,255,26), 본문과의 간격 : 3.0mm

교육용 로봇으로서의 휴머노이드 사용 증가와 가정에서 개인 보조용으로 휴머노이드 로봇에 대한 수요가 급증하는 등 로봇 시장은 2028년까지 138억 달러 규모로 성장할 것으로 예측하고 있습니다. 이번 박람회에서는 로봇과 관련한 여러 분야에 걸쳐 로봇공학 기술의 최신 발전을 한눈에 볼 수 있으며 국내외 로봇 산업 회사들의 프레젠테이션과 로봇 제품을 모두 만나실 수 있습니다. 로봇 산업에 관심을 가지고 계신 다양한 업계의 관계자 여러분들의 많은 참여를 바랍니다.

# 출제 유형 문제

▶ 예제 파일 : 유형 분석 03₩유형 05_문제.hwpx   ▶ 완성 파일 : 유형 분석 03₩유형 05_완성.hwpx

**04** 작성 조건을 이용하여 다음과 같이 문단 첫 글자 장식을 완성해 보세요.

> 문단 첫 글자 장식 – 모양 : 2줄, 바탕체
> 면 색 : 색상(RGB:178,178,178), 본문과의 간격 : 3.0mm

**서**울시가 중장년의 안정적인 노후 준비, 지속적인 경제 활동을 지원함으로써 교육 사각지대를 해소하기 위해 서울런 4050 중장년 특화 온라인 강좌를 시작합니다. 이용자는 수강 신청 시 일부 비용을 부담하되 강좌 수료 시 환급받을 수 있습니다. 강좌는 서울시에 거주하는 4050 세대 시민이라면 누구나 주제별, 인기순 등 맞춤형 큐레이션을 통해 강좌를 추천받고, 자신의 학습 현황을 관리하는 등 편리한 학습환경을 이용할 수 있습니다. 4050 중장년 여러분의 많은 관심과 참여를 부탁드립니다.

▶ 예제 파일 : 유형 분석 03₩유형 06_문제.hwpx   ▶ 완성 파일 : 유형 분석 03₩유형 06_완성.hwpx

**05** 작성 조건을 이용하여 다음과 같이 문단 첫 글자 장식을 완성해 보세요.

> 문단 첫 글자 장식 – 모양 : 2줄, 맑은 고딕
> 면 색 : 색상(RGB:15,240,230), 본문과의 간격 : 3.0mm

**제**주 청룡 파크에서 <여름에도 청룡 파크와 보내세요!> 하계 행사를 진행합니다. 축제가 진행되는 기간 중 방문한 모든 용띠 고객에게 특별한 선물을 제공할 예정입니다. 실외 광장에서는 여의주를 꼭 닮은 여름 한정 메뉴를 만나볼 수 있으며, 전시실에서는 용과 관련된 전시를 관람하실 수 있습니다. 행사 동안 마스터 레이서만이 탑승할 수 있는 경주용 카트를 한 시간 동안 무제한으로 탈 수 있는 시간권을 선보여 특별함을 더했습니다. 여러분의 많은 관심과 참여를 부탁드립니다.

[Hint] [문단 첫 글자 장식] 대화 상자에서 면 색의 목록 단추를 클릭하고, [스펙트럼]을 선택한 다음 색상의 'RGB:15,240,230'을 입력합니다.

▶ 예제 파일 : 유형 분석 03₩유형 07_문제.hwpx   ▶ 완성 파일 : 유형 분석 03₩유형 07_완성.hwpx

**06** 작성 조건을 이용하여 다음과 같이 문단 첫 글자 장식을 완성해 보세요.

> 문단 첫 글자 장식 – 모양 : 3줄, 휴먼고딕
> 면 색 : 색상(RGB:250,135,240), 본문과의 간격 : 3.0mm

**도**로에서 보행자 및 운전자의 안전과 올바른 교통 문화를 정립하기 위해서는 매년 변경되는 도로교통법에 대하여 반드시 이해해야 합니다. 운전자가 미처 인지하지 못하는 다양한 돌발 상황의 발생 가능성을 최대한 낮추고, 도로에서 발생 가능한 분쟁을 보다 합리적으로 대처할 수 있는 환경을 함께 만들어가야 할 것입니다. 올해 상반기에 개최하는 '제3회 우리교통문화 캠페인'의 원활한 진행을 위해 적극적으로 활동해 주실 자원봉사자를 모집합니다. 올바른 교통 문화 정착을 위해 성심성의껏 봉사해 주실 분들의 많은 관심과 지원을 부탁드립니다.

[Hint] [문단 첫 글자 장식] 대화 상자에서 면 색의 목록 단추를 클릭하고, [스펙트럼]을 선택한 다음 색상의 'RGB:250,135,240'을 입력합니다.

## 유형분석 04

# 특수 문자와 글자/문단 모양

**핵심만 쏙쏙** 특수 문자 입력 / 입력 자동 서식 / 글자 모양 / 문단 모양

문자표의 전각 기호를 이용하여 특수 문자를 입력한 후 지시사항에 따라 입력 자동 서식을 지정하고, 글자 모양과 문단 모양을 설정하는 방법에 대하여 알아봅니다.

 핵심 짚어보기

▶ 예제 파일 : 유형 분석 04₩유형 01_문제.hwpx   ▶ 완성 파일 : 유형 분석 04₩유형 01_완성.hwpx

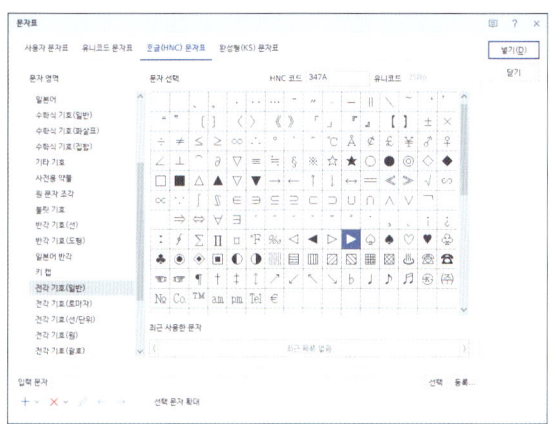

▲ [입력]-[문자표] / [입력] 탭-[문자표] 단추-[문자표]

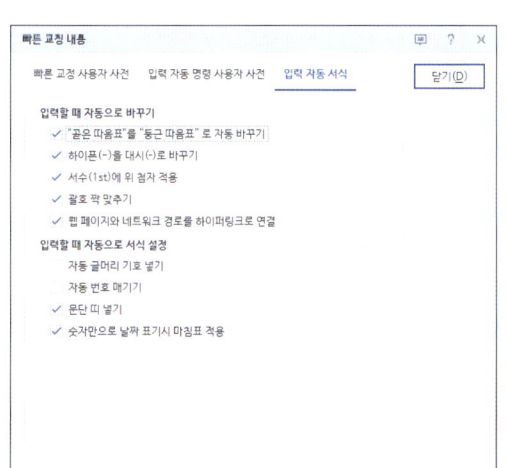

▲ [도구]-[빠른 교정]-[빠른 교정 내용] / [도구] 탭-[빠른 교정] 단추-[빠른 교정 내용]

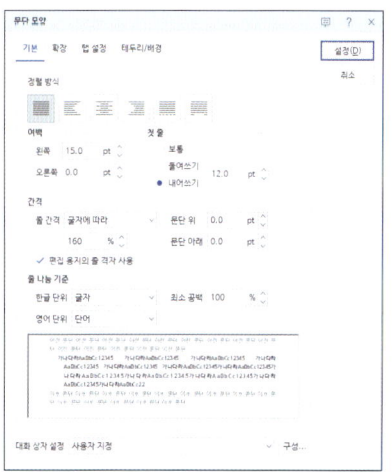

◀ [서식]-[문단 모양] / [서식] 탭/[편집] 탭-[문단 모양] 단추

### 클래스 업

- [문제1]의 내용에서 주어진 위치에 특수 문자를 삽입합니다.
- 지시사항에 따라 '자동 글머리 기호 넣기'와 '자동 번호 매기기' 기능을 해제합니다.
- 지시사항에 맞는 글자 모양과 문단 모양을 각각 지정합니다.

## 유형잡기 01 특수 문자 입력하기

① [파일]-[불러오기]를 선택하거나 서식 도구 상자에서 불러오기(📁) 단추를 클릭합니다. [불러오기] 대화 상자에서 '유형 분석 04₩유형 01_문제.hwpx'를 불러오기 합니다.

② 1페이지의 문장 끝에서 Enter 키를 두 번 누른 후 [입력]-[문자표]를 선택하거나 Ctrl + F10 키를 누릅니다.

> 인공지능은 이제 한 분야의 학문으로 정립된 지 70여 년이 되어가고 있습니다. 작년 학술대회는 다양한 분야에 적용 가능한 관련 논문과 각 분야의 전문가께서 연사로 참여해 주셔서 성공리에 마무리될 수 있었습니다. 2025년 학술대회에서는 최근 인공지능 기술과 4차 산업혁명이 앞으로 사회적 그리고 경제적으로 우리 인류에게 어떤 영향을 미칠지 되짚어 볼 수 있는 소중하고 의미 있는 시간이 되리라 생각합니다. 많은 관심과 참석 바랍니다. ─ 문장 끝에서 Enter 키를 두 번 누름
>
> |◄

③ [문자표] 대화 상자의 [훈글(HNC) 문자표] 탭에서 전각 기호(일반)에 있는 특수 문자(▶)를 선택하고, [넣기] 버튼을 클릭합니다.

④ 특수 문자가 삽입되면 SpaceBar 키를 눌러 한 칸을 띄운 후 "행사안내"를 입력합니다.

⑤ 다시 SpaceBar 키를 눌러 한 칸을 띄우고, 동일한 방법으로 특수 문자(◀)를 삽입합니다.

> 인공지능은 이제 한 분야의 학문으로 정립된 지 70여 년이 되어가고 있습니다. 작년 학술대회는 다양한 분야에 적용 가능한 관련 논문과 각 분야의 전문가께서 연사로 참여해 주셔서 성공리에 마무리될 수 있었습니다. 2025년 학술대회에서는 최근 인공지능 기술과 4차 산업혁명이 앞으로 사회적 그리고 경제적으로 우리 인류에게 어떤 영향을 미칠지 되짚어 볼 수 있는 소중하고 의미 있는 시간이 되리라 생각합니다. 많은 관심과 참석 바랍니다.
>
> ▶ 행사안내 ◀ ─ SpaceBar 키를 눌러 한 칸씩 삽입

 **삽입과 수정(Insert 키)**

- 삽입 : 문서 중간에 새로운 내용이나 공백, 띄어쓰기 등을 추가할 수 있는 상태로 SpaceBar 키를 누르면 커서 위치에 공백이 삽입됩니다.
- 수정 : 새로운 내용을 입력하면 기존 내용이 지워지면서 글자가 입력되는 상태로 SpaceBar 키를 누르면 커서 위치의 문자가 삭제됩니다.

## 유형잡기 02 입력 자동 서식과 글자 모양 설정하기

① 지시사항에 따라 '자동 글머리 기호 넣기'와 '자동 번호 매기기' 기능을 해제하기 위하여 [도구]-[빠른 교정]-[빠른 교정 내용]을 선택합니다.

② [빠른 교정 내용] 대화 상자의 [입력 자동 서식] 탭에서 '자동 글머리 기호 넣기'와 '자동 번호 매기기'의 체크를 해제하고, [닫기] 버튼을 클릭합니다.

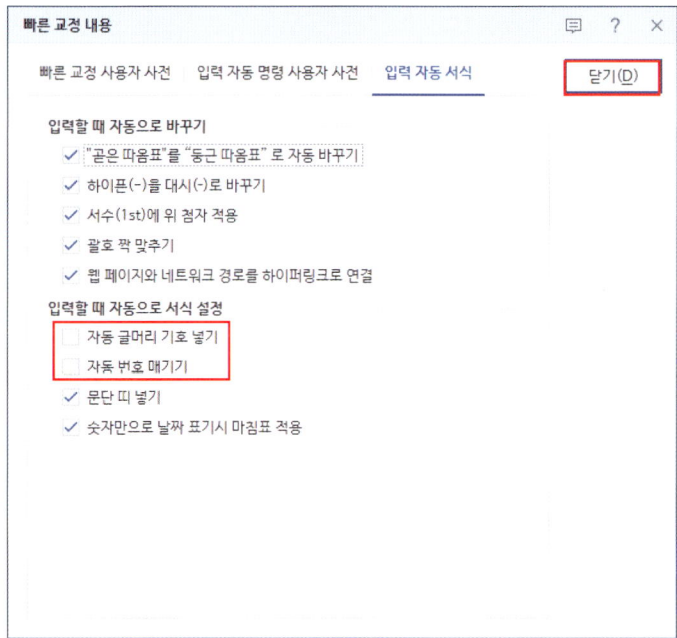

 **자동 글머리 기호 넣기와 자동 번호 매기기**

- 자동 글머리 기호 넣기 : 공백 없는 문단 맨 앞에서 특수 문자를 입력한 다음에 한 칸 띄어 쓰거나 탭 공백을 입력하고 내용을 작성하면 자동으로 글머리 기호 서식이 적용됩니다.
- 자동 번호 매기기 : 공백 없는 문단 맨 앞에서 숫자 '1'을 입력한 다음 마침표를 붙인 후 한 칸 띄어 쓰거나 탭 공백을 입력하고 내용을 작성하면 자동으로 번호 서식을 적용합니다.

❸ [문제1]을 참조하여 나머지 내용을 모두 입력합니다.

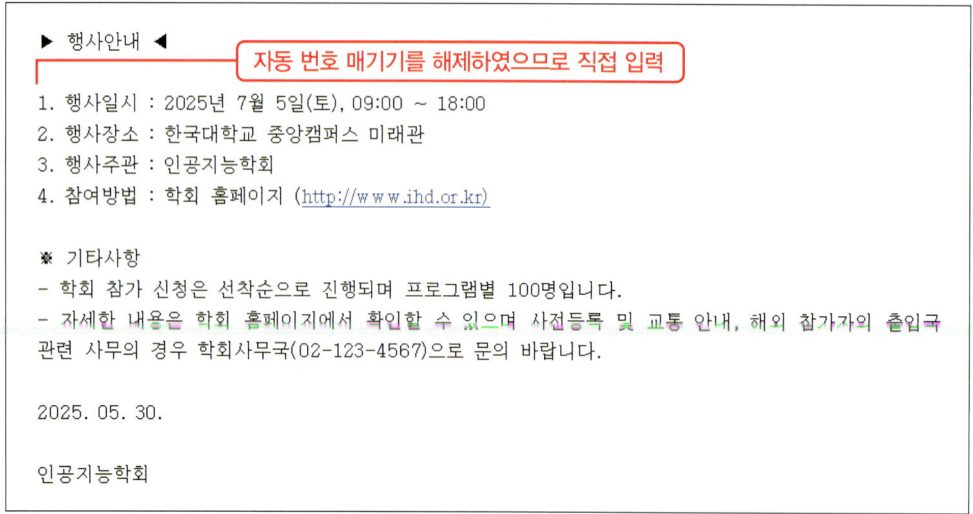

❹ URL 주소가 입력된 문장 위에서 마우스 오른쪽 버튼을 클릭하고, [하이퍼링크 지우기]를 선택합니다.

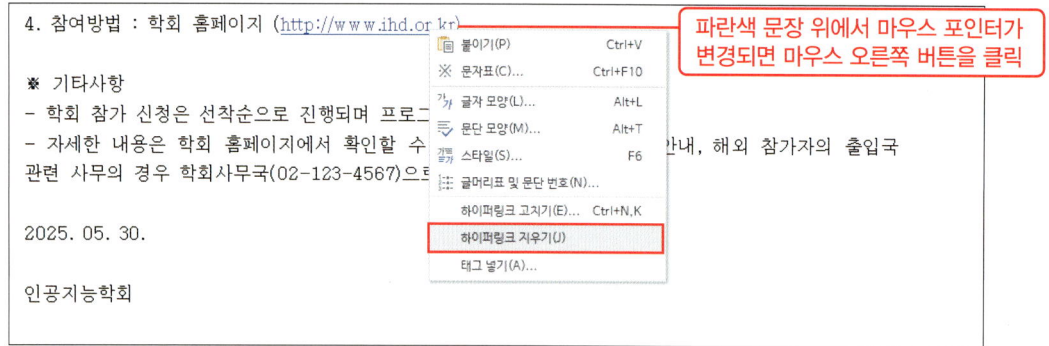

❺ 본문에서 주어진 내용을 드래그하여 블록 지정한 후 서식 도구 상자에서 진하게(가)와 밑줄(가) 단추를 각각 클릭합니다.

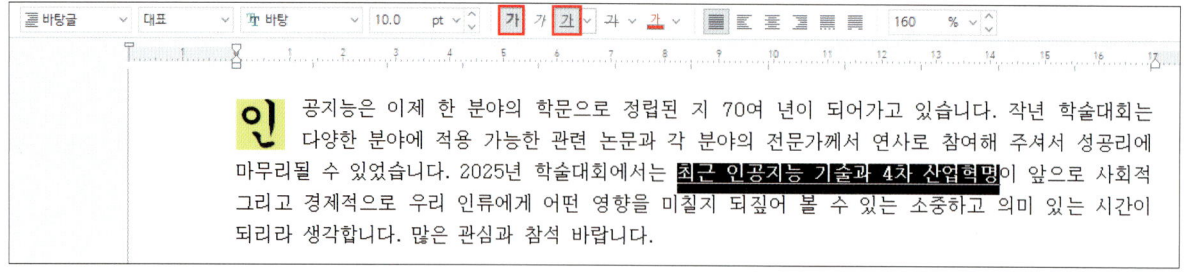

❻ 이번에는 '▶ 행사안내 ◀'를 드래그하여 블록을 지정한 후 서식 도구 상자에서 글꼴(궁서)과 가운데 정렬 (≡)을 각각 지정합니다.

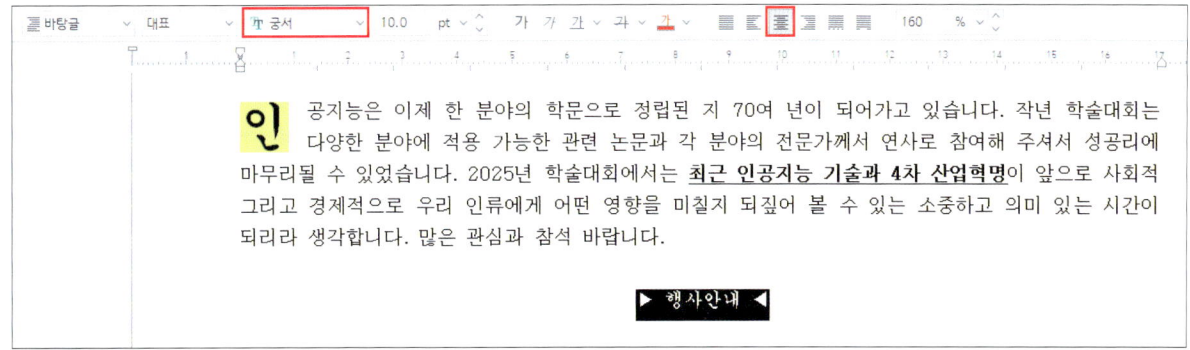

❼ 동일한 방법으로 다음의 지시사항에 따라 나머지 글꼴 서식을 각각 지정합니다.

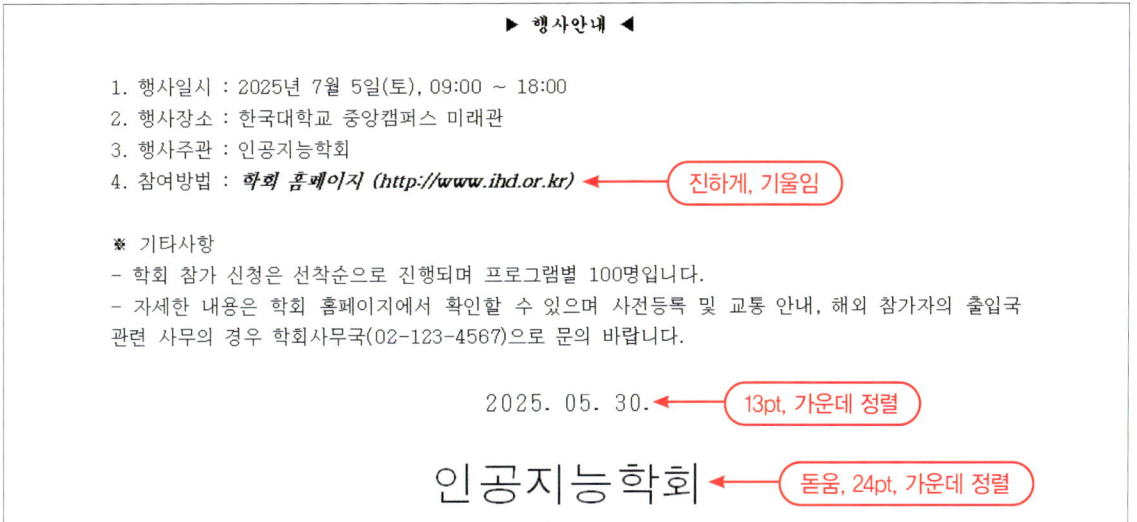

## 유형잡기 03 문단 모양 설정하기

❶ 문단 모양을 설정하기 위하여 마지막 문단을 드래그하여 블록을 지정한 후 [서식]-[문단 모양]을 선택하거나 Alt+T 키를 누릅니다.

❷ [문단 모양] 대화 상자의 [기본] 탭에서 여백의 왼쪽은 '15pt', 첫 줄의 내어쓰기는 '12pt'을 각각 지정하고, [설정] 버튼을 클릭합니다.

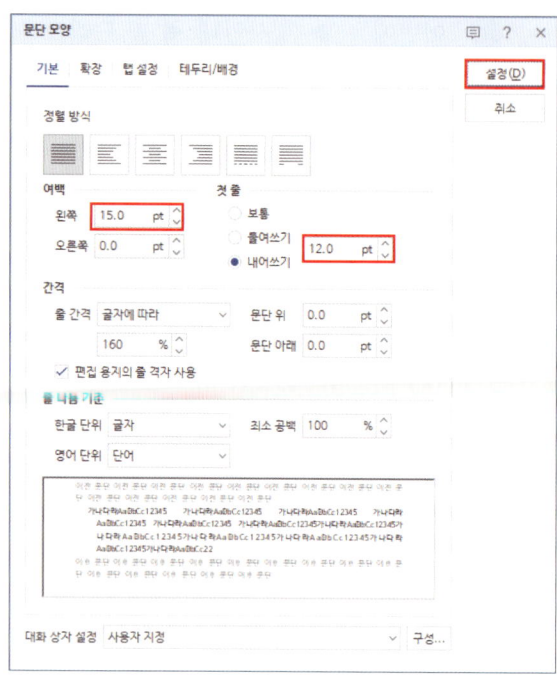

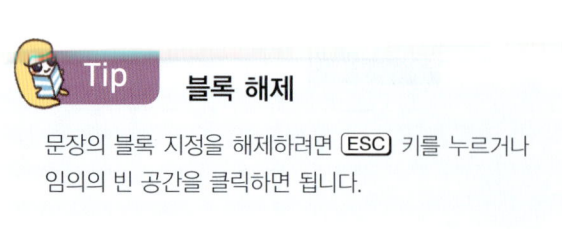

**블록 해제**

문장의 블록 지정을 해제하려면 ESC 키를 누르거나 임의의 빈 공간을 클릭하면 됩니다.

❸ 지시사항에 따라 [문제1]의 줄 간격을 변경하기 위하여 1페이지 전체 내용을 드래그하여 블록을 지정한 후 서식 도구 상자에서 줄 간격의 목록( ) 단추를 클릭하고, [180%]를 선택합니다.

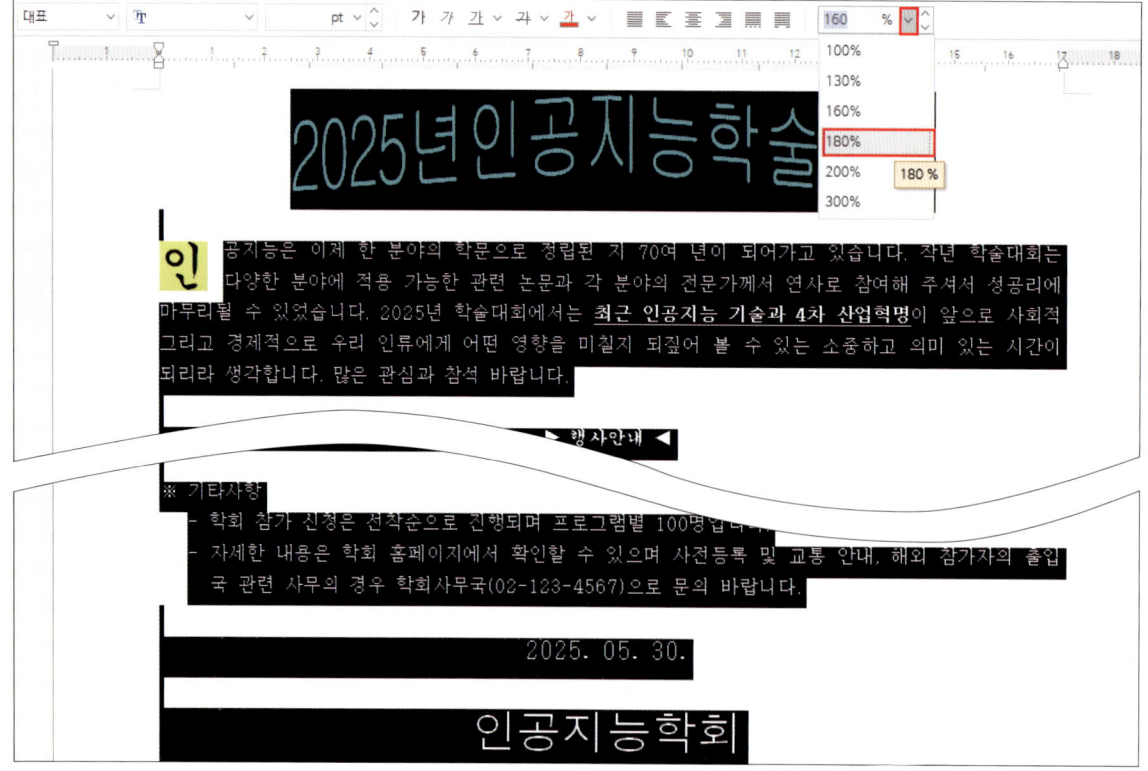

❹ [파일]-[저장하기]를 선택하거나 Alt + S 키를 눌러서 완성된 파일을 저장합니다. 서식 도구 상자에서 저장하기( ) 단추를 클릭해도 됩니다.

# 출제 유형 문제

> 예제 파일 : 유형 분석 04₩유형 02_문제.hwpx    > 완성 파일 : 유형 분석 04₩유형 02_완성.hwpx

**01** 작성 조건을 이용하여 다음과 같은 문서를 완성해 보세요.

---

**올**해 10월 9일에 세종대왕박물관에서는 *세종대왕께서 한글을 창제하고 반포하신 것*을 기념하고, 또한 한글 창제의 깊은 뜻을 알리려고 합니다. 국내외에서 한국어를 공부하고 있는 모든 이에게 한글과 관련된 박물관에서 소장하고 있는 관련 그림과 문헌자료 외에도 외부 박물관 및 개인 소장품의 전시가 계획되어 있습니다. 이번 전시행사를 통해 한글에 대하여 보다 깊은 이해뿐만 아니라 교육생과 교육자의 친목 및 의견교환을 할 수 있는 소중한 시간이 되리라 생각합니다.  (진하게, 기울임)

(굴림체, 가운데 정렬) → ◇ 행사안내 ◇

1. 행사시간 : 2025년 10월 08일(수), 10:00 ~ 18:00
2. 행사장소 : _자세한 내용은 홈페이지(http://www.ihd.or.kr)에서 확인_  ← (기울임, 밑줄)
3. 행사후원 : 문화부, 체육부, 관광부
4. 참가비용 : 어른-10,000원 / 학생-5,000원 / 6세 미만 어린이 무료

(문자표)
※ 기타사항
- 국가유공자, 장애인 및 문화소외계층은 해당 법률 및 자치단체 조례에 따라 관람료 면제되며, 단체 관람은 20% 할인되니 자세한 내용은 홈페이지를 참고하시기 바랍니다.
- 이용안내 및 기타사항 안내는 담당부서(전화 : 02-200-0001)로 문의하시기 바랍니다.

(왼쪽여백 : 10pt / 내어쓰기 : 12pt)

2025. 05. 30.  ← (15pt, 가운데 정렬)

(문제1은 줄 간격 180%로 작성)   우리말쓰기연구회   ← (바탕체, 24pt, 가운데 정렬)

---

**[Hint]** 1페이지의 문장 끝에서 Enter 키를 두 번 누른 후 [입력]-[문자표]를 선택하거나 Ctrl+F10 키를 누릅니다.

# 출제 유형 문제

▶ 예제 파일 : 유형 분석 04₩유형 03_문제.hwpx    ▶ 완성 파일 : 유형 분석 04₩유형 03_완성.hwpx

**02** 작성 조건을 이용하여 다음과 같은 문서를 완성해 보세요.

---

동 해바다사랑축제는 지역 상권 발전을 위해 지역 상인들의 기부와 봉사로 시작되었고 축제 첫날부터 백사장 미디어 존과 미디어아트로 신비롭고 창의적인 경광을 볼 수 있습니다. 아름다운 빛의 조형물과 함께 포토존에서 추억을 만들어 보세요! 그 외에도 무료 체험부스와 먹거리부스, 각종 행사존 스탬프 투어로 많은 선물을 받아 가시면서 **온 가족이 즐길 수 있는 축제**가 될 것입니다. 바다와 함께 정적인 이미지를 개선할 다양한 행사를 즐겨보시기를 바랍니다.

(진하게, 기울임)

(궁서, 가운데 정렬) → ◆ 축제안내 ◆

1. 축제일정 : 2026년 4월 1일(수) ~ 4월 12일(일), 17:00~24:00
2. 축제장소 : 동해 해수욕장 광장
3. 축제주차 : 공영 주차장, 동백 초등학교 운동장 3시간 무료
4. 문의사항 : *센터 홈페이지(http://www.ihd.or.kr)* ← (기울임, 밑줄)

(문자표)

※ 기타사항
 - 축제 중 장애인 차량과 경차는 무료이며 축제 수입금 중 20%는 장애인 훈련센터로 기부됩니다.
 - 버스킹 참가 희망자는 접수 후 참가하시면 됩니다. 접수인원이 많을 시 선착순으로 받고 있으니 양해 부탁드립니다.

(왼쪽여백 : 15pt / 내어쓰기 : 12pt)

2026. 02. 23.   ← (13pt, 가운데 정렬)

(문제1은 줄 간격 180%로 작성)   **동해바다축제센터장**   ← (견고딕, 24pt, 가운데 정렬)

---

**[Hint]** [문자표] 대화 상자의 [한글(HNC) 문자표] 탭에서 전각 기호(일반)에 있는 특수 문자를 선택합니다.

# 출제 유형 문제

▶ 예제 파일 : 유형 분석 04₩유형 04_문제.hwpx   ▶ 완성 파일 : 유형 분석 04₩유형 04_완성.hwpx

**03** 작성 조건을 이용하여 다음과 같은 문서를 완성해 보세요.

---

교 육용 로봇으로서의 휴머노이드 사용 증가와 가정에서 개인 보조용으로 휴머노이드 로봇에 대한 수요가 급증하는 등 로봇 시장은 2028년까지 138억 달러 규모로 성장할 것으로 예측하고 있습니다. 이번 박람회에서는 로봇과 관련한 여러 분야에 걸쳐 **로봇공학 기술의 최신 발전을 한눈에** 볼 수 있으며 국내외 로봇 산업 회사들의 프레젠테이션과 로봇 제품을 모두 만나실 수 있습니다. 로봇 산업에 관심을 가지고 계신 다양한 업계의 관계자 여러분들의 많은 참여를 바랍니다.

(진하게, 기울임)

(굴림, 가운데 정렬) → ◎ 행사안내 ◎

1. 행 사 명 : 휴머노이드 로봇 –현재와 미래
2. 행사일자 : 2025년 06월 28일
3. 행사장소 : 서울시 강남구 코엑스 3층 연회장
4. 행사등록 : 체험 당일 현장 등록 _(10인 이상 단체는 홈페이지를 통해 가능합니다.)_   (기울임, 밑줄)

(문자표)

※ 기타사항

- 로봇 달리기와 로봇 댄스 등의 흥미로운 이벤트도 준비되어 있습니다.
- 단체 참여를 원하시면 홈페이지(http://www.ihd.or.kr)로 사전 등록해 주시기 바라며, 기타 문의 사항은 본 협회로 연락 바랍니다(02-1234-1234).

(왼쪽여백 : 10pt / 내어쓰기 : 13pt)

2025. 06. 21.   (12pt, 가운데 정렬)

# 한국로봇공동제작협회   (궁서, 24pt, 가운데 정렬)

(문제1은 줄 간격 180%로 작성)

---

**[Hint]** 특수 문자가 삽입되면 SpaceBar 키를 눌러 한 칸을 띄운 후 "행사안내"를 입력한 다음 다시 SpaceBar 키를 눌러 한 칸을 띄우고, 동일한 방법으로 특수 문자를 삽입합니다.

# 출제 유형 문제

▶ 예제 파일 : 유형 분석 04₩유형 05_문제.hwpx   ▶ 완성 파일 : 유형 분석 04₩유형 05_완성.hwpx

**04** 작성 조건을 이용하여 다음과 같은 문서를 완성해 보세요.

서울시가 중장년의 안정적인 노후 준비, 지속적인 경제 활동을 지원함으로써 교육 사각지대를 해소하기 위해 서울런 4050 중장년 특화 온라인 강좌를 시작합니다. 이용자는 수강 신청 시 일부 비용을 부담하되 강좌 수료 시 환급받을 수 있습니다. 강좌는 **서울시에 거주하는 4050 세대 시민**이라면 누구나 주제별, 인기순 등 맞춤형 큐레이션을 통해 강좌를 추천받고, 자신의 학습 현황을 관리하는 등 편리한 학습환경을 이용할 수 있습니다. 4050 중장년 여러분의 많은 관심과 참여를 부탁드립니다.

(진하게, 밑줄)

(궁서, 가운데 정렬) ● 행사안내 ●

1. 행사일시 : 2025. 11. 01.(토) ~ 11. 30.(일)
2. 행사신청 : 온라인 라이브 세미나, 학습창 클릭 시 유튜브 라이브 채널로 이동
3. 사전등록 : 2025. 10. 29.(수) 18:00까지 온라인으로 등록
4. 행사문의 : *4050 고객센터(02-123-4567) 문의*   (기울임, 밑줄)

(문자표)
※ 기타사항
- 안정적인 노후 준비와 지속적인 경제 활동을 원한다면 서울런 4050 중장년 특화 온라인 강좌와 함께 행복한 인생 2막을 준비해 보시기 바랍니다.
- 서울시평생학습포털 홈페이지(http://www.ihd.or.kr)에서 최초 1회 본인인증이 필요합니다.
- 구독제 강좌는 중장년 특화 메뉴에서 등록할 수 있습니다.

(왼쪽여백 : 15pt / 내어쓰기 : 12pt)

2025. 10. 13.   (14pt, 가운데 정렬)

# 서울시평생학습포털

(궁서체, 26pt, 가운데 정렬)

(문제1은 줄 간격 180%로 작성)

**[Hint]** [도구]-[빠른 교정]-[빠른 교정 내용]을 선택한 후 [빠른 교정 내용] 대화 상자의 [입력 자동 서식] 탭에서 '자동 글머리 기호 넣기'와 '자동 번호 매기기'의 체크를 해제합니다.

## 출제 유형 문제

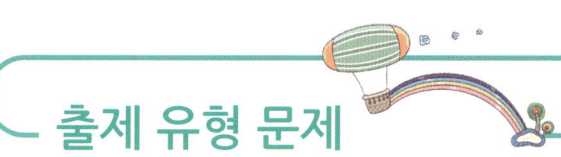

▶ 예제 파일 : 유형 분석 04₩유형 06_문제.hwpx   ▶ 완성 파일 : 유형 분석 04₩유형 06_완성.hwpx

**05** 작성 조건을 이용하여 다음과 같은 문서를 완성해 보세요.

---

**제**주 청룡 파크에서 <여름에도 청룡 파크와 보내세요!> 하계 행사를 진행합니다. 축제가 진행되는 기간 중 방문한 모든 용띠 고객에게 특별한 선물을 제공할 예정입니다. 실외 광장에서는 여의주를 꼭 닮은 여름 한정 메뉴를 만나볼 수 있으며, 전시실에서는 용과 관련된 전시를 관람하실 수 있습니다. 행사 동안 마스터 레이서만이 탑승할 수 있는 **경주용 카트를 한 시간 동안 무제한**으로 탈 수 있는 시간권을 선보여 특별함을 더했습니다. 여러분의 많은 관심과 참여를 부탁드립니다.

〔진하게, 밑줄〕

〔중고딕, 가운데 정렬〕 → ★ 행사안내 ★

1. 행 사 명 : 여름에도 청룡 파크와 보내세용!
2. 행사일시 : 2026. 07. 27.(월) ~ 08. 07.(금) 09:00~18:00
3. 행사장소 : 제주 청룡 파크 1층 광장
4. 등록신청 : ***본 축제 정보는 블로그(http://www.ihd.or.kr) 참조***   〔진하게, 기울임〕

〔문자표〕
※ 기타사항
- 12년생, 00년생, 88년생, 76년생, 64년생, 52년생 등 용띠 고객은 남녀노소 누구나 참여할 수 있으며 단체 참가는 사전에 연락해주시기 바랍니다. (02-1234-5678)
- 기상악화로 인해 실외 액티비티는 운행이 임시 중단 혹은 조기에 종영될 수 있습니다.
- 용띠 확인을 위해 반드시 신분증(학생증)을 지참하시기 바랍니다.

〔왼쪽여백 : 10pt / 내어쓰기 : 13pt〕

2026. 06. 24.   〔13pt, 가운데 정렬〕

〔문제1은 줄 간격 190%로 작성〕   **제주청룡파크**   〔궁서체, 26pt, 가운데 정렬〕

---

**[Hint]**
- URL 주소가 입력된 문장 위에서 마우스 오른쪽 버튼을 클릭하고, [하이퍼링크 지우기]를 선택합니다.
- 본문에서 주어진 내용을 드래그하여 블록 지정한 후 서식 도구 상자에서 글꼴 서식을 각각 지정합니다.

# 출제 유형 문제

▶ 예제 파일 : 유형 분석 04₩유형 07_문제.hwpx   ▶ 완성 파일 : 유형 분석 04₩유형 07_완성.hwpx

**06** 작성 조건을 이용하여 다음과 같은 문서를 완성해 보세요.

---

도로에서 보행자 및 운전자의 안전과 올바른 교통 문화를 정립하기 위해서는 매년 변경되는 도로교통법에 대하여 반드시 이해해야 합니다. 운전자가 미처 인지하지 못하는 다양한 돌발 상황의 발생 가능성을 최대한 낮추고, 도로에서 발생 가능한 분쟁을 보다 합리적으로 대처할 수 있는 환경을 함께 만들어가야 할 것입니다. 올해 상반기에 개최하는 **'제3회 우리교통문화 캠페인'**의 원활한 진행을 위해 적극적으로 활동해 주실 자원봉사자를 모집합니다. 올바른 교통 문화 정착을 위해 성심성의껏 봉사해 주실 분들의 많은 관심과 지원을 부탁드립니다.

(진하게, 밑줄)

(굴림, 가운데 정렬) ◆ **지원방법** ◆

1. 행사일시 : 2025. 9. 13.(토) 13:00
2. 접수기간 : 2025. 9. 1.(월) ~ 9. 12.(금)
3. 지원대상 : 봉사 정신이 투철하신 내외국인(만 15세 이상)
4. 세부내용 : _우리교통문화재단 홈페이지(http://www.ihd.or.kr) 참조_   (기울임, 밑줄)

(문자표)
※ 기타사항
 - 행사 시작 1시간 전까지 행사장으로 도착해 주시기 바라며, 각 파트별 자원봉사자를 확정하여 개별 연락을 드릴 예정이오니 참고하시기 바랍니다.
 - 행사 당일 참석 시 신분증(학생증)을 지참하시기 바랍니다.
 - 자원봉사가 종료된 후 총 3시간의 봉사확인증이 발급됩니다.

(왼쪽여백 : 10pt / 내어쓰기 : 12pt)

2025. 8. 25.   (11pt, 가운데 정렬)

(문제1은 줄 간격 180%로 작성) **우리교통문화재단**   (돋움체, 24pt, 가운데 정렬)

---

**[Hint]**
- [문단 모양] 대화 상자의 [기본] 탭에서 여백의 왼쪽은 '10pt', 첫 줄의 내어쓰기는 '12pt'을 각각 지정합니다.
- 1페이지 전체 내용을 드래그하여 블록 지정한 후 서식 도구 상자에서 줄 간격의 [목록] 단추를 클릭하고, [180%]를 선택합니다.

## 유형분석 05

# 머리말과 쪽 번호 매기기

**핵심만 쏙쏙**  머리말 삽입 / 쪽 번호 매기기

현재 작성 중인 문서에서 페이지 상단에는 머리말을, 하단에는 쪽 번호를 삽입하되 각각의 위치와 모양 등을 설정하는 방법에 대하여 알아봅니다.

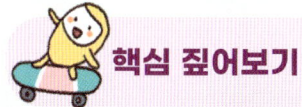 **핵심 짚어보기**

▶ 예제 파일 : 유형 분석 05₩유형 01_문제.hwpx  ▶ 완성 파일 : 유형 분석 05₩유형 01_완성.hwpx

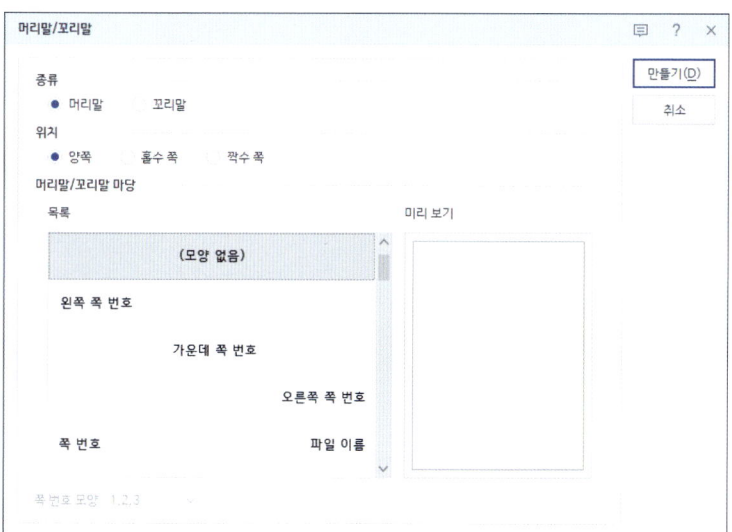

▲ [쪽]-[머리말/꼬리말] / [쪽] 탭-[머리말] 단추

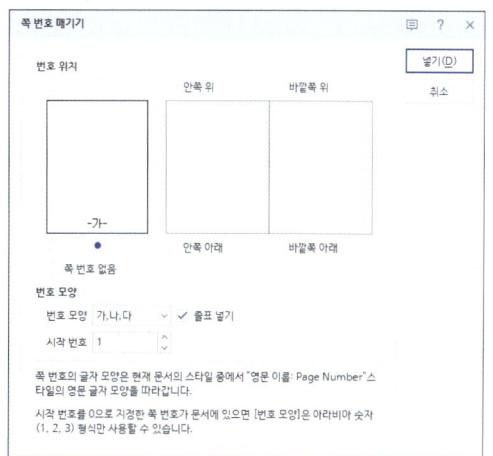

▲ [쪽]-[쪽 번호 매기기] / [쪽] 탭-[쪽 번호 매기기] 단추

### 클래스 업

- 문서 상단에 머리말을 삽입하되 위치와 글꼴 서식을 지정합니다.
- 문서 하단에 쪽 번호를 삽입하되 위치와 모양 그리고 줄표 넣기의 선택 유무를 결정합니다.

## 유형잡기 01  머리말 삽입하기

① [파일]-[불러오기]를 선택하거나 서식 도구 상자에서 불러오기(📁) 단추를 클릭합니다. [불러오기] 대화 상자에서 '유형 분석 05₩유형 01_문제.hwpx'를 불러오기 합니다.

② 머리말을 삽입하기 위하여 [쪽]-[머리말/꼬리말]을 선택하거나 Ctrl+N+H 키를 누릅니다.

③ [머리말/꼬리말] 대화 상자에서 종류(머리말), 위치(양쪽), 목록(모양 없음)을 각각 지정하고, [만들기] 버튼을 클릭합니다.

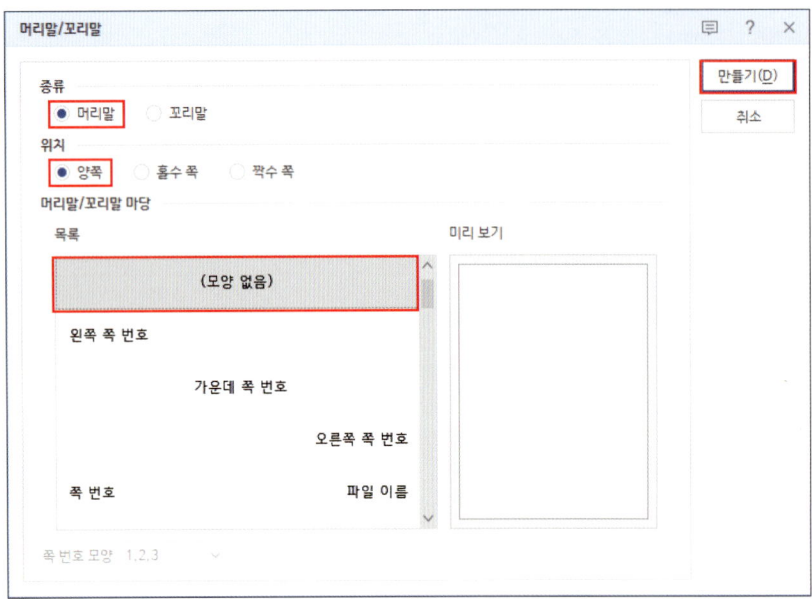

④ 화면 왼쪽 상단에 머리말 입력란이 나타나면 주어진 머리말(DIAT)을 입력한 후 머리말을 블록 지정하고, 서식 도구 상자에서 글꼴(굴림), 글자 크기(9pt), 정렬 방식(오른쪽 정렬)을 각각 설정합니다.

⑤ 머리말 작업이 완료되면 [머리말/꼬리말] 탭에서 닫기()단추를 클릭합니다.

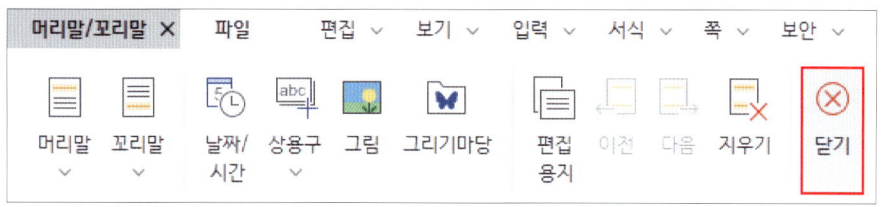

> **Tip** 머리말 수정
>
> 입력한 머리말을 수정하려면 해당 머리말에서 마우스를 더블 클릭하면 됩니다.

## 유형잡기 02 쪽 번호 매기기

① 쪽 번호를 삽입하기 위하여 [쪽]-[쪽 번호 매기기]를 선택하거나 `Ctrl`+`N`+`P` 키를 누릅니다.

② [쪽 번호 매기기] 대화 상자에서 번호 위치(가운데 아래), 번호 모양(가,나,다), 줄표 넣기(선택)를 각각 지정하고, [넣기] 버튼을 클릭합니다.

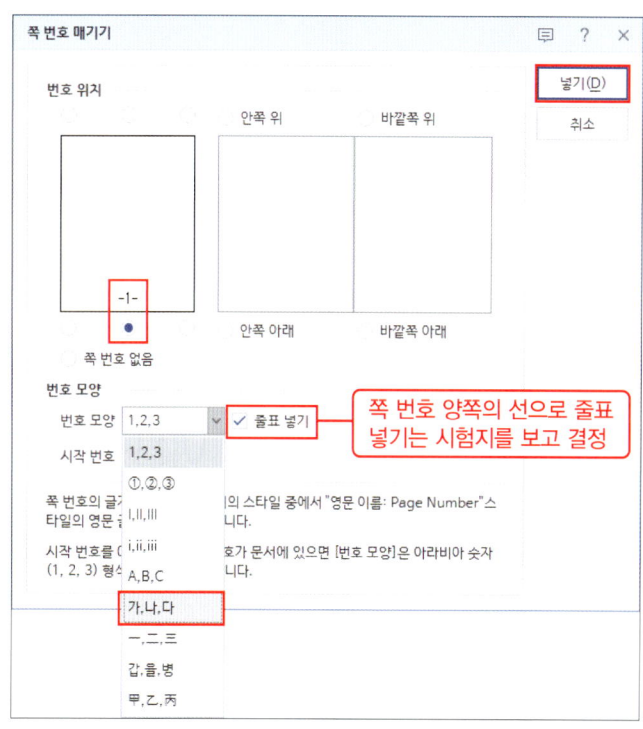

③ [파일]-[저장하기]를 선택하거나 `Alt`+`S` 키를 눌러서 완성된 파일을 저장합니다. 서식 도구 상자에서 저장하기() 단추를 클릭해도 됩니다.

# 출제 유형 문제

▶ 예제 파일 : 유형 분석 05₩유형 02_문제.hwpx   ▶ 완성 파일 : 유형 분석 05₩유형 02_완성.hwpx

**01** 작성 조건을 이용하여 다음과 같은 문서를 완성해 보세요.

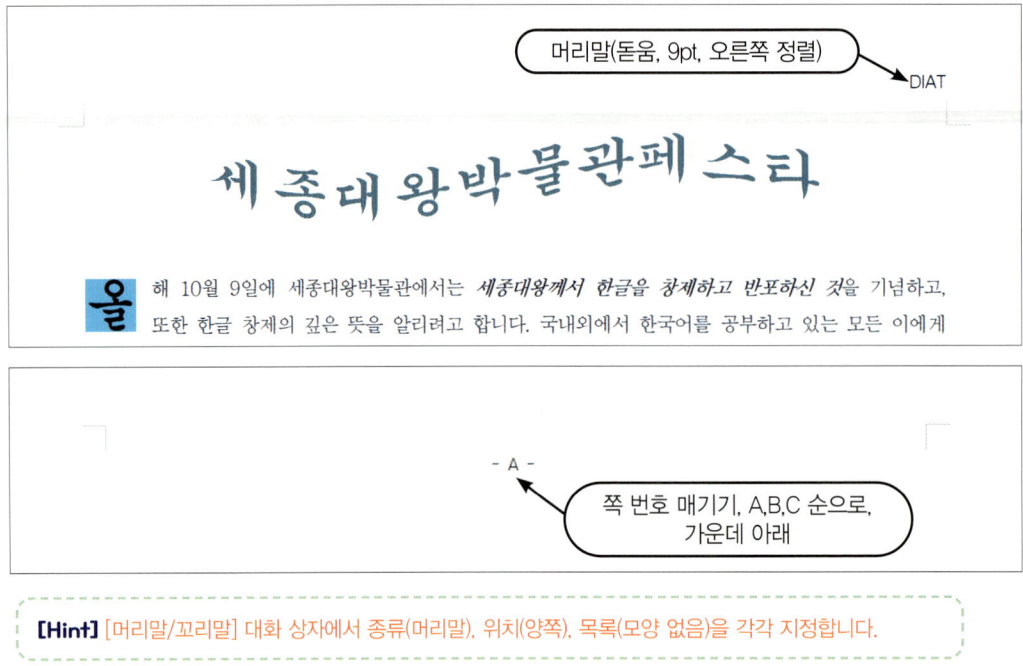

**[Hint]** [머리말/꼬리말] 대화 상자에서 종류(머리말), 위치(양쪽), 목록(모양 없음)을 각각 지정합니다.

▶ 예제 파일 : 유형 분석 05₩유형 03_문제.hwpx   ▶ 완성 파일 : 유형 분석 05₩유형 03_완성.hwpx

**02** 작성 조건을 이용하여 다음과 같은 문서를 완성해 보세요.

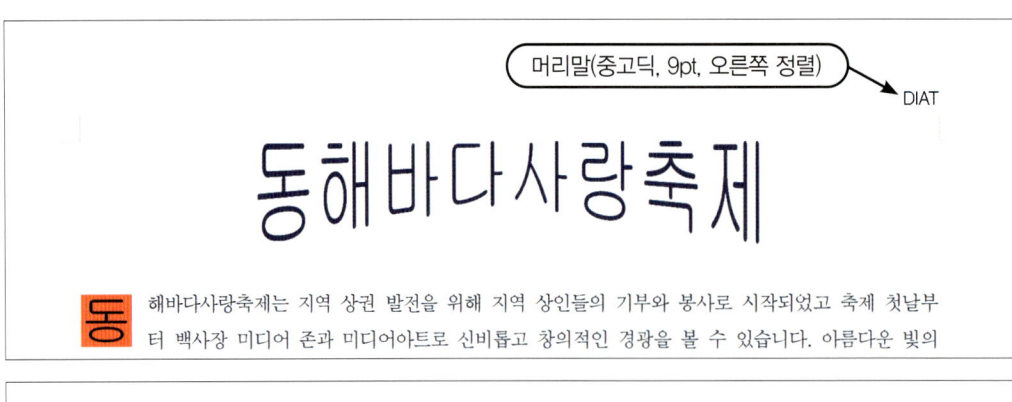

**[Hint]** 주어진 머리말을 입력한 후 머리말을 블록 지정하고, 서식 도구 상자에서 글꼴, 글자 크기, 정렬 방식을 각각 설정합니다.

## 출제 유형 문제

▶ 예제 파일 : 유형 분석 05₩유형 04_문제.hwpx   ▶ 완성 파일 : 유형 분석 05₩유형 04_완성.hwpx

**03** 작성 조건을 이용하여 다음과 같은 문서를 완성해 보세요.

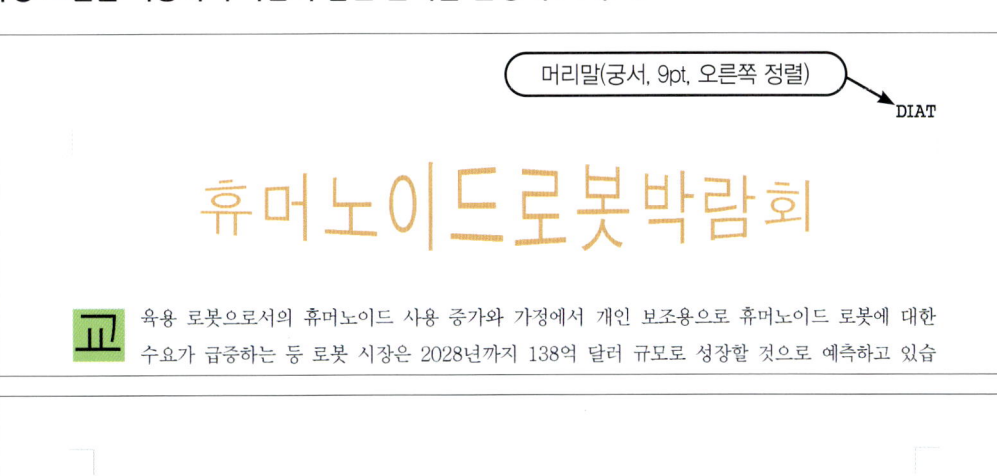

[Hint] [쪽 번호 매기기] 대화 상자에서 번호 위치, 번호 모양, 줄표 넣기를 각각 지정합니다.

▶ 예제 파일 : 유형 분석 05₩유형 05_문제.hwpx   ▶ 완성 파일 : 유형 분석 05₩유형 05_완성.hwpx

**04** 작성 조건을 이용하여 다음과 같은 문서를 완성해 보세요.

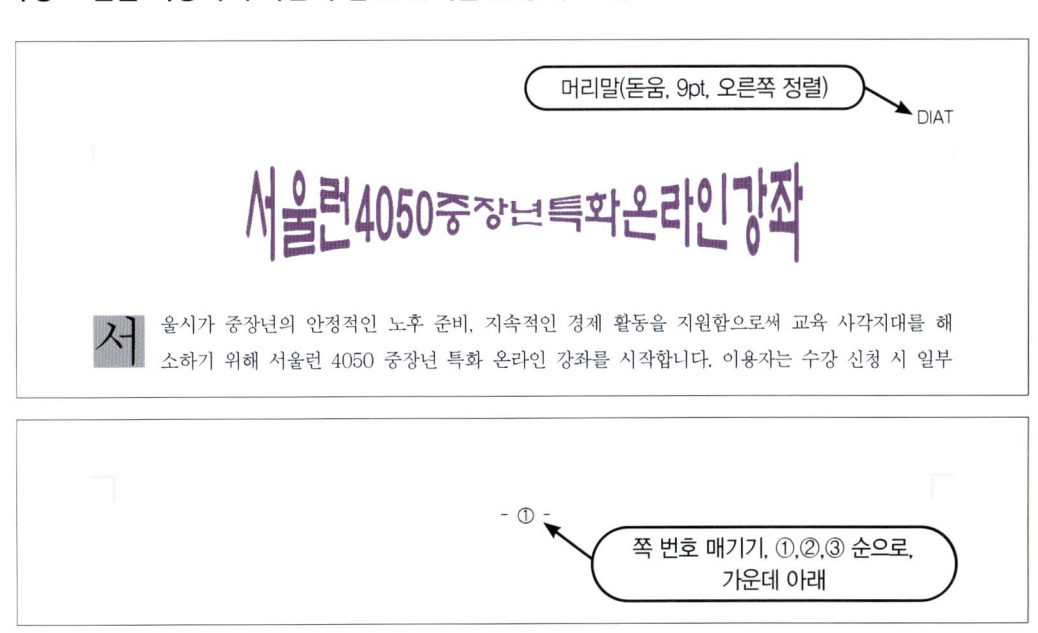

# 출제 유형 문제

▶ 예제 파일 : 유형 분석 05₩유형 06_문제.hwpx　▶ 완성 파일 : 유형 분석 05₩유형 06_완성.hwpx

**05** 작성 조건을 이용하여 다음과 같은 문서를 완성해 보세요.

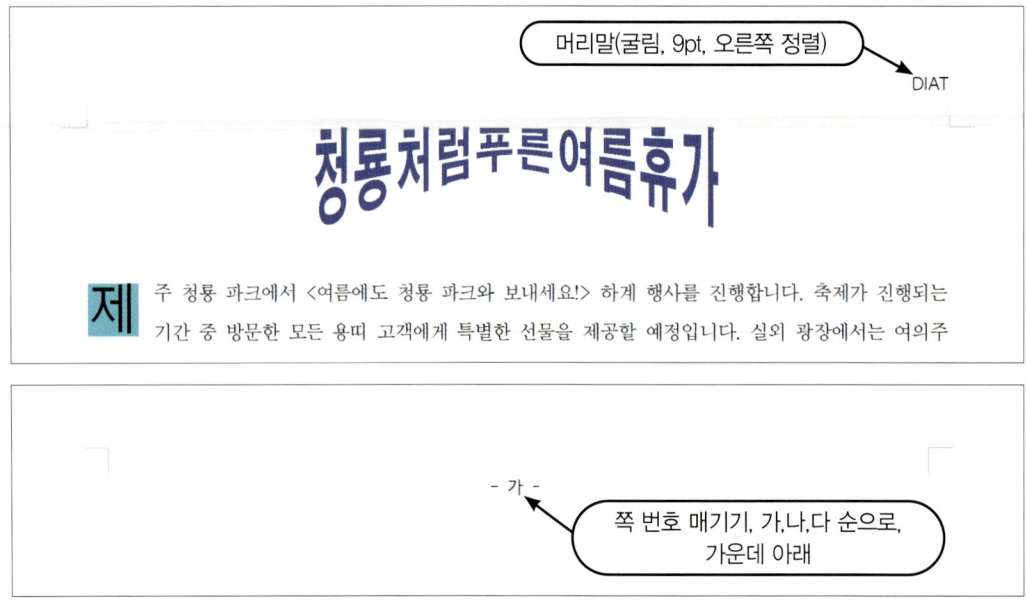

▶ 예제 파일 : 유형 분석 05₩유형 07_문제.hwpx　▶ 완성 파일 : 유형 분석 05₩유형 07_완성.hwpx

**06** 작성 조건을 이용하여 다음과 같은 문서를 완성해 보세요.

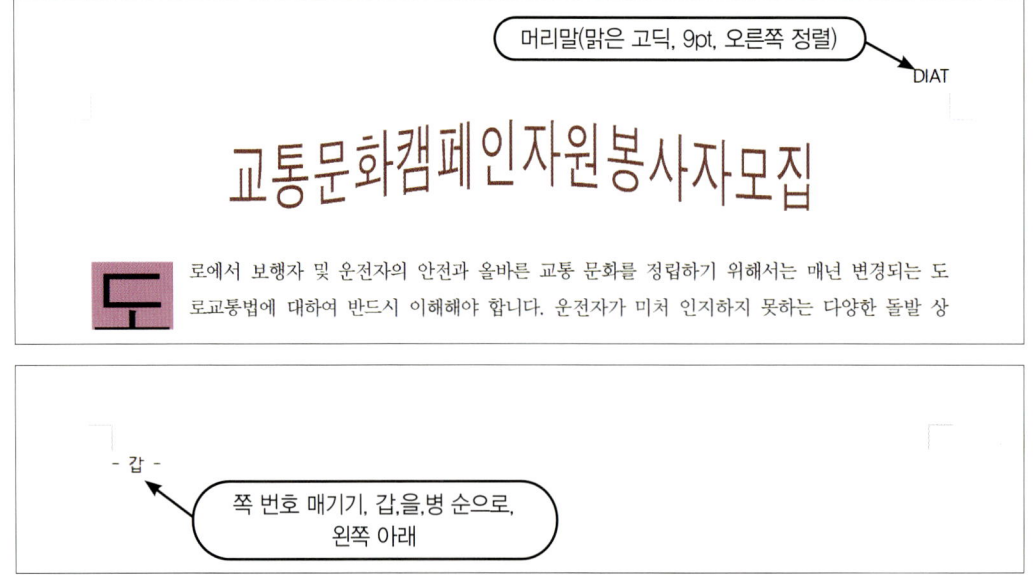

## 유형분석 06 — 다단과 글상자 삽입

**핵심만 쏙쏙** 다단 설정 나누기 / 글상자 삽입 / 다단 설정

두 번째 페이지의 문서 작성을 위해 다단을 설정하는 방법과 글상자의 크기(너비와 높이), 테두리(종류, 굵기, 모양), 채우기(면 색), 위치, 정렬 등의 글상자 편집 방법에 대하여 알아봅니다.

### 핵심 짚어보기

▶ 예제 파일 : 유형 분석 06₩유형 01_문제.hwpx    ▶ 완성 파일 : 유형 분석 06₩유형 01_완성.hwpx

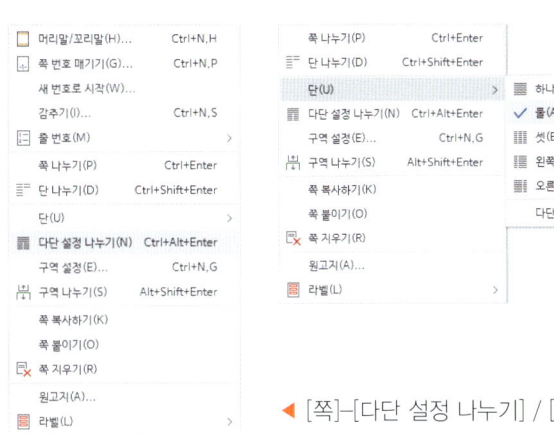

◀ [쪽]-[다단 설정 나누기] / [쪽] 탭-[다단 설정 나누기] 단추

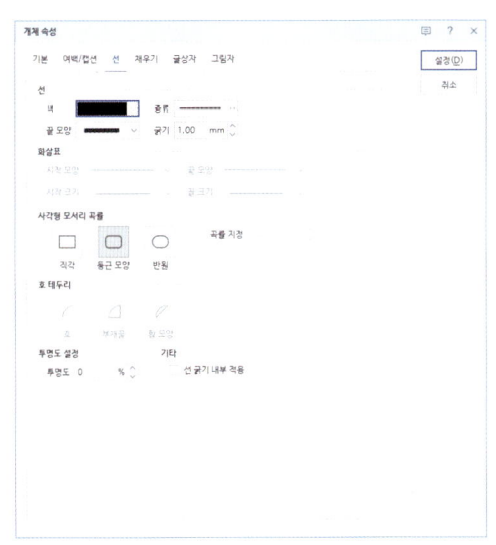 

▲ 글상자 더블 클릭 / 글상자의 [바로 가기 메뉴]-[개체 속성]

### 클래스 업

- 한쪽 내에서 여러 개의 단 모양을 만들기 위해 다단 설정 나누기를 합니다.
- 글상자를 삽입한 후 주어진 너비, 테두리, 채우기, 위치, 정렬 등을 각각 지정합니다.
- [문제2]의 내용을 작성하기 위하여 한쪽을 두 개의 단으로 나누어 줍니다.

## 유형잡기 01 다단 설정 나누기

① [파일]-[불러오기]를 선택하거나 서식 도구 상자에서 불러오기(📁) 단추를 클릭합니다. [불러오기] 대화 상자에서 '유형 분석 06₩유형 01_문제.hwpx'를 불러오기 합니다.

② 2페이지로 이동한 후 [쪽]-[다단 설정 나누기]를 선택하거나 Ctrl+Alt+Enter 키를 누릅니다.

③ 첫 번째 줄에 있던 마우스 포인터가 다단 설정 나누기를 하면 두 번째 줄로 이동되는 것을 확인할 수 있습니다.

 **단 나누기와 다단 설정 나누기**

- 단 나누기 : 커서 위치에서부터 단을 새롭게 나누는 기능으로 커서 이후의 내용을 다음 단으로 분리할 수 있습니다.
- 다단 설정 나누기 : 한쪽 내에서 여러 개의 단 모양을 만들 때 사용하는 기능으로 앞단과 관계없이 독립적인 새로운 단 모양을 만들 수 있습니다.

## 유형잡기 02 글상자 삽입하기

① 2페이지의 첫 번째 줄을 클릭한 후 [입력]-[글상자]를 선택하거나 Ctrl+N+B 키를 누릅니다.

② 마우스 포인터가 '+' 모양으로 변경되면 문서 상단에 적당한 크기로 드래그하여 삽입한 후 테두리를 더블 클릭합니다.

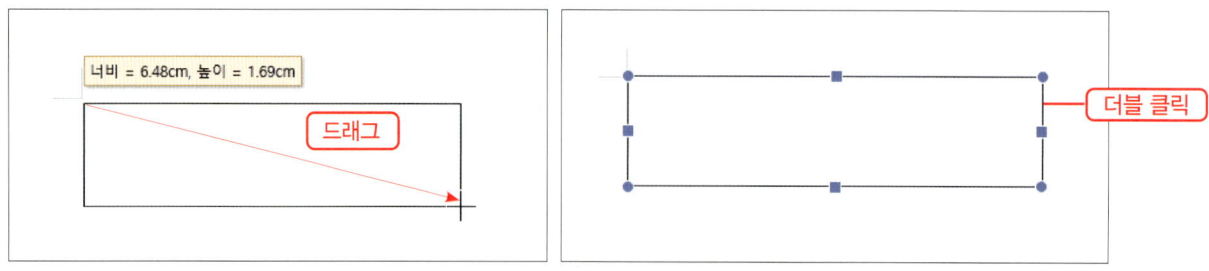

❸ [개체 속성] 대화 상자의 [기본] 탭에서 너비(60), 높이(12)를 지정하고, '크기 고정'과 '글자처럼 취급'을 선택(체크)합니다.

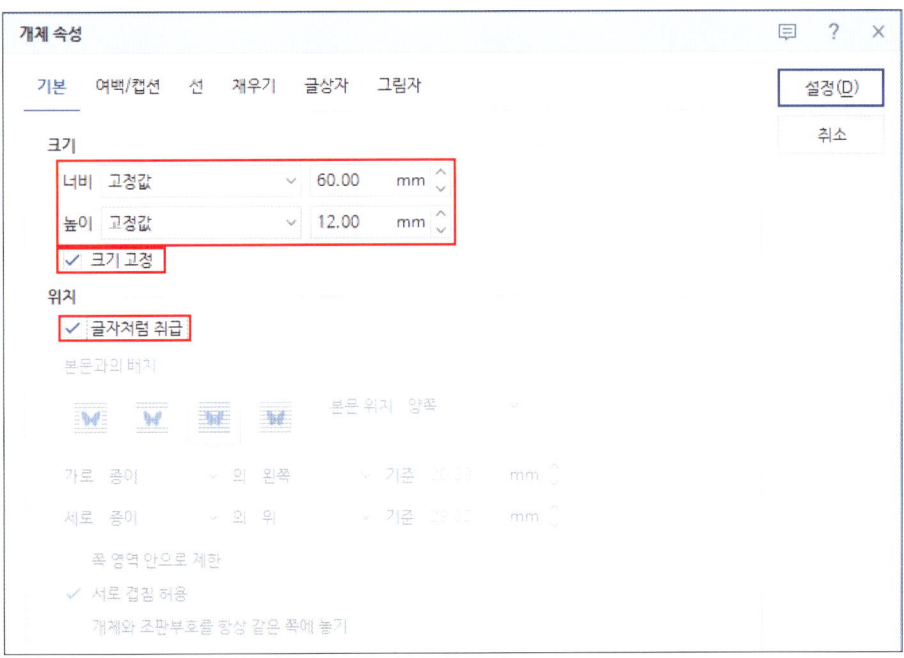

❹ [선] 탭에서 선의 종류(이중 실선), 굵기(1.00mm)를 지정하고, 사각형 모서리 곡률을 '둥근 모양'으로 선택합니다.

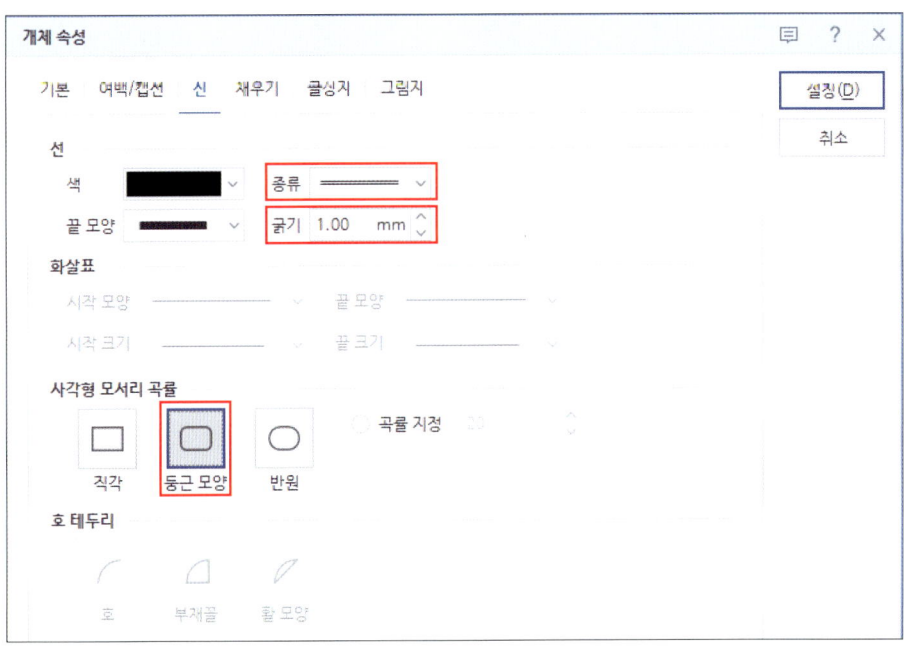

⑤ [채우기] 탭에서 면 색의 목록 단추를 클릭하고, 스펙트럼(　)을 선택합니다. [문제2]의 지시사항을 참조하여 색상의 'RGB:195,174,207'을 입력하고, [적용] 버튼을 클릭한 후 다시 [설정] 버튼을 클릭합니다.

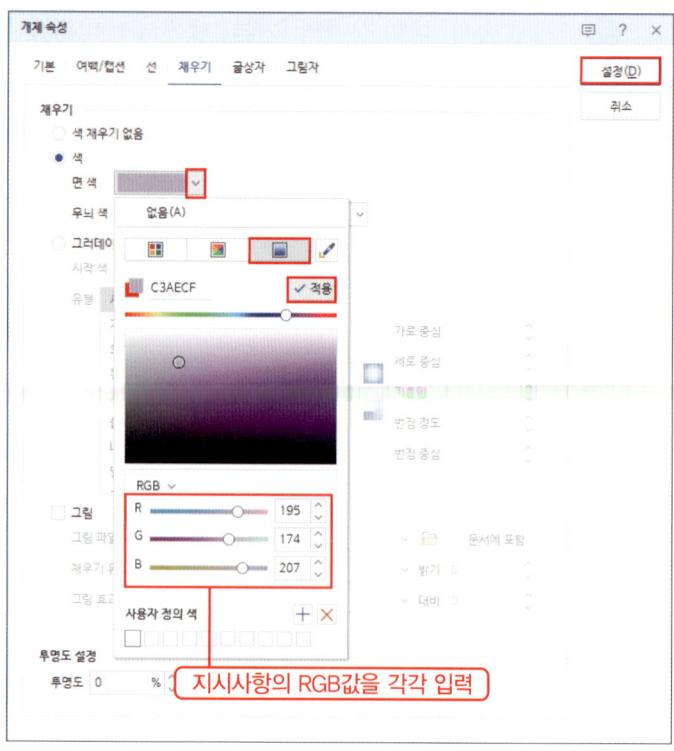

⑥ 편집된 글상자가 나타나면 ESC 키를 눌러 선택을 해제한 후 서식 도구 상자에서 가운데 정렬(≡) 단추를 클릭합니다.

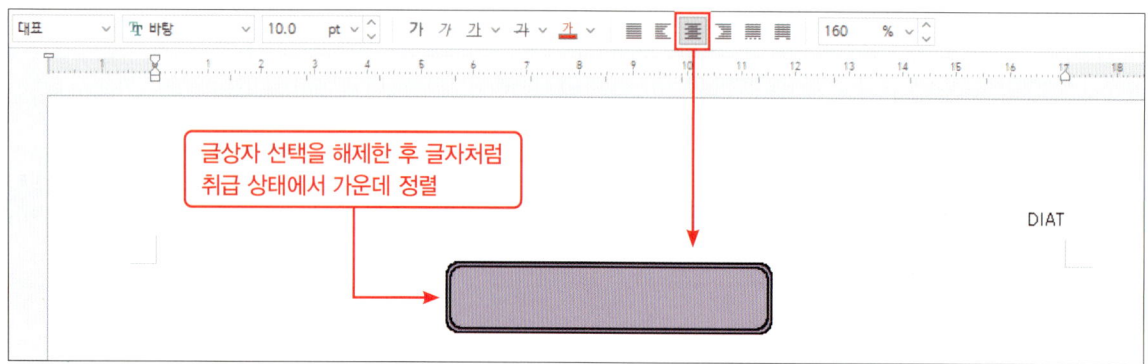

⑦ 글상자 안쪽을 클릭하여 커서를 위치시킨 후 주어진 내용을 입력합니다. 다시 글상자를 선택한 후 서식 도구 상자에서 글꼴(맑은 고딕), 글자 크기(23pt), 정렬 방식(가운데 정렬)을 각각 지정합니다.

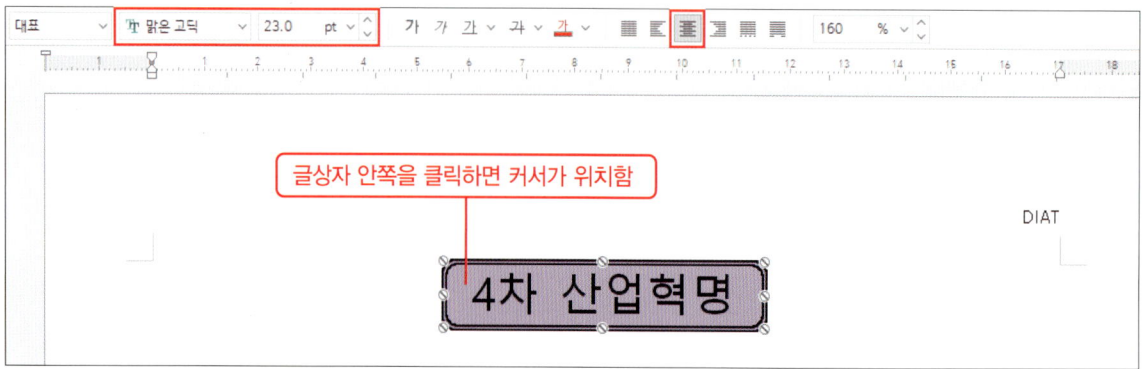

## 유형잡기 03 다단 설정하기

① 글상자 밑의 두 번째 줄을 클릭한 후 [쪽]-[단]-[둘]을 선택합니다.

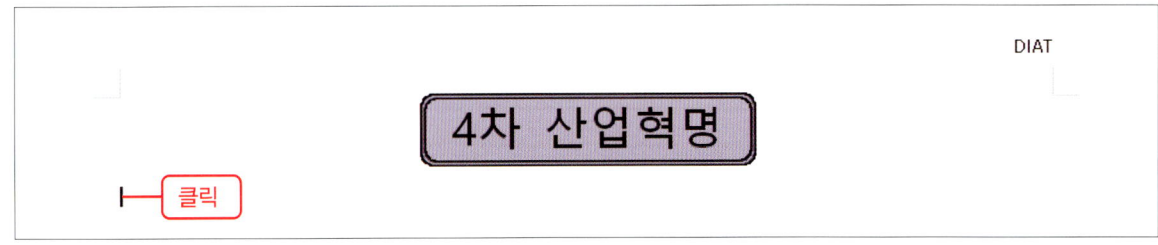

② 눈금자를 통해 단이 둘로 나누어진 것을 확인할 수 있습니다.

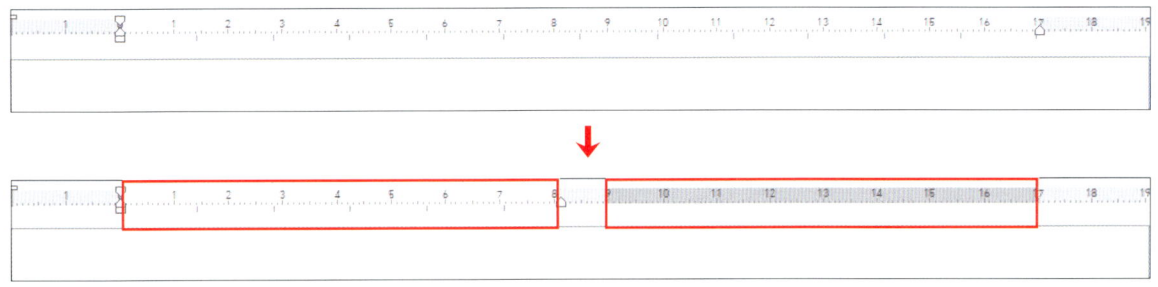

 단

문서를 작성할 때 많은 내용을 읽기 쉽도록 한쪽을 여러 개의 단으로 나누는 기능입니다.

③ [파일]-[저장하기]를 선택하거나 Alt + S 키를 눌러서 완성된 파일을 저장합니다. 서식 도구 상자에서 저장하기(🖫) 단추를 클릭해도 됩니다.

# 출제 유형 문제

**01** 작성 조건을 이용하여 다음과 같은 문서를 완성해 보세요.

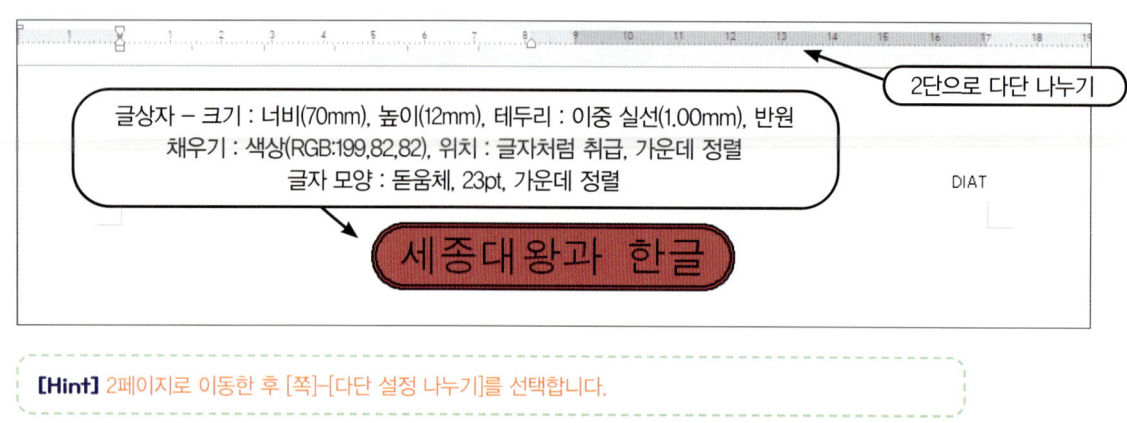

[Hint] 2페이지로 이동한 후 [쪽]-[다단 설정 나누기]를 선택합니다.

**02** 작성 조건을 이용하여 다음과 같은 문서를 완성해 보세요.

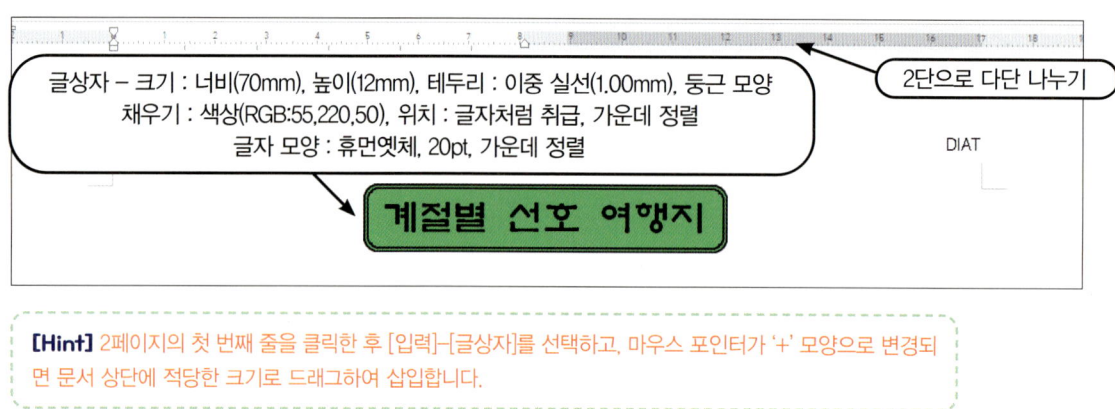

[Hint] 2페이지의 첫 번째 줄을 클릭한 후 [입력]-[글상자]를 선택하고, 마우스 포인터가 '+' 모양으로 변경되면 문서 상단에 적당한 크기로 드래그하여 삽입합니다.

**03** 작성 조건을 이용하여 다음과 같은 문서를 완성해 보세요.

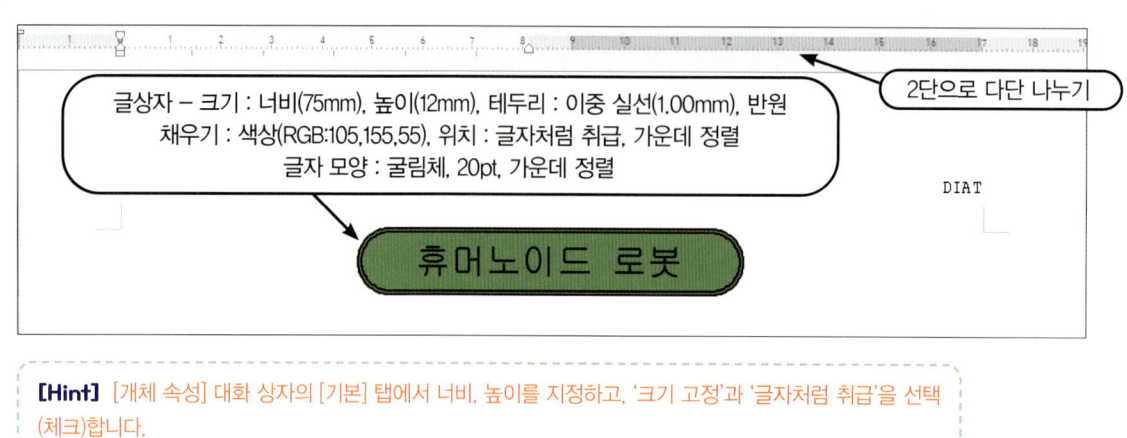

[Hint] [개체 속성] 대화 상자의 [기본] 탭에서 너비, 높이를 지정하고, '크기 고정'과 '글자처럼 취급'을 선택(체크)합니다.

# 출제 유형 문제

▶ 예제 파일 : 유형 분석 06₩유형 05_문제.hwpx   ▶ 완성 파일 : 유형 분석 06₩유형 05_완성.hwpx

**04** 작성 조건을 이용하여 다음과 같은 문서를 완성해 보세요.

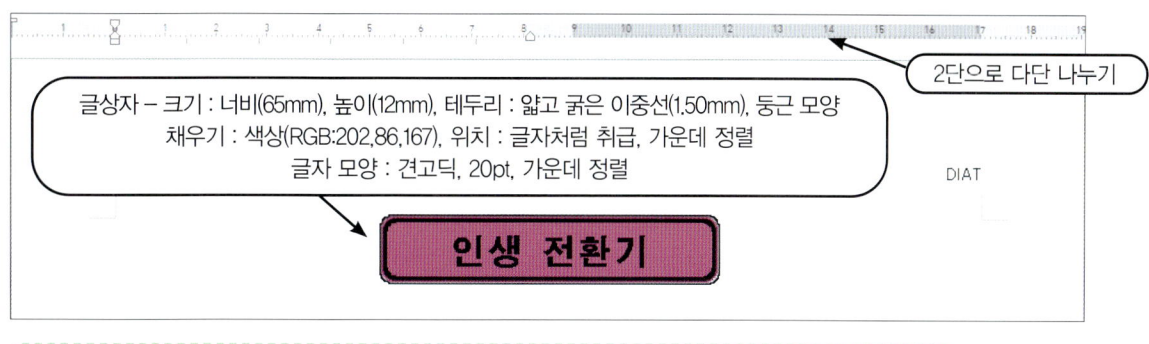

[Hint] [개체 속성] 대화 상자의 [선] 탭에서 선의 종류, 굵기를 지정하고, 사각형 모서리 곡률을 '둥근 모양'으로 선택합니다.

▶ 예제 파일 : 유형 분석 06₩유형 06_문제.hwpx   ▶ 완성 파일 : 유형 분석 06₩유형 06_완성.hwpx

**05** 작성 조건을 이용하여 다음과 같은 문서를 완성해 보세요.

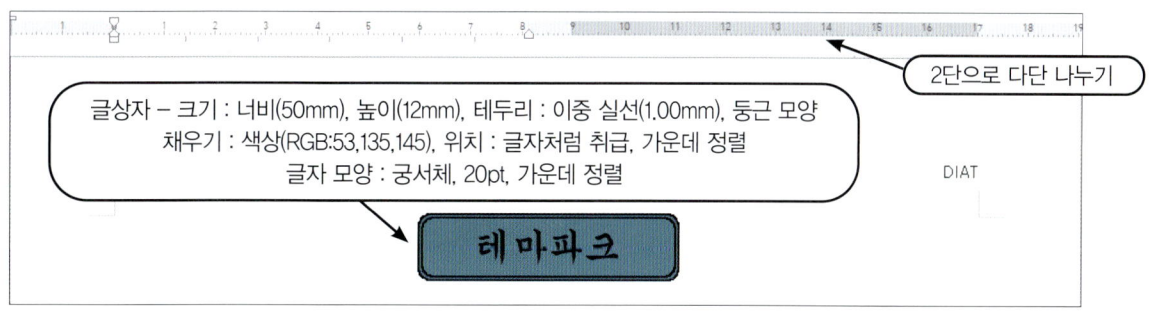

[Hint] [개체 속성] 대화 상자의 [채우기] 탭에서 면 색의 목록 단추를 클릭하고, [스펙트럼]을 선택합니다. 지시사항을 참조하여 색상의 'RGB:53,135,145'를 입력하고, [적용] 버튼을 클릭합니다.

▶ 예제 파일 : 유형 분석 06₩유형 07_문제.hwpx   ▶ 완성 파일 : 유형 분석 06₩유형 07_완성.hwpx

**06** 작성 조건을 이용하여 다음과 같은 문서를 완성해 보세요.

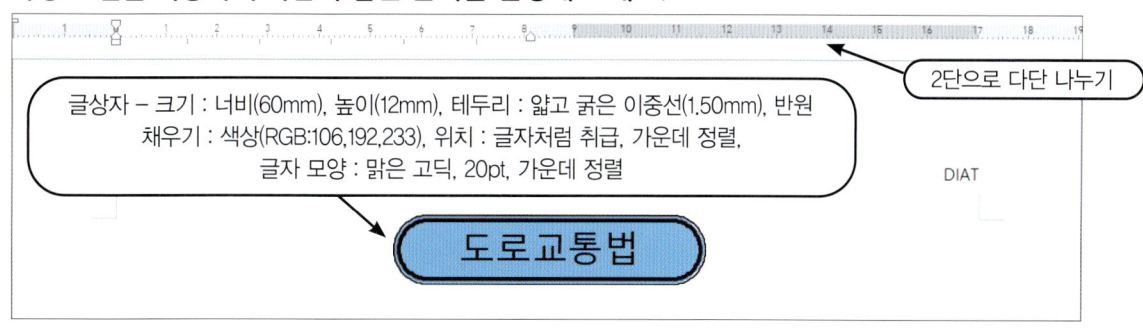

[Hint]
- 편집된 글상자가 나타나면 ESC 키를 눌러 선택을 해제한 후 서식 도구 상자에서 [가운데 정렬] 단추를 클릭합니다.
- 글상자 밑의 두 번째 줄을 클릭한 후 [쪽]-[단]-[둘]을 선택합니다.

# 유형분석 07 — 다단 내용과 한자/각주 입력

**핵심만 쏙쏙**  다단 내용 입력 / 한자 변환 / 각주 삽입

다단 내용을 입력할 때 교정 부호를 확인하면서 정확하게 입력한 후 주어진 단어의 한자 변환과 문서 하단에 각주를 삽입하는 방법에 대하여 알아봅니다.

## 핵심 짚어보기

▶ 예제 파일 : 유형 분석 07₩유형 01_문제.hwpx    ▶ 완성 파일 : 유형 분석 07₩유형 01_완성.hwpx

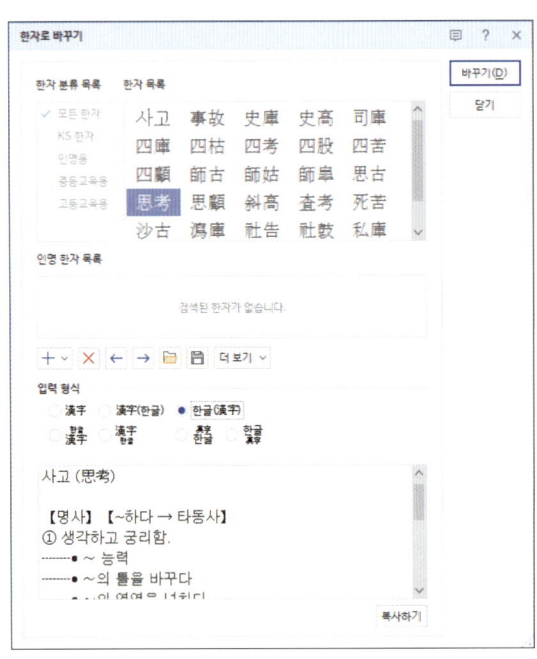

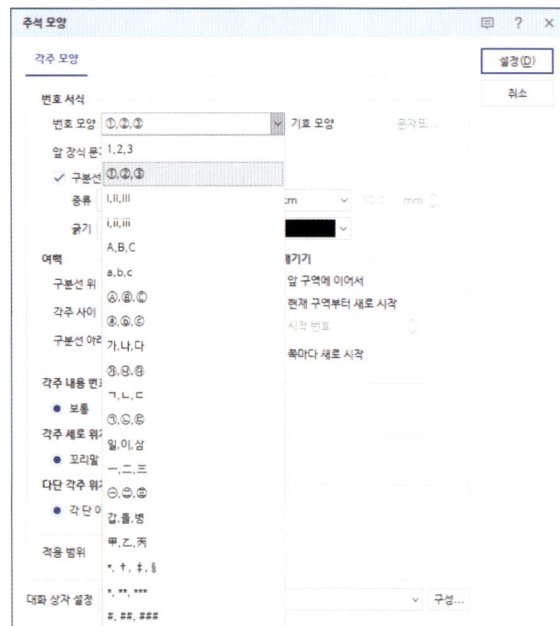

▲ F9 키 / [입력] 탭-[한자 입력] 단추

▲ [입력]-[주석]-[각주] / [입력] 탭-[각주] 단추
▲ [주석] 탭-[각주/미주 모양] 단추

### 클래스 업

- 다단의 첫 번째, 두 번째 문단 내용을 교정 부호를 확인하면서 정확하게 입력합니다.
- 문단 내용 중 특정 단어의 한자를 입력 형식에 맞게 하나하나 변환합니다.
- 각주를 삽입할 단어 뒤에서 각주를 삽입하되 번호 모양을 정확히 확인합니다.

## 유형잡기 01 다단 내용 입력하기

❶ [파일]-[불러오기]를 선택하거나 서식 도구 상자에서 불러오기() 단추를 클릭합니다. [불러오기] 대화 상자에서 '유형 분석 07₩유형 01_문제.hwpx'를 불러오기 합니다.

❷ 2페이지의 두 번째 줄을 클릭한 후 [문제2]를 참조하여 본문 내용을 정확히 입력합니다. 이때, 교정 부호를 확인하면서 교정된 내용으로 입력합니다.

### Tip 교정 부호

- ∽ (자리 바꾸기) : 글자의 자리(위치)를 서로 바꾸어 주는 교정 부호입니다.
- ○ (글자 바꾸기, 수정) : 글자를 다른 단어로 바꾸어 주는 교정 부호입니다.

❸ '1. 인공지능'을 블록을 지정한 후 서식 도구 상자에서 글꼴(돋움), 글자 크기(12pt), 속성(진하게)을 각각 지정합니다.

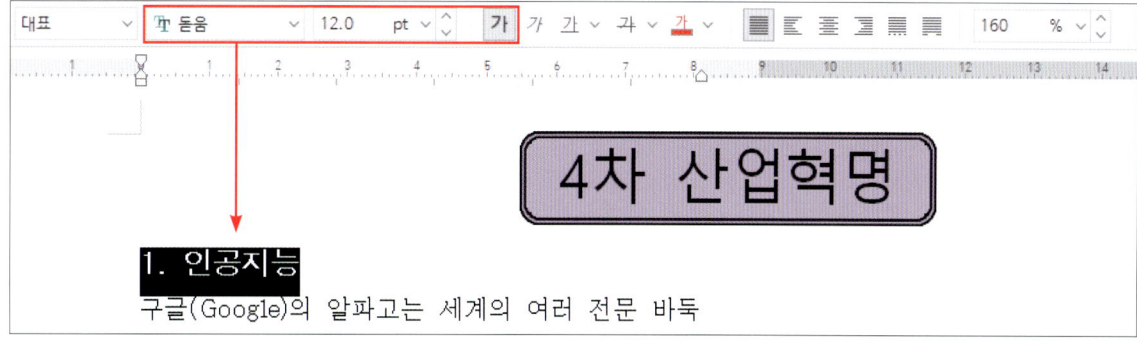

## 유형잡기 02 한자 변환하기

 본문 내용 중 '사고'를 한자로 변경하기 위하여 해당 단어 뒤에 커서를 위치시키고, F9 키를 누릅니다.

> 크게 특정한 문제를 스스로 해결하는 '약인공지능'과 인간처럼 사고하여 문제를 해결할 수 있는 '강인공지능'으로 나뉜다. 현재의 인공지능은 기존

**Tip 한자 입력**

한자로 변경할 단어를 블록 지정한 후 [입력] 탭에서 한자 입력( 한자 입력 ) 단추를 클릭해도 되지만 단축키가 하나일 경우에는 F9 키를 누르는 것이 편리합니다.

 [한자로 바꾸기] 대화 상자의 한자 목록에서 해당 한자를 선택한 후 입력 형식을 지정하고, [바꾸기] 버튼을 클릭합니다.

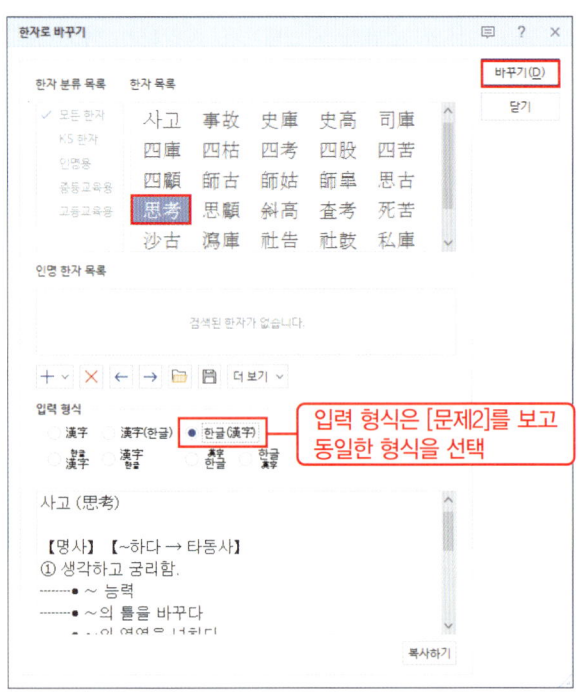

입력 형식은 [문제2]를 보고 동일한 형식을 선택

**Tip 입력 형식**

漢字 : 思考 / 漢字(한글) : 思考(사고) / 한글(漢字) : 사고(思考)

 동일한 방법으로 나머지 단어(특정)도 해당 한자로 변경합니다.

> 크게 특정한 문제를 스스로 해결하는 '약인공지능'과 인간처럼 사고(思考)하여 문제를 해결할 수 있는 '강인공지능'으로 나뉜다. 현재의 인공지능은 기존의 컴퓨터 시스템에서 처리하기 어려웠던 특정(特定) 사진에서 목적한 것을 구분해 내는 것과 같이 현실적이고 실용적인 기능을 목표로 개발 중인 '약인공지능'이 대부분이다.

**Tip 복합 단어의 한자 변환**

한자 변환 시 한자 목록에 등록되지 않은 복합 단어의 경우는 한자 변환을 각각하면 됩니다. 예를 들어, '단일체제'를 한자로 변경할 경우 한번에 '단일체제'의 한자를 변경할 수 없으므로 '단일'과 '체제' 단어를 각각 변경한 후 '단일(但一)체제(體制)'에서 글자를 수정하여 '단일체제(但一體制)'로 변경합니다.

## 유형잡기 03  각주 삽입하기

① 두 번째 문단 내용을 입력하기 위해 Enter 키를 눌러 한 행을 삽입한 후 [문제2]를 참조하여 본문 내용을 정확히 입력합니다.

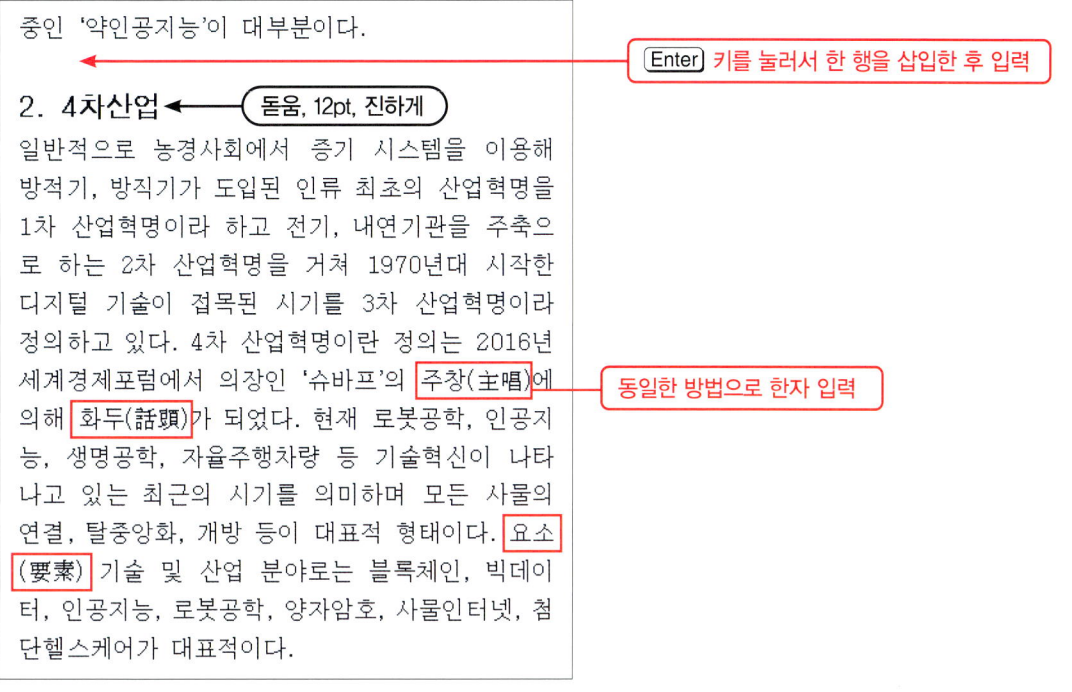

② 각주를 삽입할 단어(첨단헬스케어) 뒤에 커서를 위치시킨 후 [입력]-[주석]-[각주]를 선택하거나 Ctrl + N + N 키를 누릅니다.

**Tip 각주 입력**

각주는 본문에서 언급한 내용에 대한 보충 자료를 추가하는 기능으로 [입력] 탭에서 각주( ) 단추를 클릭해도 됩니다.

③ 본문 하단에 각주 입력란이 나타나면 주어진 내용을 입력한 후 해당 내용을 블록 지정하고, 서식 도구 상자에서 글꼴(궁서), 글자 크기(9pt)를 각각 지정합니다.

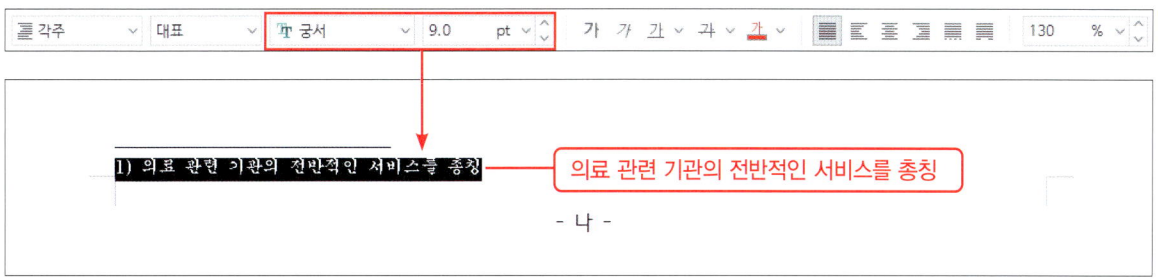

❹ `ESC` 키를 눌러 블록을 해제한 후 [주석] 탭에서 각주/미주 모양( 각주/미주 모양 ) 단추를 클릭합니다.

❺ [주석 모양] 대화 상자의 [각주 모양] 탭에서 번호 모양(①,②,③)을 선택하고, [설정] 버튼을 클릭합니다.

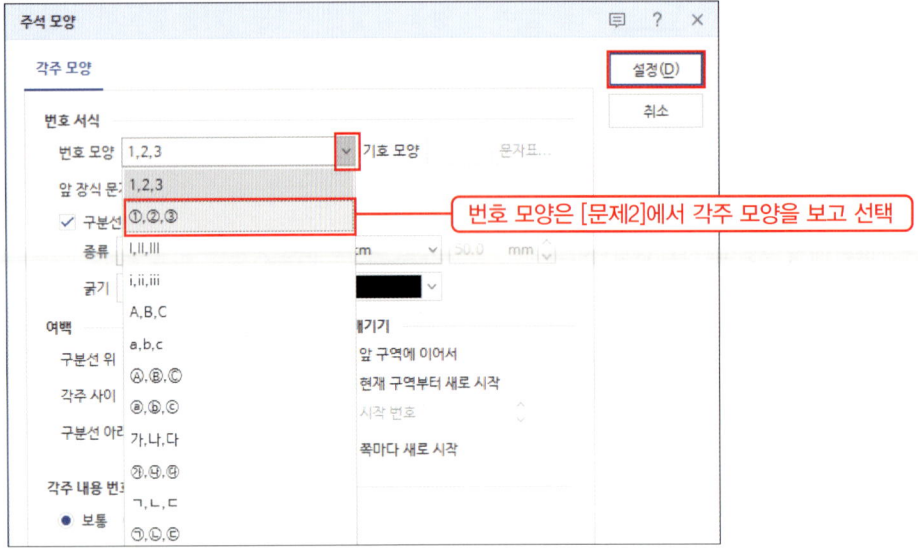

❻ 각주 작업이 완료되면 [주석] 탭에서 닫기( 닫기 ) 단추를 클릭합니다.

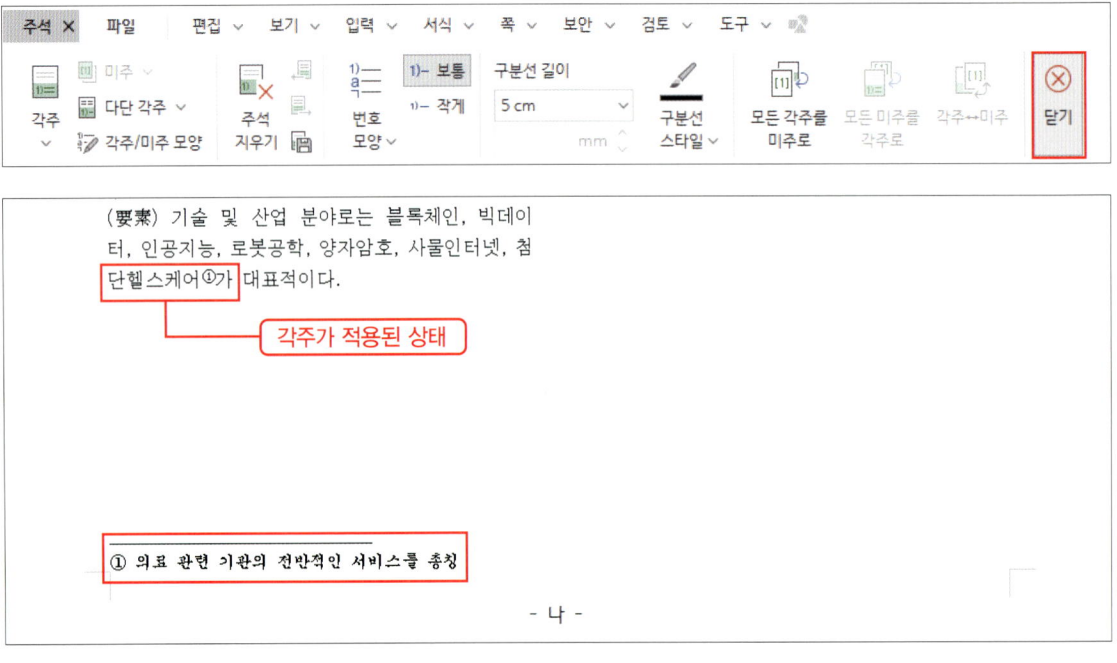

❼ [파일]-[저장하기]를 선택하거나 `Alt`+`S` 키를 눌러서 완성된 파일을 저장합니다. 서식 도구 상자에서 저장하기( 💾 ) 단추를 클릭해도 됩니다.

## 출제 유형 문제

▶ 예제 파일 : 유형 분석 07₩유형 02_문제.hwpx   ▶ 완성 파일 : 유형 분석 07₩유형 02_완성.hwpx

**01** 작성 조건을 이용하여 다음과 같은 문서를 완성해 보세요.

### 세종대왕과 한글

**1. 세종대왕** ← (맑은 고딕, 12pt, 진하게)

세종은 익히 한글을 창제(創製)하고 반포(頒布)한 조선의 제4대 왕으로 역사학자들은 이때가 조선을 가장 찬란한 시기로도 기록하고 있다. 이 시기에 집현전을 통해 우수한 인재가 양성되었을 뿐 아니라 유교 정치에 관련된 제도가 정비되었고 농업뿐만 아니라 과학, 음악, 법제가 정비되었다. 세종이 즉위한 후 10여 년부터 편찬 사업이 활발하게 진행되었는데 문종이 즉위하는 세종 30년까지 거의 매해 1권 이상 총 20여 종의 편찬물이 만들어졌다. 그 중 훈민정음은 세종 즉위 28년이 되는 해였다. 세종은 묘호(廟號)Ⓐ이며, 능호(陵號)는 '영릉(英陵)'이다. 현 경기도 여주시 능서면 영릉로에 소헌왕후와 합장되어 있다.   ← (각주)

**2. 한글의 세계화** ← (맑은 고딕, 12pt, 진하게)

최근 한국의 문화 콘텐츠(Contents)가 해외에서 다양한 분야에서 활성화되고 또한 경제 규모가 세계 10위권으로 성장하면서 한글의 세계화를 견인하고 있다. 다양한 국적의 외국인들이 학습하면서 점차 사용 인구가 많아지는 추세를 보이고 있고 프랑스, 독일 등 일부 국가에서는 제2외국어로 선정되고 있다. 특히 베트남은 2021년 제1외국어로 선정된 상태이다. 한국어교육에 앞장서고 있는 '세종학당재단'의 경우 2007년에는 13개소에서 운영하던 교육기관이 2021년에는 전 세계 234개소를 운영하고 있으며, 수강생 수도 740명에서 8만여 명으로 증가했다. 이 재단이 운영하는 '세종학당'의 15년간 수강생은 온라인 오프라인 합계 무려 58만여 명이다.

---
Ⓐ 왕이 죽은 뒤에 종묘에 신위를 모실 때 붙이는 호   ← (돋움, 9pt)

- B -

**[Hint]** 2페이지의 두 번째 줄을 클릭한 후 [문제2]를 참조하여 본문 내용을 정확히 입력합니다.

# 출제 유형 문제

▶ 예제 파일 : 유형 분석 07₩유형 03_문제.hwpx   ▶ 완성 파일 : 유형 분석 07₩유형 03_완성.hwpx

**02** 작성 조건을 이용하여 다음과 같은 문서를 완성해 보세요.

## 계절별 선호 여행지

**1. 여행의 역사** ← 굴림, 12pt, 진하게

여행(旅行)이란 휴식을 위해 일상생활에서 벗어나 다른 지역이나 타국으로 떠나는 것을 말합니다. 크게 배낭여행, 패키지여행으로 구분됩니다. 관광(觀光)이 오늘날 산업(産業)의 관점에서 받아들여지기 시작한 것은 18~19세기 유럽에서부터입니다. 그전에는 왕족이나 귀족만이 관광을 갈 수 있었는데, 대부분 교육적인 관광이었습니다. 세계적으로 여행(Travel)의 중요성이 더해지는 이유는 삶의 질을 향상할 수 있는 좋은 수단이기 때문입니다. 인터넷이 발달하면서 여행의 수요㉠는 더 급증하게 되었고 바다(Sea)와 산(Mountain), 계곡 등 다양한 장소가 여행지로 선택되고 있습니다.

(각주)

**2. 바다 여행** ← 굴림, 12pt, 진하게

바다는 지구(Earth) 표면의 약 70.8%를 차지하고 있습니다. 육지(陸地) 면적의 2.43배이고 지구의 물 대부분이 바다에 존재하고 있습니다. 바다는 스트레스 해소와 휴식을 위한 최적의 장소입니다. 바닷가를 산책(散策)하는 것만으로도 일상에서 벗어나 편안한 상태에 이를 수 있으며, 스노클링, 서핑, 요트 여행 등 다양한 활동을 통해 몸과 마음을 힐링(Healing)할 수도 있습니다. 파도 소리를 들으며 잠들 수 있는 해변 근처에서의 야영이나 캠핑은 바다 여행의 특별한 경험을 제공하기도 합니다. 바다 여행은 식당에서 다양한 현지 해산물 요리를 맛볼 수 있고, 신선한 해산물을 직접 구매하여 조리할 수도 있습니다. 또한 매년 관광객들의 즐거운 추억이 될 다양한 바다 축제는 우리에게 더 풍성한 즐거움을 선사합니다.

㉠ 구매자가 원하는 재화나 서비스의 양 ← 궁서, 9pt

- ii -

**[Hint]** 1. 2.의 소제목 내용은 서식 도구 상자에서 글꼴, 글자 크기, 속성을 각각 지정합니다.

## 출제 유형 문제

예제 파일 : 유형 분석 07₩유형 04_문제.hwpx  완성 파일 : 유형 분석 07₩유형 04_완성.hwpx

**03** 작성 조건을 이용하여 다음과 같은 문서를 완성해 보세요.

### 휴머노이드 로봇

**1. 로봇의 발전** ◀ (돋움, 12pt, 진하게)

1973년 일본 와세다대학교에서 최초로 개발된 휴머노이드 로봇(Humanoid robot)은 인간의 신체 형태를 닮은 로봇이다. 도구 및 주변 환경과 상호 작용 등 기능적 목적을 염두(念頭)에 두고 일반적으로 휴머노이드 로봇은 몸통, 머리, 두 개의 팔, 두 개의 다리로 구성되어 있다. 휴머노이드 로봇이 주목받는 가장 큰 이유는 노동력(勞動力) 부족이다. 휴머노이드 로봇은 인간과 유사한 모습을 하고 있어 인간을 위해 설계(Design)된 환경에서 작동하고 인간과 함께 일할 수 있다는 장점이 있다. 이러한 이유로 전 세계적으로 여러 기업이 휴머노이드 로봇 상용화를 위해 경쟁(競爭) 중이다.

**2. 세계의 로봇** ◀ (돋움, 12pt, 진하게)

2023년 중국의 로봇 스타트업 기업 푸리에인텔리전스는 GR-1 로봇을 발표했다. 로봇 개발의 주목적은 중국의 고령화(Aging) 인구가 늘어남에 따라 생기는 노동력 부족 현상에 대한 노동력 충족(充足)이다. 푸리에 대표는 인간에게 로봇이 간병인A 혹은 치료 도우미가 될 수도 있고, 혼자 지내는 노인의 동반자(同伴者)가 될 수도 있다고 전하며 결국 환자들은 그들과 상호 작용하는 자율 로봇을 갖게 될 것이라고 발표했다. 테슬라(Tesla) 역시 옵티머스(Optimus) 로봇을 선보였는데, 옵티머스는 인간과 비슷한 체격과 형태를 갖춘 인간형 로봇으로 시속 8km로 움직이며 20kg의 물건을 들어 올릴 수 있다. 실제 사람이 활동하는 다양한 환경에서 즉시 업무에 투입될 수 있다는 점이 장점으로 꼽힌다.

(각주)

───────────────
A 환자가 있을 때 보호자를 대신해 간병을 하는 사람 ◀ (맑은 고딕, 9pt)

- 2 -

**[Hint]** 한자로 변경하려는 해당 단어 뒤에 커서를 위치시키고, **F9** 키를 누릅니다.

# 출제 유형 문제

▶ 예제 파일 : 유형 분석 07₩유형 05_문제.hwpx   ▶ 완성 파일 : 유형 분석 07₩유형 05_완성.hwpx

**04** 작성 조건을 이용하여 다음과 같은 문서를 완성해 보세요.

## 인생 전환기

### 1. 기대수명이란?   ← 굴림, 12pt, 신하색

기대수명(life expectancy)은 0세의 출생자가 향후 생존(生存)할 것으로 기대되는 평균 생존 연수를 말한다. 한국 인구의 기대수명은 1980년 62.3세에서 2022년 82.7세로 약 20년 늘어났다. 기대수명은 여자가 남자보다 길다. 여자의 기대수명1)   ← 각주
은 85.6세로 남자의 79.9세에 비해 5.7년이나 길다. 한국인의 기대수명은 2010년을 전후로 80세까지 높아지면서 선진국(advanced country) 수준에 도달하였다. 기대수명의 연장(extension)은 노후 기간이 점차 길어짐을 뜻하며, 젊은 층의 노년층 부양 비율도 높아져 향후 경제성장(經濟成長)에 다양한 대비책을 마련할 필요도 있다.

### 2. 노후 대비란?   ← 굴림, 12pt, 진하게

노후(老後) 대비는 자녀가 독립한 이후부터 준비하는 경우가 많다. 그러나 요즘은 결혼과 출산이 늦어지는 경향으로 인해 자녀 독립 시기가 늦춰지고 있어서 좀 더 일찍부터 계획을 세워 준비하는 것이 바람직하다. 가장 좋은 노후 대비의 시기는 취업과 동시에 시작하는 것이다. 노후 대비를 위해 가장 먼저 해야 할 일은 자신이 어떻게 살고 싶은가에 대해 목표를 세운 후 필요한 돈을 계산(計算)하는 것이다. 일반적인 평균(average) 금액은 통계청 등에서 발표한 예상 노후 생활비를 참조할 수 있다. 그러나 실제 필요한 금액은 성별, 주거 지역 등에 따라 차이가 있다. 예를 들어, 여성은 남성보다 오래 살 수 있으므로 남성보다 노후 생활비(生活費)가 증가할 수 있다.

---

1) 기대수명을 평균수명이라고도 하는데, 사람들이 평균적으로 얼마나 오래 살 것인지를 나타낸다.   ← 중고딕, 9pt

- ② -

**[Hint]** [한자로 바꾸기] 대화 상자의 한자 목록에서 해당 한자를 선택한 후 입력 형식을 정확히 지정합니다.

# 출제 유형 문제

> 예제 파일 : 유형 분석 07₩유형 06_문제.hwpx   > 완성 파일 : 유형 분석 07₩유형 06_완성.hwpx

**05** 작성 조건을 이용하여 다음과 같은 문서를 완성해 보세요.

---

### 테마파크

**1. 9.81 파크란?**  ← ( 돋움, 12pt, 진하게 )

세계 최초(最初) 스마트 레이싱 테마파크 9.81 파크는 미래에 온 듯한 감각적인 실내 공간과 다양한 액티비티 그리고 신나는 레이싱과 함께 제주 자연을 온전히 경험할 수 있는 곳으로 애월 바다와 한라산㉮ 사이에 있다. 자체 기술력으로 개발된 세 종류의 GR(Gravity Racer)로 4개의 코스, 총 10개 트랙의 레이스 코스에서 오직 중력 가속도(加速度)만으로 비양도를 품은 푸른 바다를 보며 다운힐(Downhill) 레이싱을 즐길 수 있으며, 무동력 레이싱을 마치고 나면 자동회차로 진행되는 업힐 레이싱은 아름다운 한라산(漢拏山)을 온전히 느낄 수 있다.

(각주)

**2. 테마파크의 진화**  ← ( 돋움, 12pt, 진하게 )

코로나19로 인해 많은 상점과 공간이 문을 닫고, 특히 어려운 시기를 보냈던 장소 중 한 곳이 바로 테마파크(theme park)이다. 입장객이 50% 이상 줄어들고 매출 역시 많이 감소했지만, 그 기간 동안 테마파크는 다양한 최신 IT 기술을 연구하고 받아들이면서 변화를 꾀하였다. 이에 테마파크 공간에서 직접 체험(體驗)할 수 있는 기술은 물론 가상현실을 활용해 온라인, 메타버스(Metaverse)의 테마파크도 즐길 수 있다. 즉 테마파크는 단순히 즐거움과 재미를 제공하는 것에 그치는 것이 아니라 매우 고도화된 기술이 적용되는 기술 혁신이 꾸준히 일어나는 장소이다. 기술의 발전은 운영과 관리의 문제를 해결하고 수익을 비롯해 여러 효율을 높일 수 있으며, 이용객에게는 독특한 경험(經驗)을 안겨줄 수 있다.

---

㉮ 제주도 중앙부에 솟아 있는 1,947m 높이의 화산  ← ( 굴림, 9pt )

- 나 -

> **[Hint]** 각주를 삽입할 단어 뒤에 커서를 위치시킨 후 [입력]-[주석]-[각주]를 선택합니다. 본문 하단에 각주 입력란이 나타나면 주어진 내용을 입력하고, 서식 도구 상자에서 글꼴, 글자 크기를 각각 지정합니다.

# 출제 유형 문제

예제 파일 : 유형 분석 07₩유형 07_문제.hwpx    완성 파일 : 유형 분석 07₩유형 07_완성.hwpx

**06** 작성 조건을 이용하여 다음과 같은 문서를 완성해 보세요.

## 도로교통법

### 1. 도로교통법이란? ← 돋움, 12pt, 진하게

도로교통법은 1961년 12월 31일 법률 제941호에 의해 도로에서 일어나는 교통상의 모든 위험(hazard)과 장해를 방지하고 제거하여 안전하고 원활한 교통을 확보함을 목적으로 제정되었다. 1962년 1월 20일부터 전면 시행된 도로교통법(道路交通法)은 도로교통에 관련된 내용을 규정한 법으로, 도로의 사용, 도로 사용자의 권리와 의무, 자동차 운전면허 제도에 관한 전반적인 내용을 규정하고 있다. 일반적으로 권한 설정 및 집행 절차, 도로 규칙(規則) 설명 및 기타 안전(safety)과 관련된 조항을 포함하는 법률이다. 운전 면허증, 차량 소유 및 등록, 보험(insurance), 차량 안전 검사 및 주차 위반에 대해 행정(行政) 규정에 대한 과태료 위반(違反) 등도 포함된다.

### 2. 도로교통법 개정 ← 돋움, 12pt, 진하게

교통법규는 수시로 변경되는 도로(thoroughfare) 상황에 맞춰 운전자와 보행자 및 모든 사람의 안전을 위해 매년 일부 변경되고 있다. 고속도로(expressway) 지정차로에서는 앞차의 좌측 차로로만 앞지르기할 수 있으며 추월(追越) 후에는 기존 주행 차로로 돌아가야 하는 사항이 추가되었다. 음주운전 단속 시 2회 이상 측정을 거부하면 가중 처벌을 하거나 5년 이내 2회 적발된 상습 음주 운전자는 결격 기간 종료 후 면허 취득 시 조건부로 차 안에 음주운전 방지 장치 부착을 의무화하였다. 또한 우회전 신호①를 설치하여 운전자의 보행자 보호 의무를 강화하며, 양방향 단속 카메라를 설치하는 곳도 점차 늘어날 전망이다. ← 각주

---
① 기존에는 대부분 비보호 우회전이 가능했다. ← 굴림, 9pt

- 을 -

**[Hint]** [주석] 탭에서 [각주/미주 모양] 단추를 클릭한 후 [주석 모양] 대화 상자의 [각주 모양] 탭에서 번호 모양을 선택합니다.

## 유형분석 08 — 그림 삽입과 쪽 테두리 설정

**핵심만 쏙쏙**  그림 파일 삽입과 편집 / 쪽 테두리 설정

문서의 해당 위치에 그림 파일을 삽입한 후 [개체 속성] 대화 상자를 이용하여 그림을 편집하고, 현재 페이지(구역)에 쪽 테두리를 설정하는 방법에 대하여 알아봅니다.

**핵심 짚어보기**

▶ 예제 파일 : 유형 분석 08₩유형 01_문제.hwpx   ▶ 완성 파일 : 유형 분석 08₩유형 01_완성.hwpx

▲ [입력]-[그림]-[그림] / [입력] 탭-[그림] 단추

▲ 그림 더블 클릭 / [그림] 탭-[그림 속성] 단추

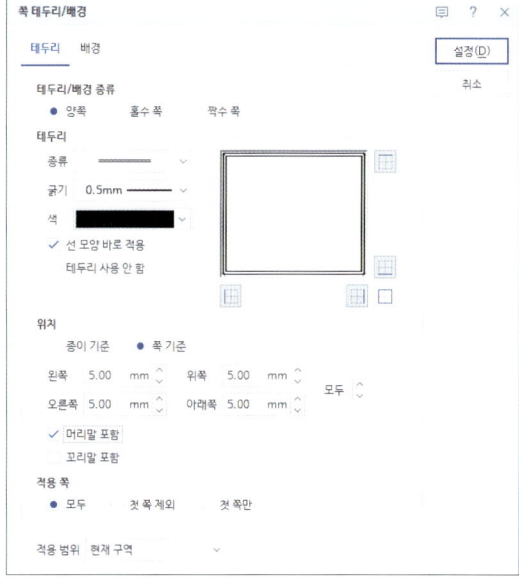

▲ [쪽]-[쪽 테두리/배경] / [쪽] 탭-[쪽 테두리/배경] 단추

### 클래스 업

- 그림 파일을 삽입한 후 [개체 속성] 대화 상자의 [기본] 탭에서 크기(너비와 높이), 위치(본문과의 배치와 가로/세로의 기준)를 각각 지정합니다.
- [쪽 테두리/배경] 대화 상자의 [테두리] 탭에서 종류, 위치, 적용 범위 등을 각각 지정합니다.

## 유형잡기 01  그림 삽입하기

1. [파일]-[불러오기]를 선택하거나 서식 도구 상자에서 불러오기(📁) 단추를 클릭합니다. [불러오기] 대화 상자에서 '유형 분석 08₩유형 01_문제.hwpx'를 불러오기 합니다.

2. 2페이지의 첫 번째 문단 맨 앞에 커서를 위치시킨 후 [입력]-[그림]-[그림]을 선택하거나 Ctrl+N+I 키를 누릅니다.

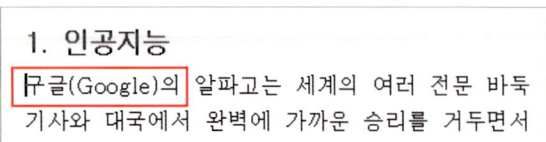

3. [그림 넣기] 대화 상자에서 찾는 위치(01.유형사로잡기₩유형 분석 08)와 파일 이름(그림A.jpg)을 선택한 후 '문서에 포함'을 체크(선택)하고, [열기] 버튼을 클릭합니다.

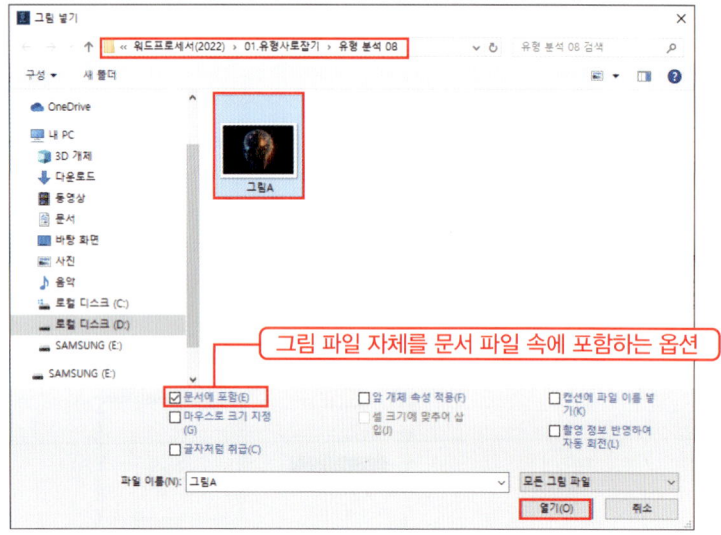

 **그림 삽입**

실제 시험에서는 답안 전송 프로그램을 설치한 후 바탕 화면의 [KAIT]-[제출파일] 폴더에 있는 그림 파일을 선택합니다.

4. 그림을 편집하기 위하여 삽입된 그림을 더블 클릭합니다.

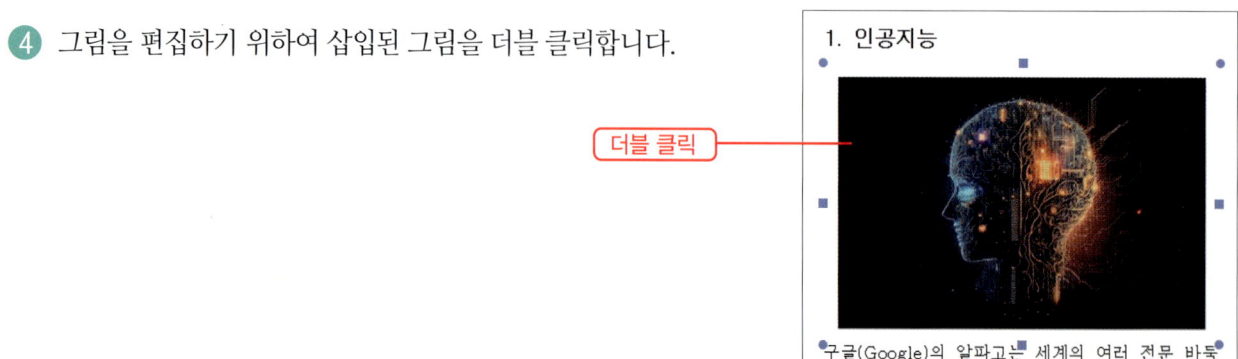

❺ [개체 속성] 대화 상자의 [기본] 탭에서 너비(85mm), 높이(40mm)를 지정하고, '크기 고정'을 체크(선택)합니다. 계속해서 본문과의 배치(어울림)를 선택한 후 가로-쪽의 왼쪽(0.0mm), 세로-쪽의 위(22mm)를 지정하고, [설정] 버튼을 클릭합니다.

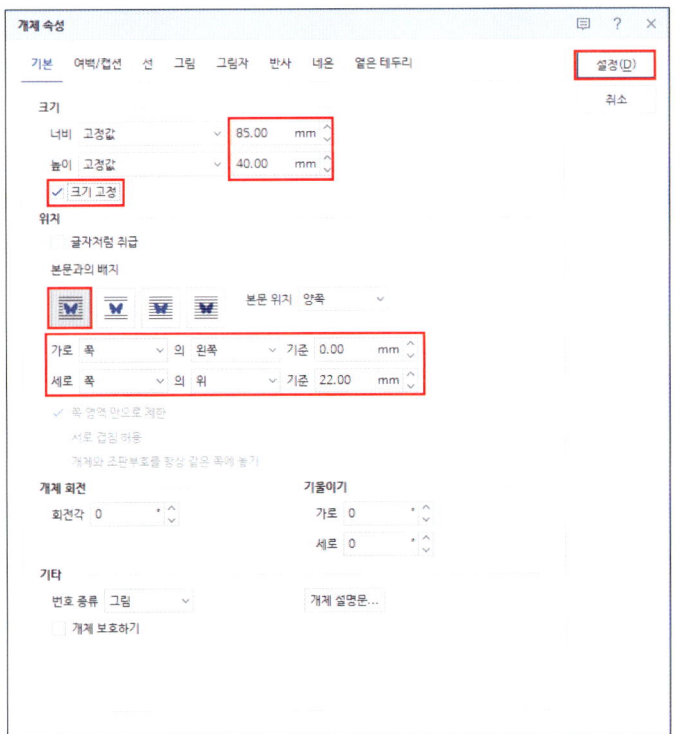

 본문과의 배치

- ① 어울림 : 개체와 본문이 같은 줄을 나누어 쓰되 서로 자리를 침범하지 않고, 본문이 개체에 어울리도록 배치합니다.
- ② 자리 차지 : 개체가 개체의 높이만큼 줄을 차지하고 있기 때문에 개체가 차지하고 있는 영역에는 본문이 오지 못합니다.
- ③ 글 앞으로 : 개체가 없는 것처럼 본문이 채워지고, 개체는 본문이 덮이도록 본문 위에 배치합니다.
- ④ 글 뒤로 : 개체가 없는 것처럼 본문이 채워지고, 개체는 본문의 배경처럼 사용됩니다.

❻ 삽입된 그림의 크기와 위치를 확인하고, ESC 키를 눌러 그림 선택을 해제합니다.

## 유형잡기 02 쪽 테두리 설정하기

① 2페이지에 쪽 테두리를 설정하기 위하여 [쪽]-[쪽 테두리/배경]을 선택합니다.

② [쪽 테두리/배경] 대화 상자의 [테두리] 탭에서 종류(이중 실선), 모두(▦), 위치(머리말 포함), 적용 범위(현재 구역)를 각각 지정하고, [설정] 버튼을 클릭합니다.

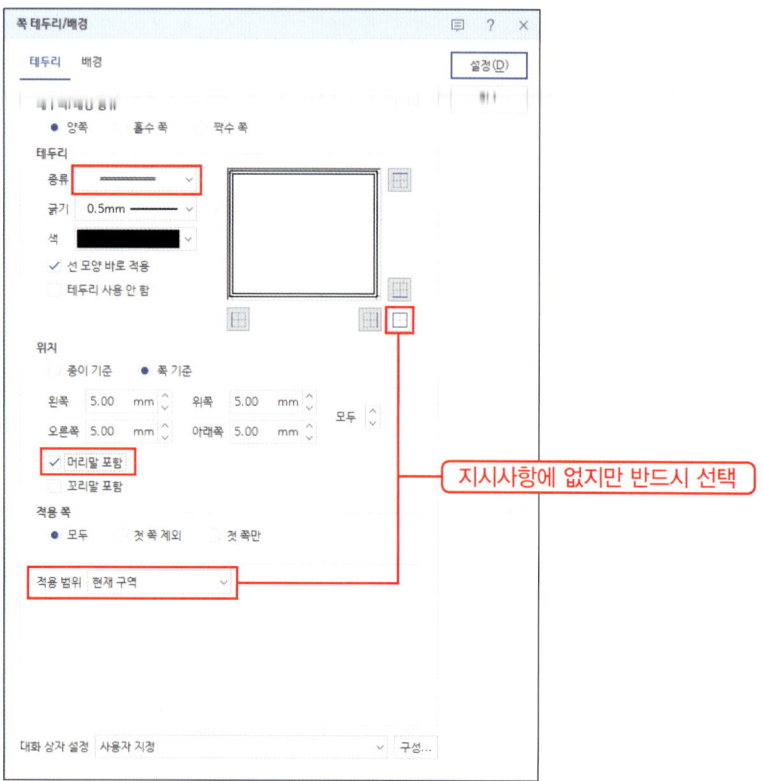

③ 쪽 테두리가 머리말을 포함하여 설정된 것을 확인할 수 있습니다.

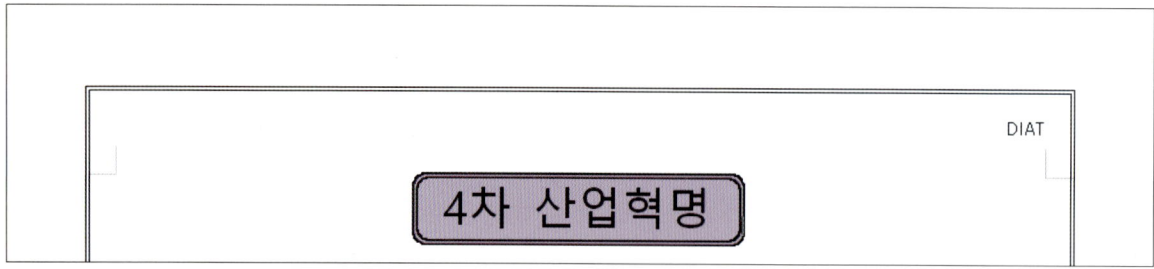

④ [파일]-[저장하기]를 선택하거나 Alt+S 키를 눌러서 완성된 파일을 저장합니다. 서식 도구 상자에서 저장하기(🖫) 단추를 클릭해도 됩니다.

## 출제 유형 문제

▶ 예제 파일 : 유형 분석 08₩유형 02_문제.hwpx   ▶ 완성 파일 : 유형 분석 08₩유형 02_완성.hwpx

**01** 작성 조건을 이용하여 다음과 같은 문서를 완성해 보세요.

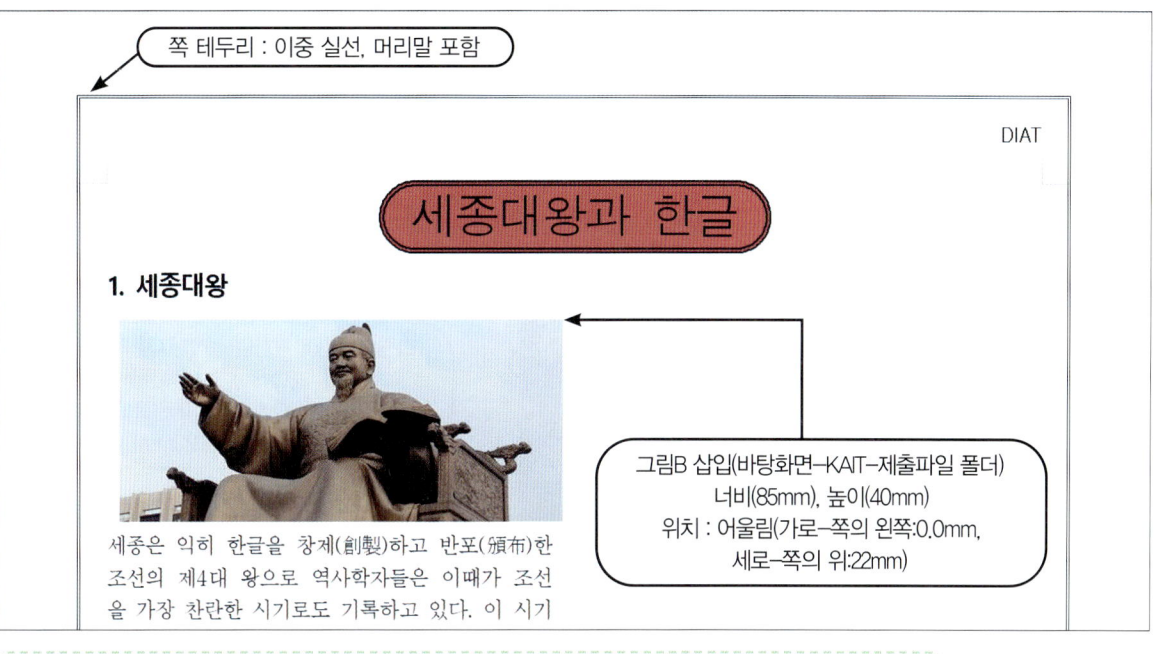

[Hint] 2페이지의 첫 번째 문단 맨 앞에 커서를 위치시킨 후 [입력]-[그림]-[그림]을 선택합니다.

▶ 예제 파일 : 유형 분석 08₩유형 03_문제.hwpx   ▶ 완성 파일 : 유형 분석 08₩유형 03_완성.hwpx

**02** 작성 조건을 이용하여 다음과 같은 문서를 완성해 보세요.

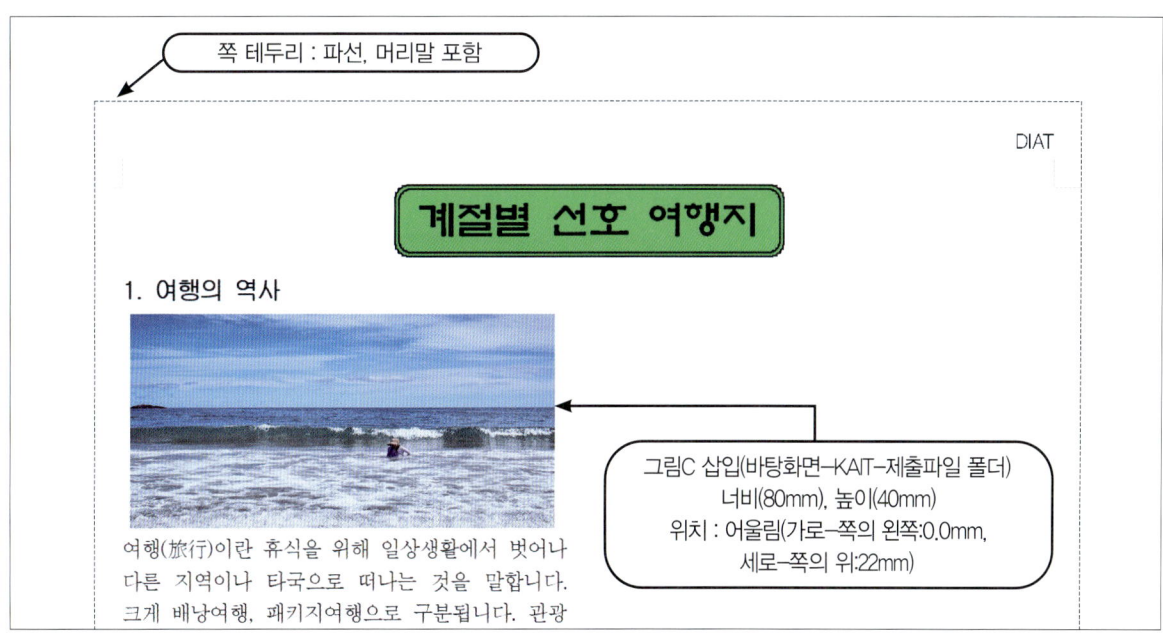

[Hint] [그림 넣기] 대화 상자에서 찾는 위치(01.유형사로잡기₩유형 분석 08)와 파일 이름(그림C.jpg)을 선택한 후 '문서에 포함'을 체크(선택)합니다.

# 출제 유형 문제

▶ 예제 파일 : 유형 분석 08₩유형 04_문제.hwpx    ▶ 완성 파일 : 유형 분석 08₩유형 04_완성.hwpx

**03** 작성 조건을 이용하여 다음과 같은 문서를 완성해 보세요.

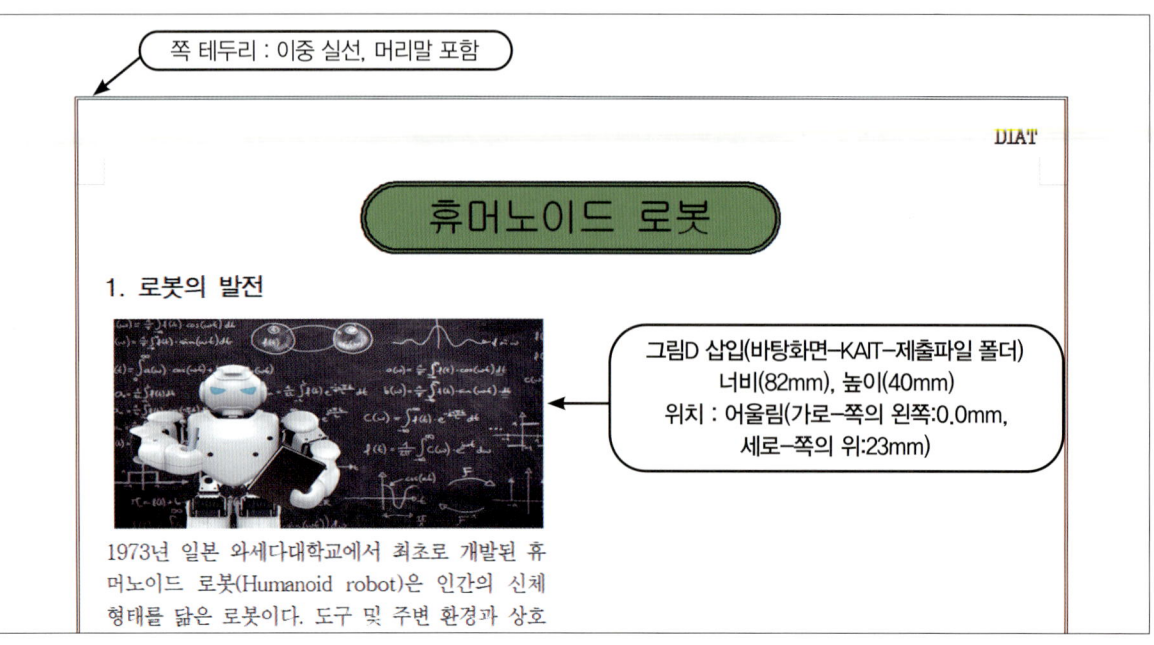

[Hint] [개체 속성] 대화 상자의 [기본] 탭에서 너비와 높이를 지정하고, '크기 고정'을 체크(선택)합니다. 계속해서 본문과의 배치(어울림)를 선택한 후 가로-쪽의 왼쪽(0.0mm), 세로-쪽의 위(23mm)를 각각 지정합니다.

▶ 예제 파일 : 유형 분석 08₩유형 05_문제.hwpx    ▶ 완성 파일 : 유형 분석 08₩유형 05_완성.hwpx

**04** 작성 조건을 이용하여 다음과 같은 문서를 완성해 보세요.

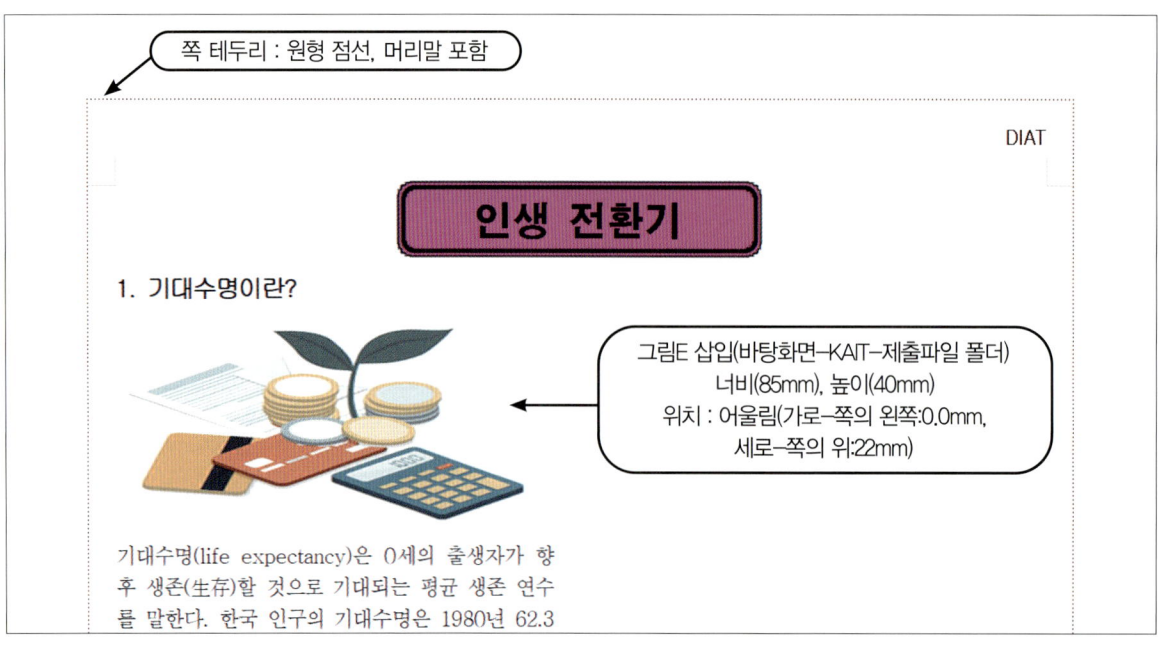

[Hint] 2페이지에 쪽 테두리를 설정하기 위하여 [쪽]-[쪽 테두리/배경]을 선택합니다.

# 출제 유형 문제

▶ 예제 파일 : 유형 분석 08₩유형 06_문제.hwpx   ▶ 완성 파일 : 유형 분석 08₩유형 06_완성.hwpx

**05** 작성 조건을 이용하여 다음과 같은 문서를 완성해 보세요.

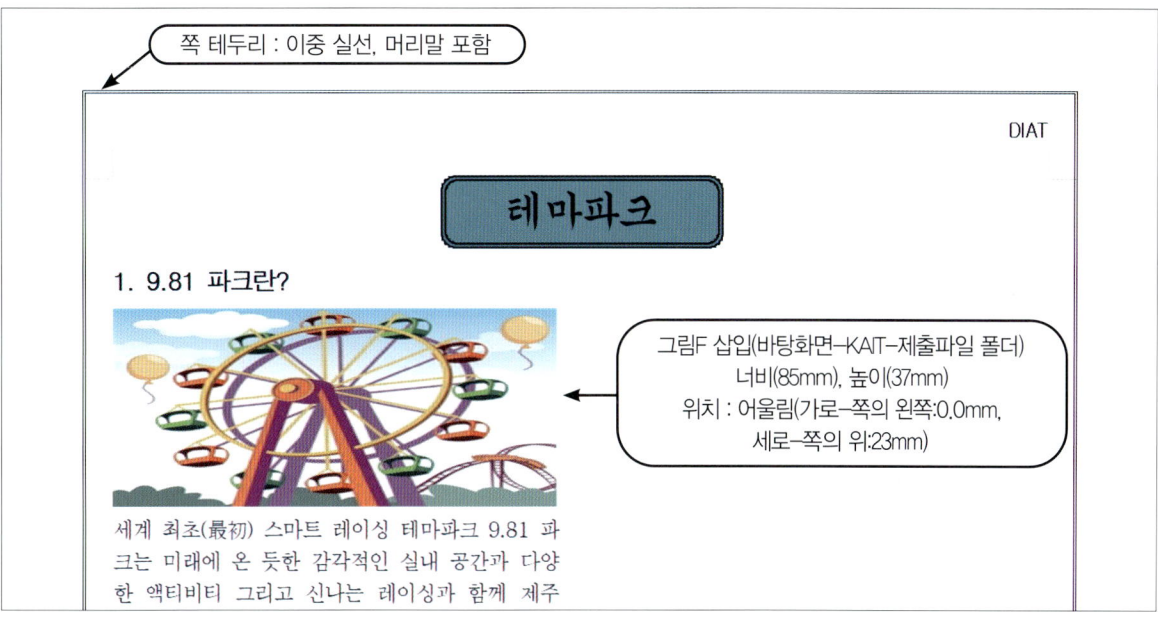

**[Hint]** [쪽 테두리/배경] 대화 상자의 [테두리] 탭에서 종류, 모두, 위치, 적용 범위를 각각 지정합니다.

▶ 예제 파일 : 유형 분석 08₩유형 07_문제.hwpx   ▶ 완성 파일 : 유형 분석 08₩유형 07_완성.hwpx

**06** 작성 조건을 이용하여 다음과 같은 문서를 완성해 보세요.

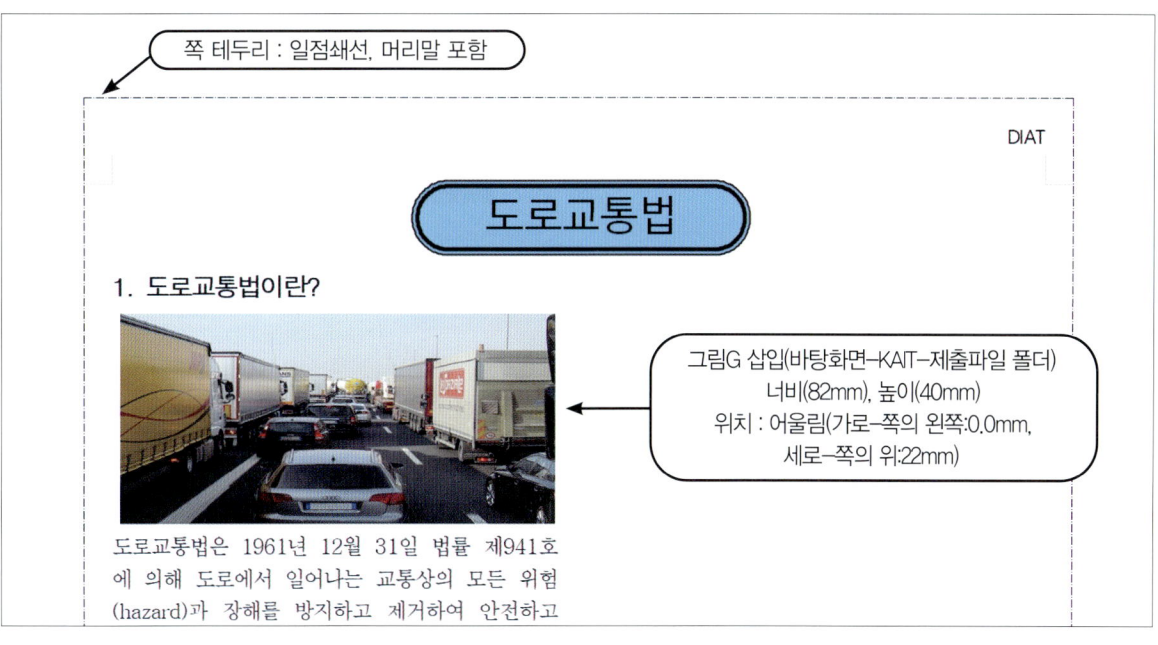

**[Hint]** [쪽 테두리/배경] 대화 상자의 [테두리] 탭에서 테두리 종류를 '일점쇄선'으로 선택합니다.

## 유형분석 09 — 표 삽입과 편집

**핵심만 쏙쏙** 표 작성 / 표 편집 / 표 블록 계산

문서의 오른쪽 단 상단에 주어진 행과 열의 표를 삽입한 후 [셀 테두리/배경] 대화 상자를 이용하여 표를 편집하고, 표의 블록 계산 방법에 대하여 알아봅니다.

### 핵심 짚어보기

▶ 예제 파일 : 유형 분석 09₩유형 01_문제.hwpx   ▶ 완성 파일 : 유형 분석 09₩유형 01_완성.hwpx

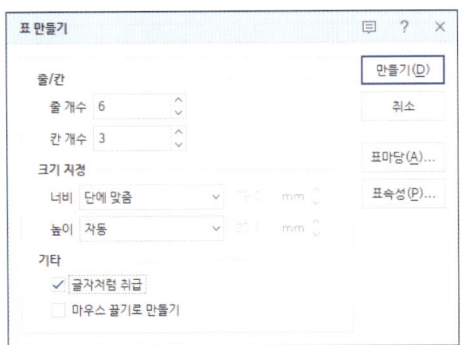

▲ [입력]-[표]-[표 만들기] / [입력] 탭-[표] 단추

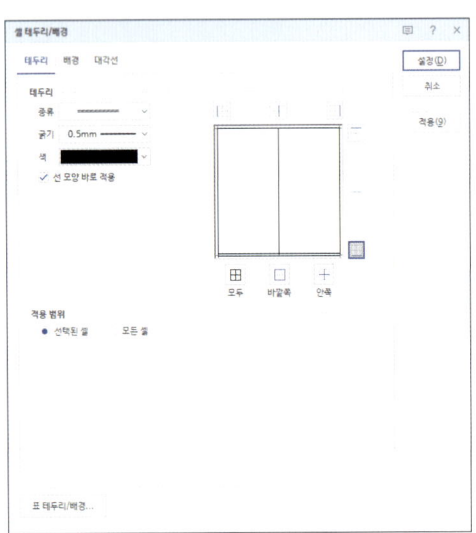 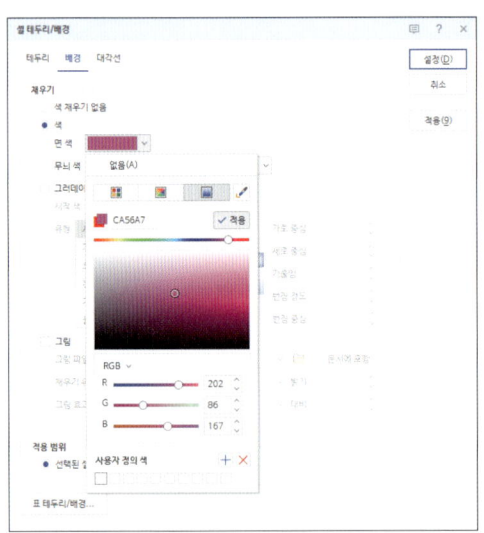

▲ 바로 가기 메뉴 [셀 테두리/배경]-[각 셀마다 적용] / [표 레이아웃] 탭-[목록] 단추-[셀 테두리/배경]-[각 셀마다 적용]

#### 클래스 업

- [표 만들기] 대화 상자에서 줄 개수와 칸 개수를 지정한 후 '글자처럼 취급'을 선택합니다.
- [셀 테두리/배경] 대화 상자의 [테두리] 탭과 [배경] 탭을 이용하여 표를 편집합니다.
- [표 레이아웃] 탭에서 [목록] 단추를 클릭하고, [블록 계산식]을 이용합니다.

## 유형잡기 01 표 만들기

① [파일]-[불러오기]를 선택하거나 서식 도구 상자에서 불러오기(📁) 단추를 클릭합니다. [불러오기] 대화 상자에서 '유형 분석 09₩유형 01_문제.hwpx'를 불러오기 합니다.

② 2페이지의 마지막 문장(~대표적이다.)에서 Enter 키를 눌러 오른쪽 단으로 이동합니다.

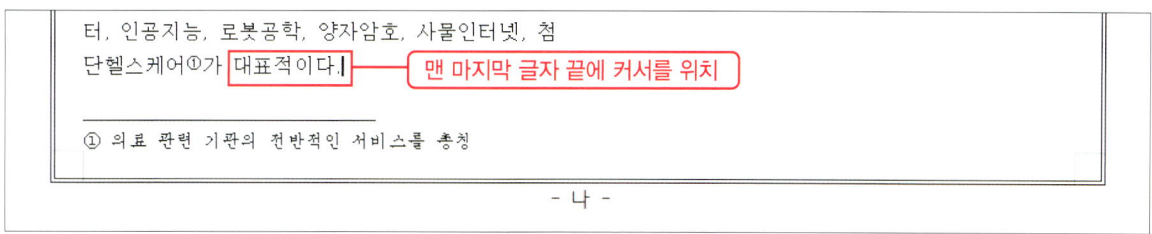

③ 오른쪽 단의 첫 번째 줄로 커서가 이동되면 [문제2]를 참조하여 표 제목을 입력하고, Enter 키를 누릅니다.

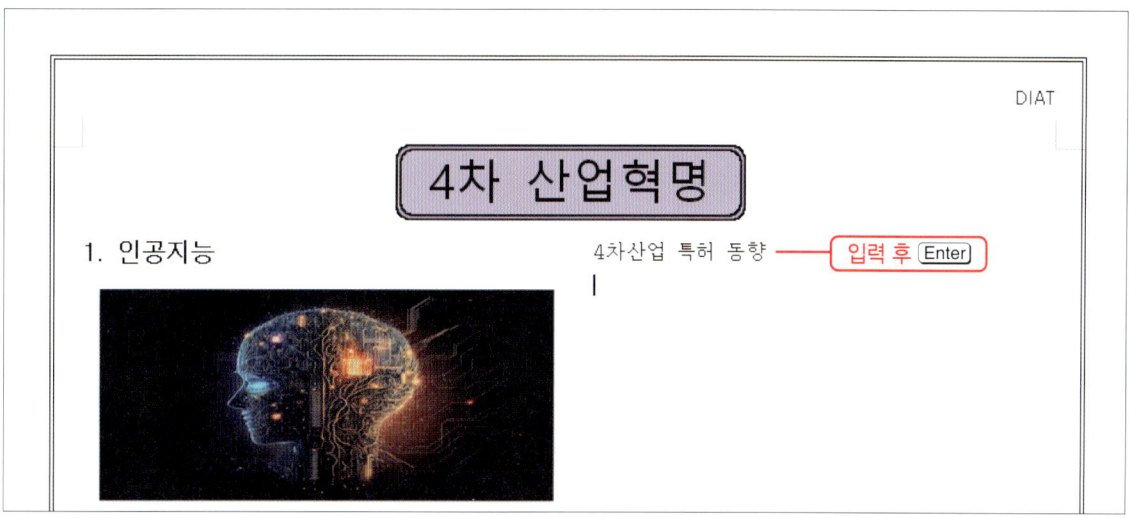

④ 표 제목을 블록을 지정한 후 서식 도구 상자에서 글꼴(굴림체), 글자 크기(12pt), 속성(진하게), 정렬 방식(가운데 정렬)을 각각 지정합니다.

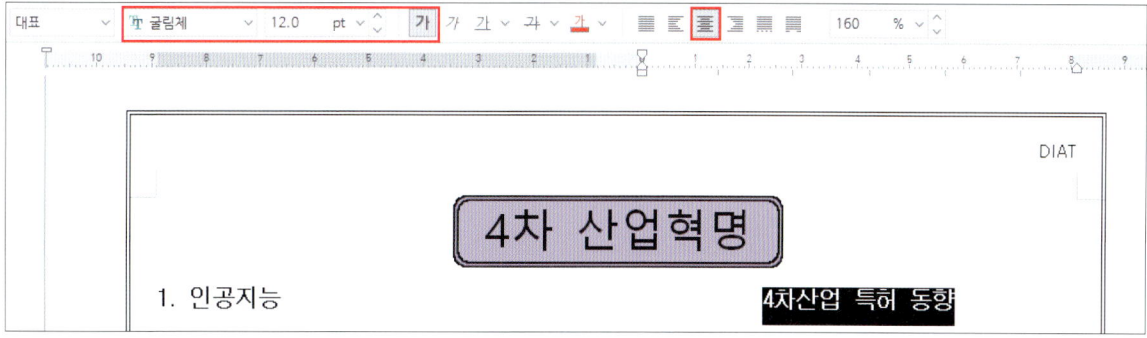

⑤ 표를 만들기 위하여 두 번째 줄에 커서를 위치시킨 후 [입력]-[표]-[표 만들기]를 선택하거나 Ctrl+N+T 키를 누릅니다.

⑥ [표 만들기] 대화 상자에서 줄 개수(6)와 칸 개수(3)를 지정한 후 '글자처럼 취급'을 체크(선택)하고, [만들기] 버튼을 클릭합니다.

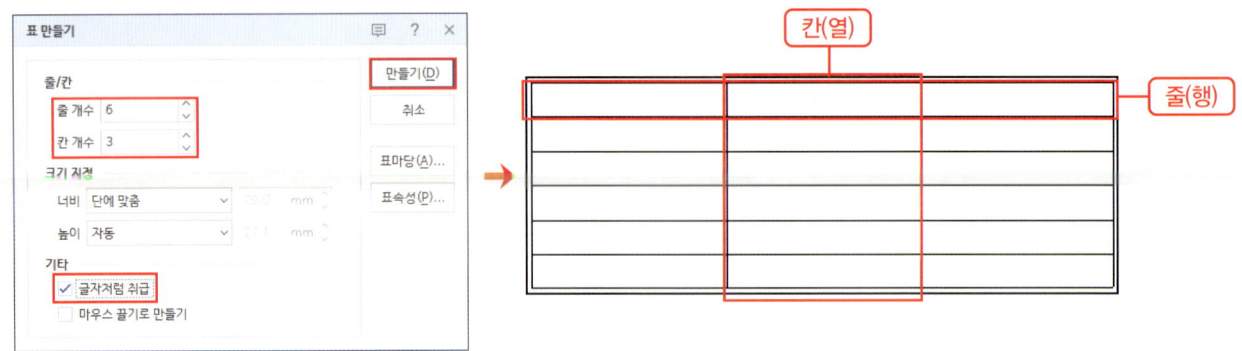

 **글자처럼 취급**

표를 보통 글자와 동일하게 취급하는 기능으로 글을 입력하거나 삭제하는 대로 표의 위치가 변경되며, 표를 정렬시킬 수 있습니다.

⑦ 표가 나타나면 [문제2]를 참고하여 표 안에 주어진 내용을 입력합니다.

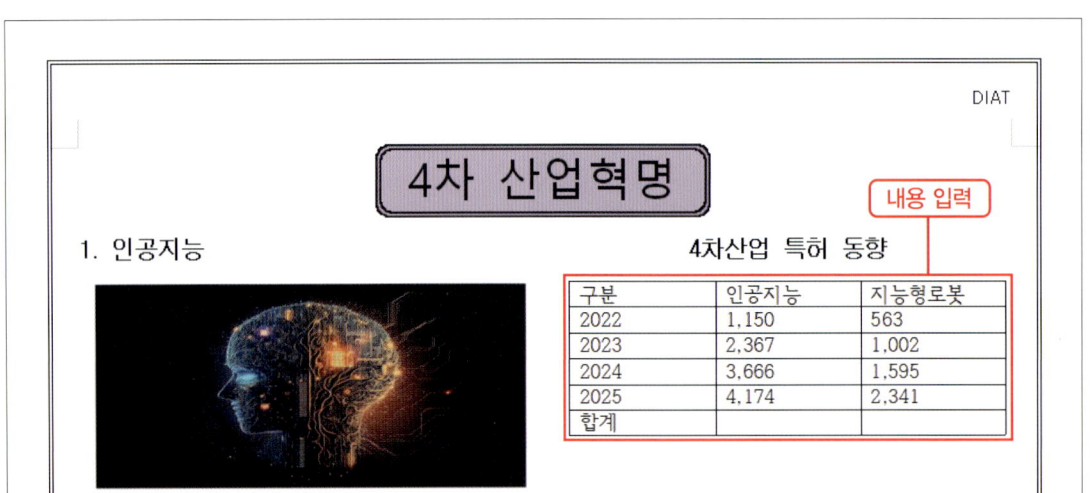

 **표 작성과 내용 입력**

- 표 작성 시 [입력] 탭에서 표( 표 ) 단추를 클릭하고, 줄 수와 칸 수를 마우스로 드래그하여 지정해도 됩니다.
- 표에서 내용을 입력할 때 커서 이동은 Tab 키나 방향키를 이용합니다.

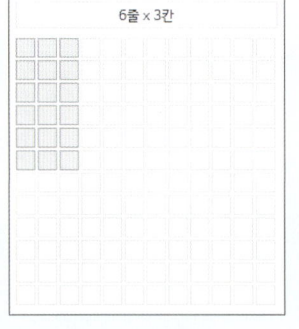

## 유형잡기 02  표 편집하기

① 표 전체를 드래그하여 블록을 지정한 후 서식 도구 상자에서 글꼴(굴림), 글자 크기(10pt), 정렬 방식(가운데 정렬)을 각각 지정합니다.

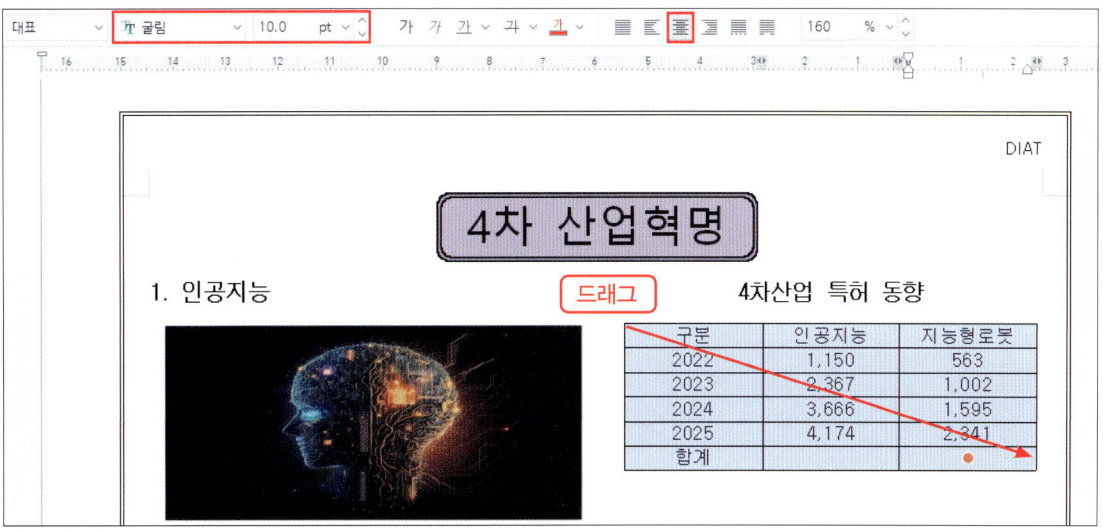

② 표의 제목 행만을 드래그하여 블록을 지정한 후 서식 도구 상자에서 속성(진하게)을 지정합니다.

③ 제목 행이 블록 지정된 상태에서 마우스 오른쪽 버튼을 클릭하고, [셀 테두리/배경]-[각 셀마다 적용]을 선택합니다.

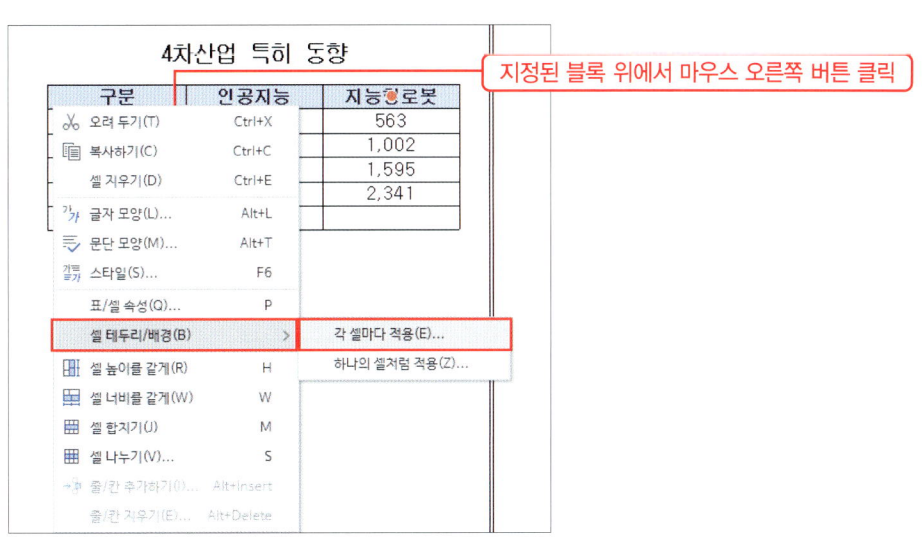

**Tip 메뉴 선택**

표의 제목 행만을 블록 지정한 후 [표 레이아웃] 탭에서 목록(⌄) 단추를 클릭하고, [셀 테두리/배경]-[각 셀마다 적용]을 선택해도 됩니다.

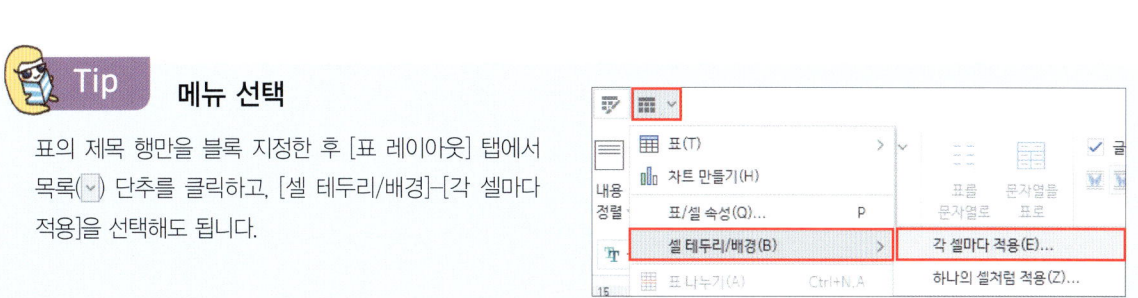

❹ [셀 테두리/배경] 대화 상자의 [테두리] 탭에서 종류(이중 실선), 굵기(0.5mm), 아래쪽 테두리(▦)를 각각 선택합니다.

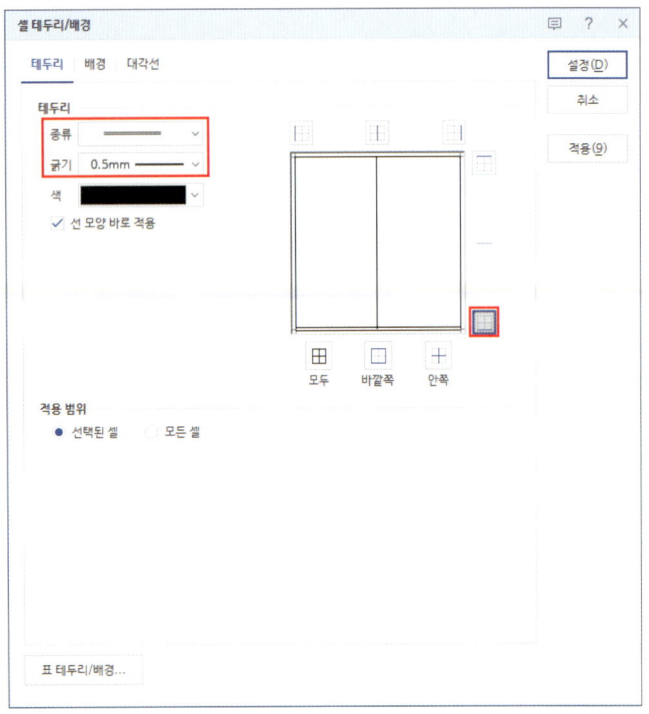

❺ 계속해서 [배경] 탭에서 '색'을 선택한 후 면 색의 목록(⌄) 단추를 클릭하고, 스펙트럼(▮)을 선택합니다. 지시사항을 참조하여 색상의 'RGB:202,86,167'을 입력하고, [적용] 버튼을 클릭한 후 다시 [설정] 버튼을 클릭합니다.

 **표의 크기 조절**

- 표의 크기를 조절하는 경우 Ctrl 키는 표의 전체 크기를 조절하고, Alt 키는 선택된 셀의 행(줄)이나 열(칸)만을 조절합니다.
- [문제2]에서 표의 행 높이가 조절되는 경우는 표 전체를 블록 지정하고, Ctrl 키를 누른 상태에서 아래쪽 방향키(↓)를 한 번 누릅니다.

| 구분 | 인공지능 | 지능형로봇 |
|---|---|---|
| 2022 | 1,150 | 563 |
| 2023 | 2,367 | 1,002 |
| 2024 | 3,666 | 1,595 |
| 2025 | 4,174 | 2,341 |
| 합계 | | |

→

| 구분 | 인공지능 | 지능형로봇 |
|---|---|---|
| 2022 | 1,150 | 563 |
| 2023 | 2,367 | 1,002 |
| 2024 | 3,666 | 1,595 |
| 2025 | 4,174 | 2,341 |
| 합계 | | ● |

## 유형잡기 03 표의 블록 계산

① 표에서 합계를 구하기 위하여 해당 부분을 드래그하여 블록 지정합니다.

② [표 레이아웃] 탭에서 목록(⌄) 단추를 클릭하고, [블록 계산식]-[블록 합계]를 선택합니다.

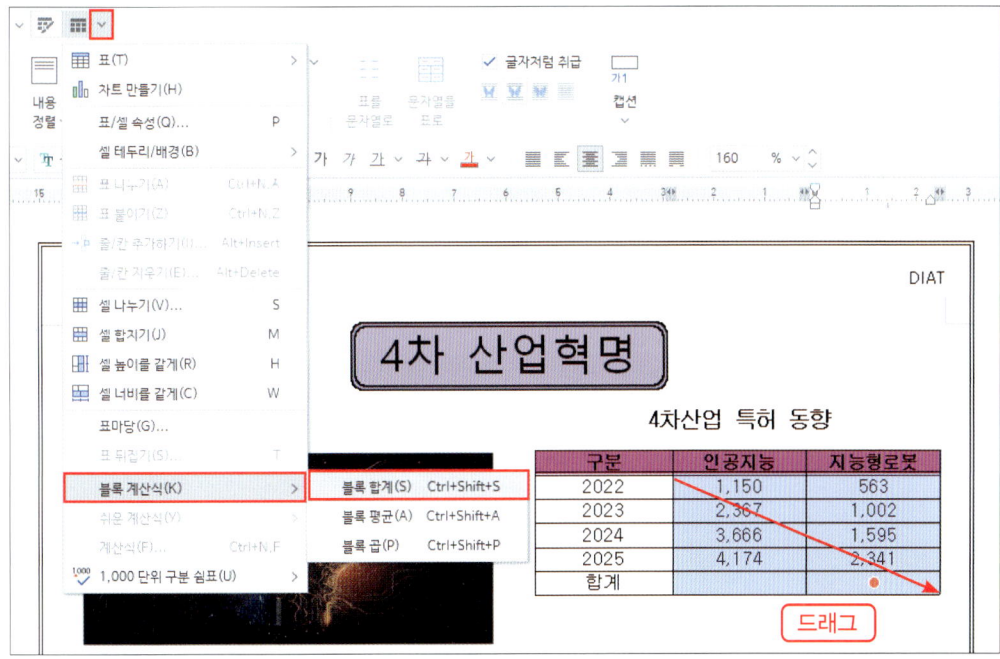

 **블록 계산**

- [표 레이아웃] 탭에서 계산식(▦⌄) 단추를 클릭하고, [블록 합계]를 선택해도 됩니다.
- 블록 계산식은 표에서 하나의 셀 또는 비연속적인 셀을 블록으로 지정한 경우에는 사용할 수 없습니다.

❸ 합계가 구해지면 [ESC] 키를 눌러 블록 지정을 해제합니다.

**4차산업 특허 동향**

| 구분 | 인공지능 | 지능형로봇 |
|---|---|---|
| 2022 | 1,150 | 563 |
| 2023 | 2,367 | 1,002 |
| 2024 | 3,666 | 1,595 |
| 2025 | 4,174 | 2,341 |
| 합계 | 11,357 | 5,501 |

❹ [파일]-[저장하기]를 선택하거나 [Alt]+[S] 키를 눌러서 완성된 파일을 저장합니다. 서식 도구 상자에서 저장하기(🖫) 단추를 클릭해도 됩니다.

# 출제 유형 문제

▶ 예제 파일 : 유형 분석 09₩유형 02_문제.hwpx    ▶ 완성 파일 : 유형 분석 09₩유형 02_완성.hwpx

**01** 작성 조건을 이용하여 다음과 같은 표를 완성해 보세요.

[Hint] 2페이지의 마지막 문장에서 Enter 키를 눌러 오른쪽 단으로 이동한 후 첫 번째 줄로 커서가 이동되면 표 제목을 입력하고, 글자 모양을 변경합니다.

▶ 예제 파일 : 유형 분석 09₩유형 03_문제.hwpx    ▶ 완성 파일 : 유형 분석 09₩유형 03_완성.hwpx

**02** 작성 조건을 이용하여 다음과 같은 표를 완성해 보세요.

[Hint] [표 만들기] 대화 상자에서 줄 개수(6)와 칸 개수(3)를 지정한 후 '글자처럼 취급'을 선택합니다.

# 출제 유형 문제

▶ 예제 파일 : 유형 분석 09₩유형 04_문제.hwpx   ▶ 완성 파일 : 유형 분석 09₩유형 04_완성.hwpx

**03** 작성 조건을 이용하여 다음과 같은 표를 완성해 보세요.

DIAT

굴림체, 12pt, 진하게, 가운데 정렬

### 휴머노이드 로봇

1. 로봇의 발전

국가별 휴머노이드 로봇 개발

| 국가 | 작년 건수 | 올해 건수 |
|---|---|---|
| 한국 | 100 | 175 |
| 미국 | 220 | 251 |
| 중국 | 130 | 140 |
| 인도 | 198 | 223 |
| 합계 | 648 | 789 |

1973년 일본 와세다대학교에서 최초로 개발된 휴머노이드 로봇(Humanoid robot)은 인간의 신체 형태를 닮은 로봇이다. 도구 및 주변 환경과 상호 작용 등 기능적 목적을 염두(念頭)에 두고 일반적

위쪽 제목 셀 : 색상(RGB:233,174,43), 진하게
제목 셀 아래선 : 얇고 굵은 이중선(0.7mm)
글자 모양 : 굴림, 10pt, 가운데 정렬
합계는 블록 계산식 기능을 이용

[Hint] 표 전체를 드래그하여 블록 지정한 후 서식 도구 상자에서 글꼴, 글자 크기, 정렬 방식을 지정합니다.

▶ 예제 파일 : 유형 분석 09₩유형 05_문제.hwpx   ▶ 완성 파일 : 유형 분석 09₩유형 05_완성.hwpx

**04** 작성 조건을 이용하여 다음과 같은 표를 완성해 보세요.

DIAT

돋움, 12pt, 진하게, 가운데 정렬

### 인생 전환기

1. 기대수명이란?

성별 기대수명(단위:세)

| 연도 | 남자 | 여자 |
|---|---|---|
| 1990 | 67.5 | 75.8 |
| 2000 | 72.3 | 79.7 |
| 2010 | 76.8 | 83.6 |
| 2020 | 80.6 | 86.5 |
| 평균 | 74.30 | 81.40 |

기대수명(life expectancy)은 0세의 출생자가 향후 생존(生存)할 것으로 기대되는 평균 생존 연수를 말한다. 한국 인구의 기대수명은 1980년 62.3세에서 2022년 82.7세로 약 20년 늘어났다. 기대

위쪽 제목 셀 : 색상(RGB:106,233,189), 진하게
제목 셀 아래선 : 이중 실선(0.5mm)
글자 모양 : 맑은 고딕, 10pt, 가운데 정렬
평균은 블록 계산식 기능을 이용

[Hint] 표에서 평균을 구하기 위하여 해당 부분을 드래그하여 블록 지정한 후 [표 레이아웃] 탭에서 [목록] 단추를 클릭하고, [블록 계산식]-[블록 평균]을 선택합니다.

## 출제 유형 문제

▶ 예제 파일 : 유형 분석 09₩유형 06_문제.hwpx   ▶ 완성 파일 : 유형 분석 09₩유형 06_완성.hwpx

**05** 작성 조건을 이용하여 다음과 같은 표를 완성해 보세요.

DIAT

테마파크

궁서, 12pt, 진하게, 가운데 정렬

1. 9.81 파크란?

테마파크 입장객 전망

| 연도 | 미국 | 한국 |
|---|---|---|
| 2022년 | 27.7 | 14.9 |
| 2024년 | 29.7 | 15.4 |
| 2026년 | 34.7 | 19.8 |
| 2028년 | 38.6 | 27.2 |
| 합계 | 130.7 | 77.3 |

세계 최초(最初) 스마트 레이싱 테마파크 9.81 파크는 미래에 온 듯한 감각적인 실내 공간과 다양한 액티비티 그리고 신나는 레이싱과 함께 제주 자연을 온전히 경험할 수 있는 곳으로 애월 바다

위쪽 제목 셀 : 색상(RGB:202,86,167), 진하게
제목 셀 아래선 : 이중 실선(0.5mm)
글자 모양 : 중고딕, 10pt, 가운데 정렬
합계는 블록 계산식 기능을 이용

[Hint] 표의 행 높이를 조절하기 위하여 표 전체를 블록 지정하고, Ctrl 키를 누른 상태에서 아래쪽 방향키(↓)를 한 번 누릅니다.

▶ 예제 파일 : 유형 분석 09₩유형 07_문제.hwpx   ▶ 완성 파일 : 유형 분석 09₩유형 07_완성.hwpx

**06** 작성 조건을 이용하여 다음과 같은 표를 완성해 보세요.

DIAT

도로교통법

굴림체, 12pt, 진하게, 가운데 정렬

1. 도로교통법이란?

도로교통법 단속 비율(단위:%)

| 항목 | 서울 | 부산 |
|---|---|---|
| 신호위반 | 45.1 | 51.2 |
| 음주운전 | 38.6 | 29.2 |
| 통행방해 | 6.3 | 4.5 |
| 기타 | 10.0 | 15.1 |
| 합계 | 100 | 100 |

도로교통법은 1961년 12월 31일 법률 제941호에 의해 도로에서 일어나는 교통상의 모든 위험(hazard)과 장해를 방지하고 제거하여 안전하고 원활한 교통을 확보함을 목적으로 제정되었다.

위쪽 제목 셀 : 색상(RGB:188,179,225), 진하게
제목 셀 아래선 : 얇고 굵은 이중선(0.7mm)
글자 모양 : 돋움, 10pt, 가운데 정렬
합계는 블록 계산식 기능을 이용

[Hint] [셀 테두리/배경] 대화 상자의 [테두리] 탭에서 종류, 굵기, 아래쪽 테두리를 각각 선택합니다. [배경] 탭에서 '색-면 색의 [목록] 단추를 클릭하고, [스펙트럼]을 선택합니다. 색상의 'RGB:188,179,225'를 입력합니다.

## 유형분석 10 · 차트 삽입과 편집

**핵심만 쏙쏙** 차트 작성 / 차트 편집

표 데이터를 이용하여 주어진 차트를 삽입한 후 [개체 속성] 대화 상자에서 차트 크기를 지정하고, 차트의 각 구성 요소를 조건에 맞게 편집하는 방법에 대하여 알아봅니다.

### 핵심 짚어보기

▶ 예제 파일 : 유형 분석 10₩유형 01_문제.hwpx   ▶ 완성 파일 : 유형 분석 10₩유형 01_완성.hwpx

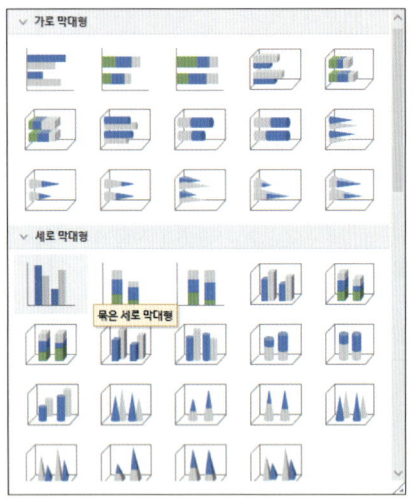

▲ [입력]-[차트] / [입력] 탭-[차트] 단추

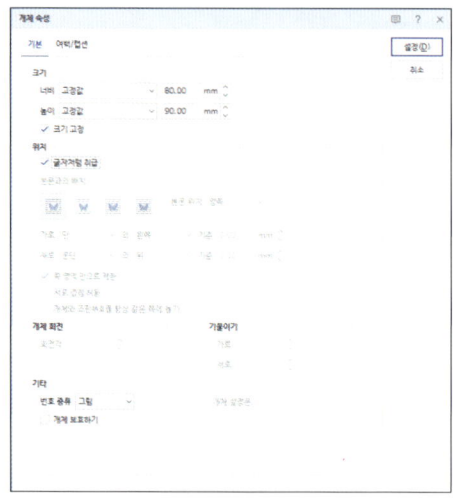

▲ 바로 가기 메뉴 [개체 속성]

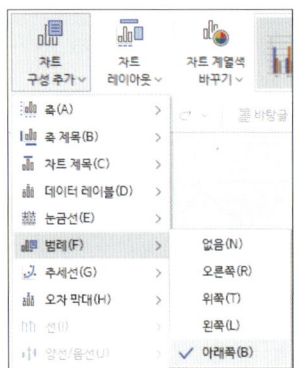

▲ [차트 디자인] 탭-[차트 구성 추가] 단추

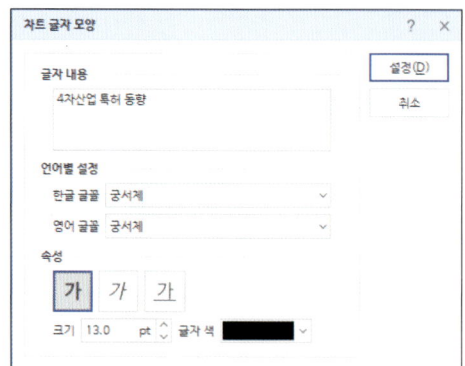

▲ 바로 가기 메뉴 [글자 모양 편집]

### 클래스 업

- 표 데이터를 블록 지정하여 주어진 차트를 삽입한 후 크기(너비, 높이)를 지정합니다.
- [차트 디자인] 탭에서 [차트 구성 추가] 단추를 클릭하고, 범례 위치를 조정합니다.
- 차트의 각 구성 요소에 대해 글자 모양(글꼴, 속성, 크기)을 변경합니다.

## 유형잡기 01 차트 만들기

① [파일]-[불러오기]를 선택하거나 서식 도구 상자에서 불러오기( ) 단추를 클릭합니다. [불러오기] 대화 상자에서 '유형 분석 10₩유형 01_문제.hwpx'를 불러오기 합니다.

② 2페이지의 표에서 차트로 작성할 내용을 드래그하여 블록을 지정한 후 [입력]-[차트]-[묶은 세로 막대형]을 선택합니다.

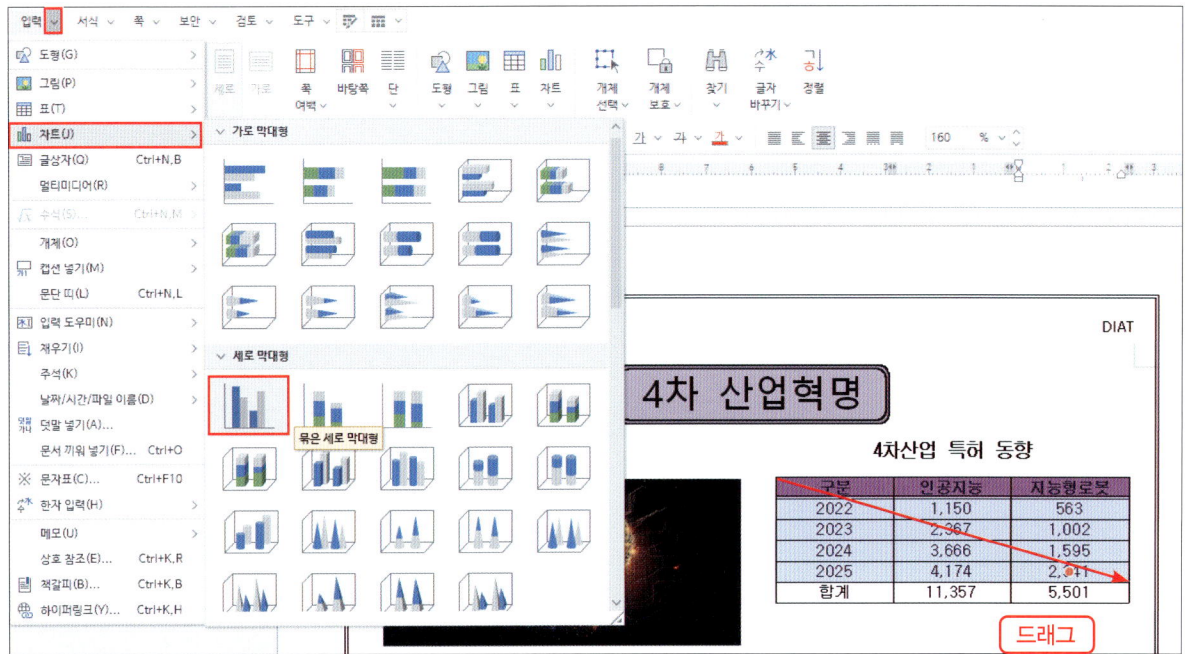

 **차트 범위(내용)와 차트 종류**

표 내용에서 차트 범위는 [문제2]의 차트를 참조하여 블록을 지정하되 대부분은 표의 맨 마지막 합계 행을 제외하면 됩니다. 차트 종류도 [문제2]의 차트를 참조하여 동일한 모양으로 선택하면 됩니다.

③ 차트 데이터 편집 창이 나타나면 한 번 더 표 내용을 확인하고, 닫기( × ) 단추를 클릭합니다.

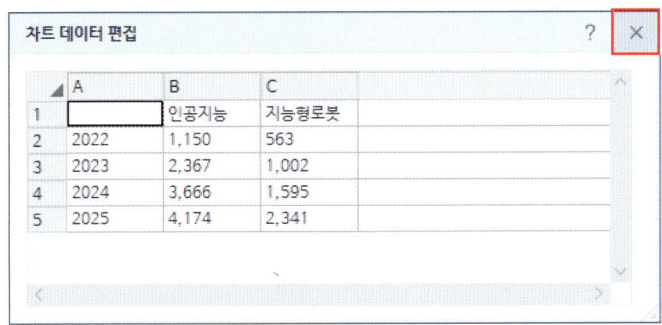

 **차트 작성**

차트를 작성할 때 [편집] 탭/[입력] 탭에서 차트( ) 단추를 클릭해도 됩니다.

❹ 삽입된 차트 위에서 마우스 오른쪽 버튼을 클릭하고, [개체 속성]을 선택하거나 [P] 키를 누릅니다.

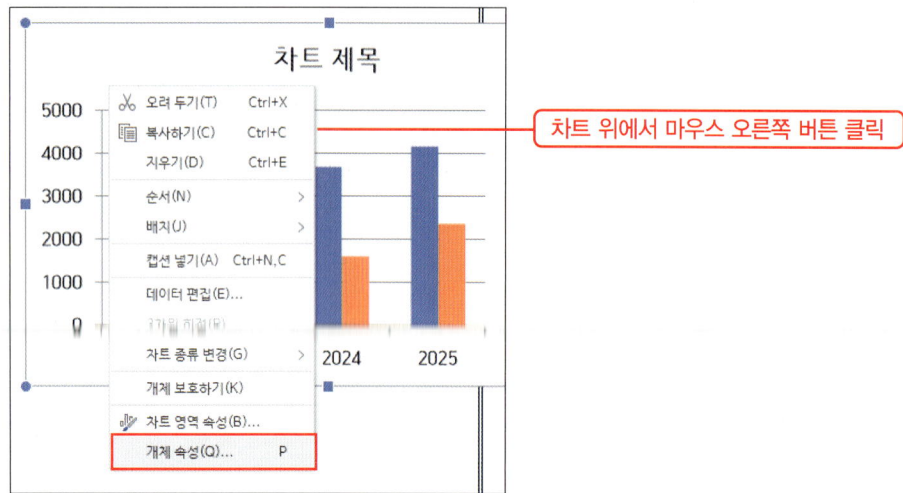

❺ [개체 속성] 대화 상자의 [기본] 탭에서 너비(80), 높이(90)를 지정하고, '크기 고정'과 '글자처럼 취급'을 선택(체크)한 후 [설정] 버튼을 클릭합니다.

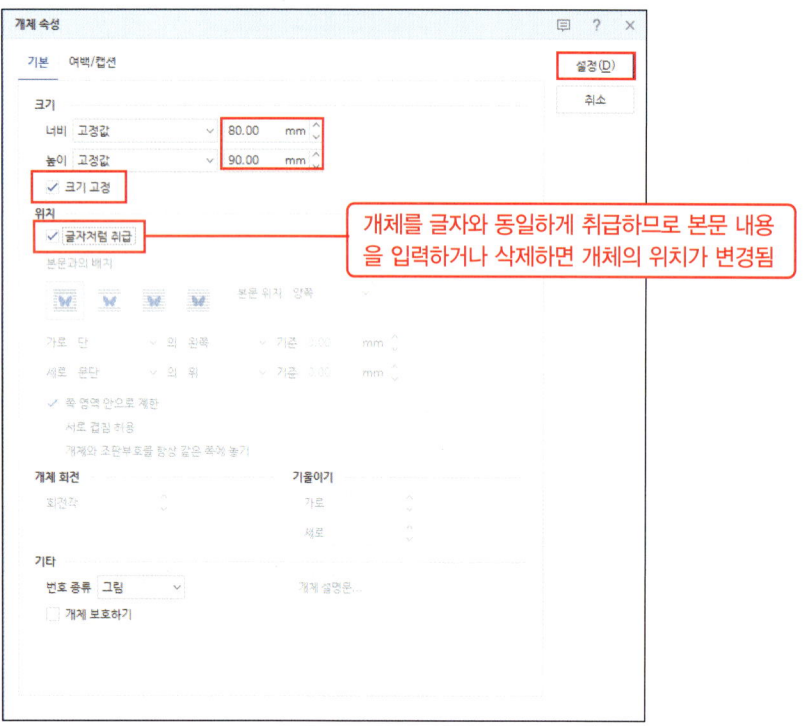

 **Tip**   **차트 종류**

실제 시험에서 자주 출제되는 차트는 가로 막대형, 세로 막대형, 꺾은선형 등이고, 경우에 따라 차트 종류를 변경하려면 [차트 디자인] 탭에서 차트 종류 변경( ) 단추를 클릭하고, 원하는 차트를 선택합니다.

## 유형잡기 02 차트 편집하기

① 차트를 선택한 후 [차트 디자인] 탭에서 차트 구성 추가( ) 단추를 클릭하고, [범례]-[아래쪽]을 선택합니다.

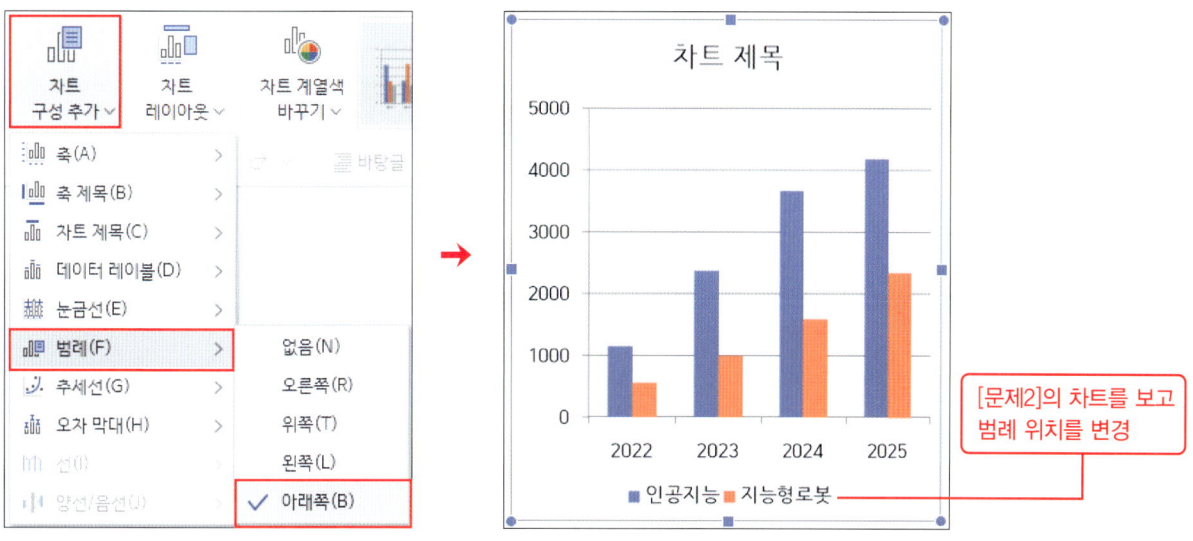

② 차트 제목을 선택한 후 마우스 오른쪽 버튼을 클릭하고, [제목 편집]을 선택합니다.

③ [차트 글자 모양] 대화 상자의 글자 내용에 주어진 제목 내용을 입력한 후 한글/영어 글꼴(궁서체), 속성(진하게), 크기(13pt)를 각각 지정하고, [설정] 버튼을 클릭합니다.

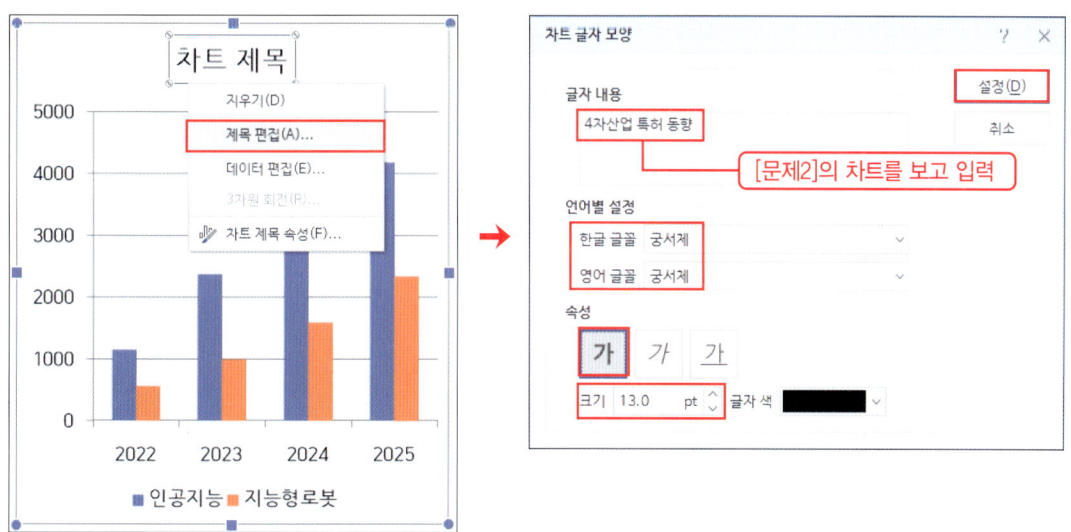

④ 차트의 기본 세로 축을 선택한 후 마우스 오른쪽 버튼을 클릭하고, [글자 모양 편집]을 선택합니다.

⑤ [차트 글자 모양] 대화 상자에서 한글/영어 글꼴(굴림), 속성(기울임), 크기(9pt)를 각각 지정하고, [설정] 버튼을 클릭합니다.

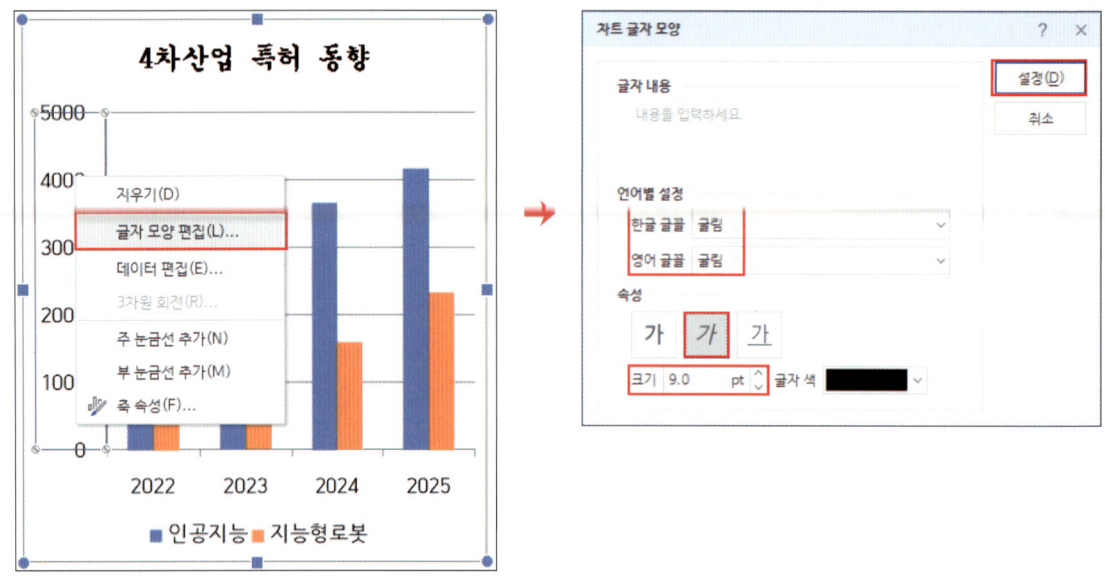

### Tip  차트의 구성 요소

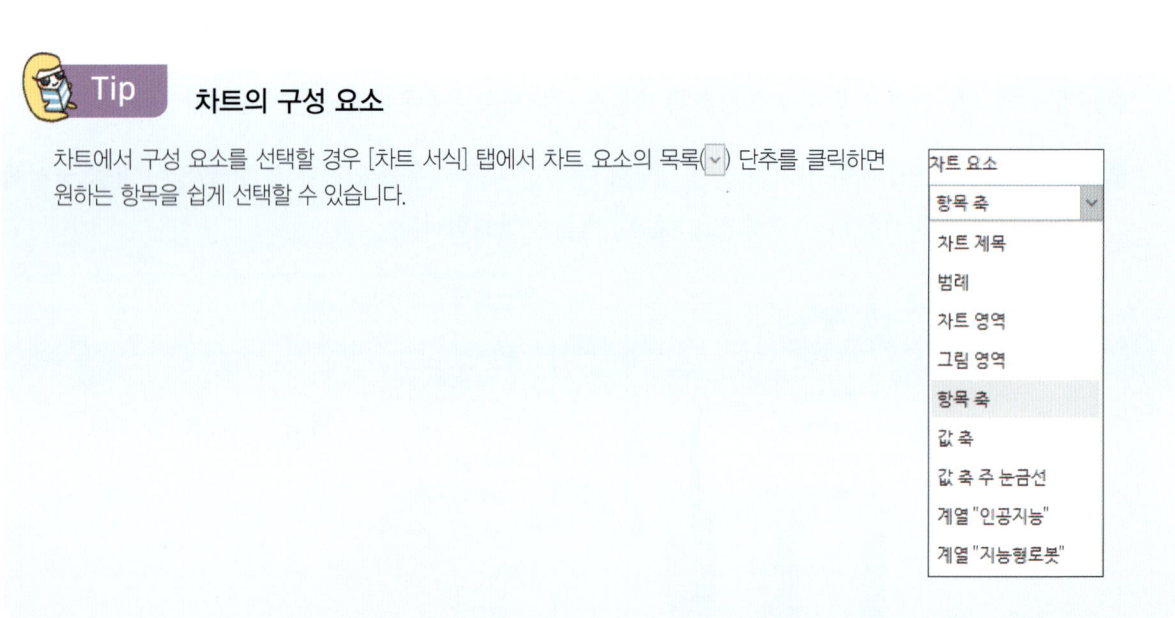

차트에서 구성 요소를 선택할 경우 [차트 서식] 탭에서 차트 요소의 목록( ˅ ) 단추를 클릭하면 원하는 항목을 쉽게 선택할 수 있습니다.

⑥ 차트의 기본 가로 축을 선택한 후 마우스 오른쪽 버튼을 클릭하고, [글자 모양 편집]을 선택합니다.

⑦ [차트 글자 모양] 대화 상자에서 한글/영어 글꼴(굴림), 속성(기울임), 크기(9pt)를 각각 지정하고, [설정] 버튼을 클릭합니다.

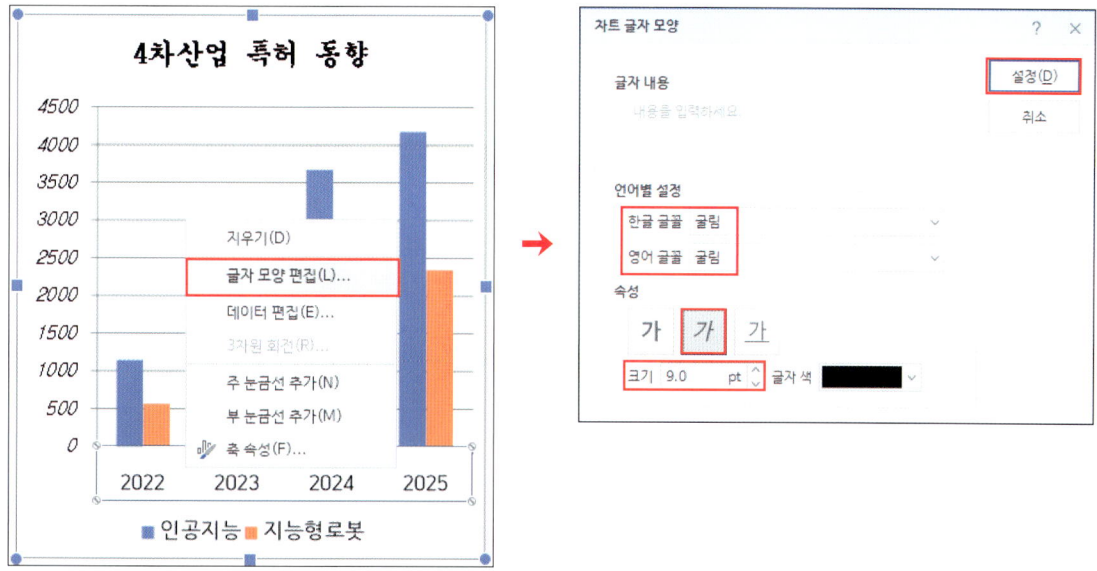

⑧ 차트의 범례를 선택한 후 마우스 오른쪽 버튼을 클릭하고, [글자 모양 편집]을 선택합니다.

⑨ [차트 글자 모양] 대화 상자에서 한글/영어 글꼴(굴림), 속성(기울임), 크기(9pt)를 각각 지정하고, [설정] 버튼을 클릭합니다.

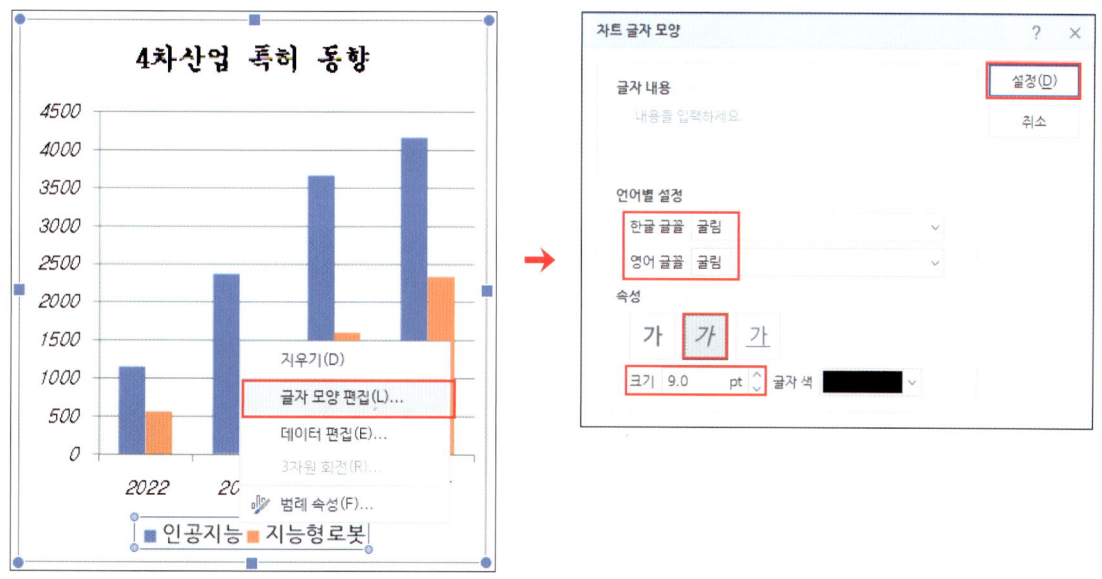

### Tip 차트의 축 방향

차트를 작성한 후 차트의 행(줄)과 열(칸)을 변경하려면 [차트 디자인] 탭에서 줄/칸 전환( ) 단추를 클릭합니다. 차트의 축 방향(X축→Y축, Y축→X축)은 [문제2]의 차트를 보고 결정합니다.

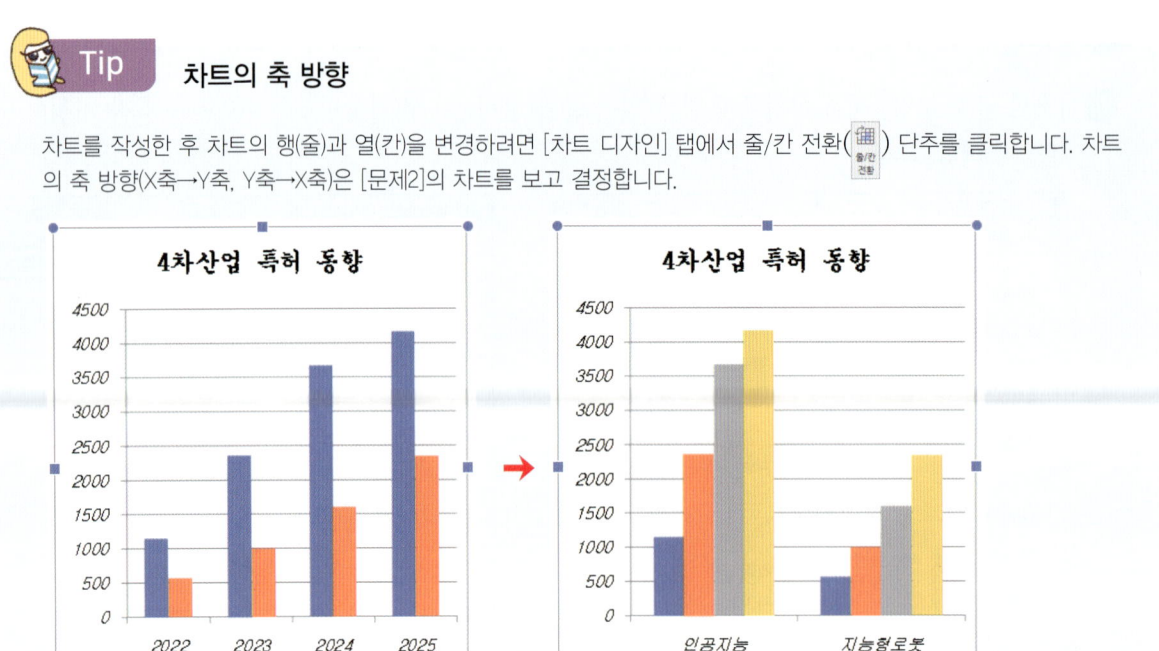

⑩ 차트 편집이 완료되면 표 오른쪽 끝에 커서를 위치시킨 후 Enter 키를 눌러 [문제2]와 비슷하게 표와 차트의 간격을 조절합니다.

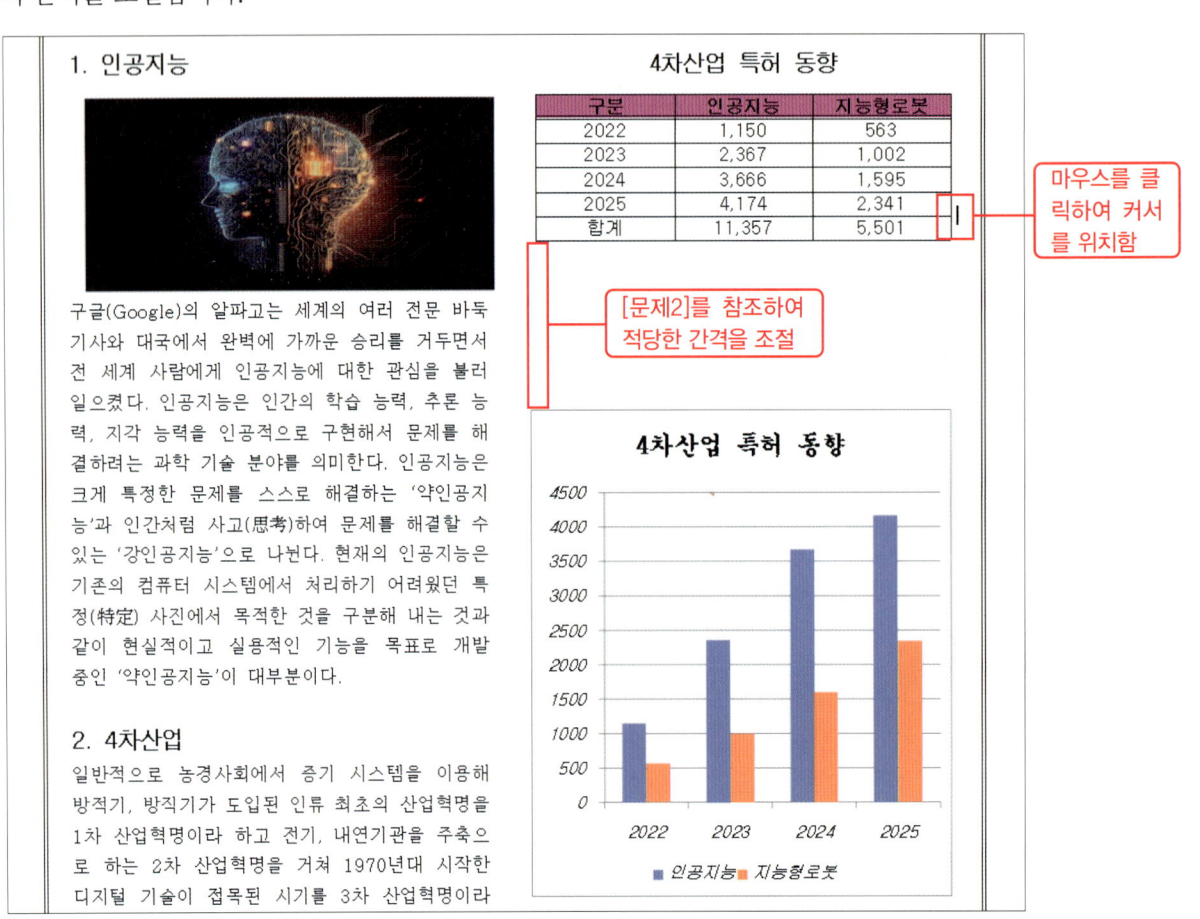

 **차트의 값 축 경계와 단위**

- 차트의 기본 세로 축(값 축)에서 경계(최솟값, 최댓값)와 단위(주, 보조)를 변경하려면 기본 세로 축(값 축)을 더블 클릭합니다.
- 개체 속성 작업 창의 축 속성에서 경계의 최댓값을 '5000', 단위의 주를 '1000'으로 입력하고, 작업 창 닫기( × ) 단추를 클릭하면 값 축이 변경된 것을 확인할 수 있습니다.

⑪ [파일]-[저장하기]를 선택하거나 Alt + S 키를 눌러서 완성된 파일을 저장합니다. 서식 도구 상자에서 저장하기( 💾 ) 단추를 클릭해도 됩니다.

## 출제 유형 문제

예제 파일 : 유형 분석 10₩유형 02_문제.hwpx   완성 파일 : 유형 분석 10₩유형 02_완성.hwpx

**01** 작성 조건을 이용하여 다음과 같은 차트를 완성해 보세요.

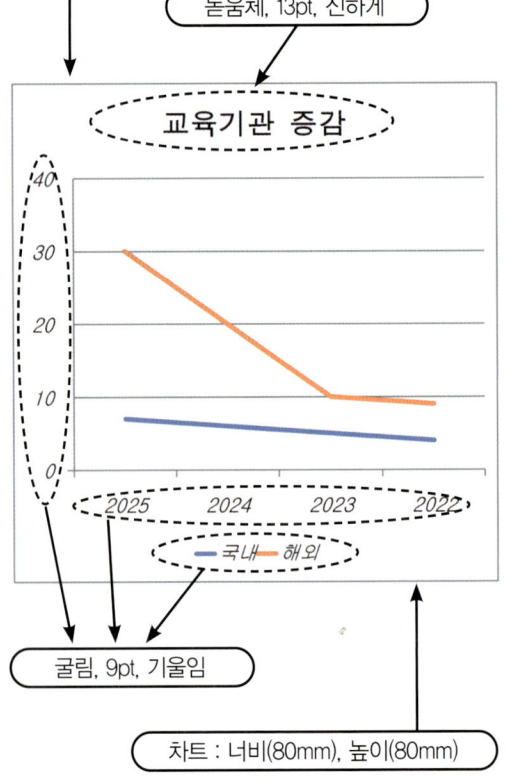

### 세종대왕과 한글

#### 1. 세종대왕

세종은 익히 한글을 창제(創製)하고 반포(頒布)한 조선의 제4대 왕으로 역사학자들은 이때가 조선을 가장 찬란한 시기로도 기록하고 있다. 이 시기에 집현전을 통해 우수한 인재가 양성되었을 뿐 아니라 유교 정치에 관련된 제도가 정비되었고 농업뿐만 아니라 과학, 음악, 법제가 정비되었다. 세종이 즉위한 후 10여 년부터 편찬 사업이 활발하게 진행되었는데 문종이 즉위하는 세종 30년까지 거의 매해 1권 이상 총 20여 종의 편찬물이 만들어졌다. 그 중 훈민정음은 세종 즉위 28년이 되는 해였다. 세종은 묘호(廟號)ⓐ이며, 능호(陵號)는 '영릉(英陵)'이다. 현 경기도 여주시 능서면 영릉로에 소헌왕후와 합장되어 있다.

#### 2. 한글의 세계화

최근 한국의 문화 콘텐츠(Contents)가 해외에서 다양한 분야에서 활성화되고 또한 경제 규모가 세계 10위권으로 성장하면서 한글의 세계화를 견인하고 있다. 다양한 국적의 외국인들이 학습하면서 점차 사용 인구가 많아지는 추세를 보이고 있고 프랑스, 독일 등 일부 국가에서는 제2외국어로 선정되고 있다. 특히 베트남은 2021년 제1외국어로 선정된 상태이다. 한국어교육에 앞장서고 있는 '세종학당재단'의 경우 2007년에는 13개소에서 운영하던 교육기관이 2021년에는 전 세계 234개소를 운영하고 있으며, 수강생 수도 740명에서 8만여 명으로 증가했다. 이 재단이 운영하는 '세종

**교육기관 증감**

| 연도 | 국내 | 해외 |
|---|---|---|
| 2025 | 7 | 30 |
| 2024 | 6 | 20 |
| 2023 | 5 | 10 |
| 2022 | 4 | 9 |
| 합계 | 22 | 69 |

- 차트 데이터는 표 내용에서 합계 부분을 제외한 나머지 부분의 값 이용
- 돋움체, 13pt, 진하게
- 굴림, 9pt, 기울임
- 차트 : 너비(80mm), 높이(80mm)

[Hint] 기본 세로 축(값 축)을 더블 클릭한 후 개체 속성 작업 창의 축 속성에서 경계의 최댓값을 '40', 단위의 주를 '10'으로 입력하고, [작업 창 닫기] 단추를 클릭합니다.

## 출제 유형 문제

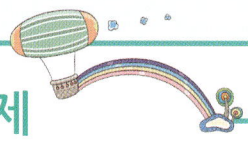

▶ 예제 파일 : 유형 분석 10₩유형 03_문제.hwpx  ▶ 완성 파일 : 유형 분석 10₩유형 03_완성.hwpx

**02** 작성 조건을 이용하여 다음과 같은 차트를 완성해 보세요.

### 계절별 선호 여행지

#### 1. 여행의 역사

여행(旅行)이란 휴식을 위해 일상생활에서 벗어나 다른 지역이나 타국으로 떠나는 것을 말합니다. 크게 배낭여행, 패키지여행으로 구분됩니다. 관광(觀光)이 오늘날 산업(産業)의 관점에서 받아들여지기 시작한 것은 18~19세기 유럽에서부터입니다. 그전에는 왕족이나 귀족만이 관광을 갈 수 있었는데, 대부분 교육적인 관광이었습니다. 세계적으로 여행(Travel)의 중요성이 더해지는 이유는 삶의 질을 향상할 수 있는 좋은 수단이기 때문입니다. 인터넷이 발달하면서 여행의 수요㉠는 더 급증하게 되었고 바다(Sea)와 산(Mountain), 계곡 등 다양한 장소가 여행지로 선택되고 있습니다.

#### 2. 바다 여행

바다는 지구(Earth) 표면의 약 70.8%를 차지하고 있습니다. 육지(陸地) 면적의 2.43배이고 지구의 물 대부분이 바다에 존재하고 있습니다. 바다는 스트레스 해소와 휴식을 위한 최적의 장소입니다. 바닷가를 산책(散策)하는 것만으로도 일상에서 벗어나 편안한 상태에 이를 수 있으며, 스노클링, 서핑, 요트 여행 등 다양한 활동을 통해 몸과 마음을 힐링(Healing)할 수도 있습니다. 파도 소리를 들으며 잠들 수 있는 해변 근처에서의 야영이나 캠핑은 바다 여행의 특별한 경험을 제공하기도 합니다. 바다 여행은 식당에서 다양한 현지 해산물 요리를 맛볼 수 있고, 신선한 해산물을 직접 구매하여 조리할 수도 있습니다. 또한 매년 관광

여행 선호 계절(단위:%)

| 장소 | 남성 | 여성 |
|---|---|---|
| 봄 | 55 | 89 |
| 여름 | 74 | 45 |
| 가을 | 76 | 67 |
| 겨울 | 82 | 85 |
| 평균 | 71.50 | 71.25 |

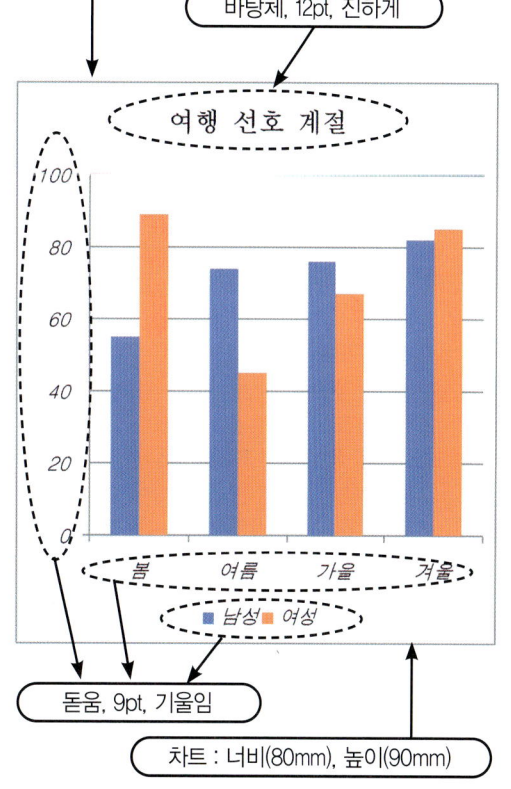

차트 데이터는 표 내용에서 평균 부분을 제외한 나머지 부분의 값 이용

바탕체, 12pt, 진하게

돋움, 9pt, 기울임

차트 : 너비(80mm), 높이(90mm)

**[Hint]** 표에서 차트로 작성할 내용만을 드래그하여 블록 지정한 후 [입력]-[차트]-[묶은 세로 막대형]을 선택합니다.

## 출제 유형 문제

> 예제 파일 : 유형 분석 10₩유형 04_문제.hwpx    완성 파일 : 유형 분석 10₩유형 04_완성.hwpx

**03** 작성 조건을 이용하여 다음과 같은 차트를 완성해 보세요.

### 휴머노이드 로봇

#### 1. 로봇의 발전

1973년 일본 와세다대학교에서 최초로 개발된 휴머노이드 로봇(Humanoid robot)은 인간의 신체 형태를 닮은 로봇이다. 도구 및 주변 환경과 상호 작용 등 기능적 목적을 염두(念頭)에 두고 일반적으로 휴머노이드 로봇은 몸통, 머리, 두 개의 팔, 두 개의 다리로 구성되어 있다. 휴머노이드 로봇이 주목받는 가장 큰 이유는 노동력(勞動力) 부족이다. 휴머노이드 로봇은 인간과 유사한 모습을 하고 있어 인간을 위해 설계(Design)된 환경에서 작동하고 인간과 함께 일할 수 있다는 장점이 있다. 이러한 이유로 전 세계적으로 여러 기업이 휴머노이드 로봇 상용화를 위해 경쟁(競爭) 중이다.

#### 2. 세계의 로봇

2023년 중국의 로봇 스타트업 기업 푸리에인텔리전스는 GR-1 로봇을 발표했다. 로봇 개발의 주목적은 중국의 고령화(Aging) 인구가 늘어남에 따라 생기는 노동력 부족 현상에 대한 노동력 충족(充足)이다. 푸리에 대표는 인간에게 로봇이 간병인A 혹은 치료 도우미가 될 수도 있고, 혼자 지내는 노인의 동반자(同伴者)가 될 수도 있다고 전하며 결국 환자들은 그들과 상호 작용하는 자율 로봇을 갖게 될 것이라고 발표했다. 테슬라(Tesla) 역시 옵티머스(Optimus) 로봇을 선보였는데, 옵티머스는 인간과 비슷한 체격과 형태를 갖춘 인간형 로봇으로 시속 8km로 움직이며 20kg의 물건을 들어 올릴 수 있다. 실제 사람이 활동하는 다

### 국가별 휴머노이드 로봇 개발

| 국가 | 작년 건수 | 올해 건수 |
|------|-----------|-----------|
| 한국 | 100 | 175 |
| 미국 | 220 | 251 |
| 중국 | 130 | 140 |
| 인도 | 198 | 223 |
| 합계 | 648 | 789 |

- 차트 데이터는 표 내용에서 합계 부분을 제외한 나머지 부분의 값 이용
- 궁서, 12pt, 진하게
- 돋움, 9pt, 기울임
- 차트 : 너비(80mm), 높이(90mm)

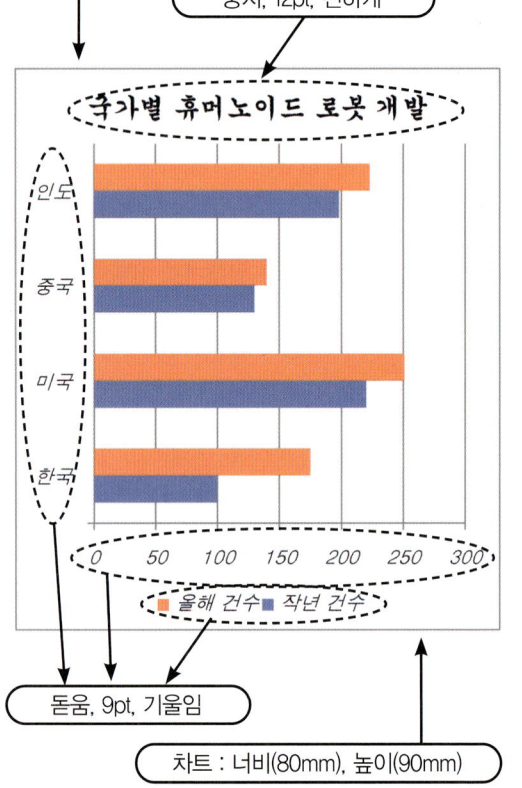

**[Hint]** [개체 속성] 대화 상자의 [기본] 탭에서 너비(80), 높이(90)를 지정하고, '크기 고정'과 '글자처럼 취급'을 선택(체크)합니다.

# 출제 유형 문제

▶ 예제 파일 : 유형 분석 10₩유형 05_문제.hwpx    ▶ 완성 파일 : 유형 분석 10₩유형 05_완성.hwpx

**04** 작성 조건을 이용하여 다음과 같은 차트를 완성해 보세요.

DIAT

## 인생 전환기

1. 기대수명이란?

성별 기대수명(단위:세)

| 연도 | 남자 | 여자 |
|---|---|---|
| 1990 | 67.5 | 75.8 |
| 2000 | 72.3 | 79.7 |
| 2010 | 76.8 | 83.6 |
| 2020 | 80.6 | 86.5 |
| 평균 | 74.30 | 81.40 |

기대수명(life expectancy)은 0세의 출생자가 향후 생존(生存)할 것으로 기대되는 평균 생존 연수를 말한다. 한국 인구의 기대수명은 1980년 62.3세에서 2022년 82.7세로 약 20년 늘어났다. 기대수명은 여자가 남자보다 길다. 여자의 기대수명1)은 85.6세로 남자의 79.9세에 비해 5.7년이나 길다. 한국인의 기대수명은 2010년을 전후로 80세까지 높아지면서 선진국(advanced country) 수준에 도달하였다. 기대수명의 연장(extension)은 노후 기간이 점차 길어짐을 뜻하며, 젊은 층의 노년층 부양 비율도 높아져 향후 경제성장(經濟成長)에 다양한 대비책을 마련할 필요도 있다.

차트 데이터는 표 내용에서 평균 부분을 제외한 나머지 부분의 값 이용

굴림, 13pt, 진하게

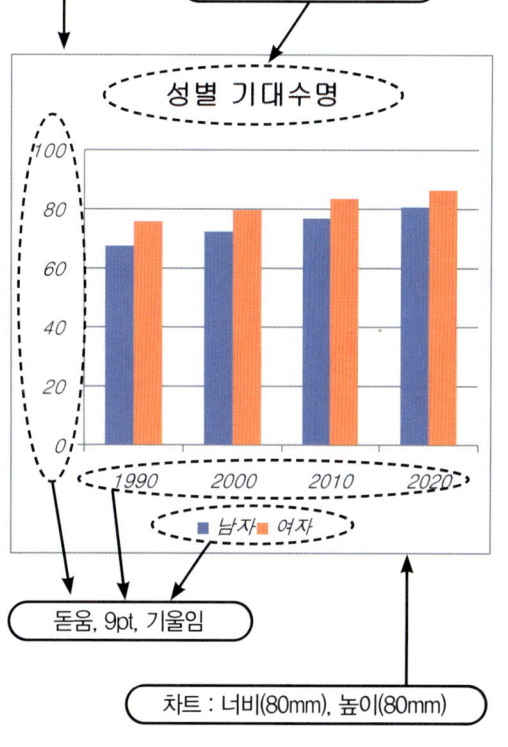

돋움, 9pt, 기울임

차트 : 너비(80mm), 높이(80mm)

2. 노후 대비란?

노후(老後) 대비는 자녀가 독립한 이후부터 준비하는 경우가 많다. 그러나 요즘은 결혼과 출산이 늦어지는 경향으로 인해 자녀 독립 시기가 늦춰지고 있어서 좀 더 일찍부터 계획을 세워 준비하는 것이 바람직하다. 가장 좋은 노후 대비의 시기는 취업과 동시에 시작하는 것이다. 노후 대비를 위해 가장 먼저 해야 할 일은 자신이 어떻게 살고 싶은가에 대해 목표를 세운 후 필요한 돈을 계산(計算)하는 것이다. 일반적인 평균(average) 금액은 통계청 등에서 발표한 예상 노후 생활비를 참조할 수 있다. 그러나 실제 필요한 금액은 성별, 주거 지역 등에 따라 차이가 있다. 예를 들어, 여성은 남성보다 오래 살 수 있으므로 남성보

**[Hint]** 차트를 선택한 후 [차트 디자인] 탭에서 [차트 구성 추가] 단추를 클릭하고, [범례]-[아래쪽]을 선택합니다.

# 출제 유형 문제

▶ 예제 파일 : 유형 분석 10₩유형 06_문제.hwpx   ▶ 완성 파일 : 유형 분석 10₩유형 06_완성.hwpx

**05** 작성 조건을 이용하여 다음과 같은 차트를 완성해 보세요.

DIAT

### 1. 9.81 파크란?

세계 최초(最初) 스마트 레이싱 테마파크 9.81 파크는 미래에 온 듯한 감각적인 실내 공간과 다양한 액티비티 그리고 신나는 레이싱과 함께 제주 자연을 온전히 경험할 수 있는 곳으로 애월 바다와 한라산㉮ 사이에 있다. 자체 기술력으로 개발된 세 종류의 GR(Gravity Racer)로 4개의 코스, 총 10개 트랙의 레이스 코스에서 오직 중력 가속도(加速度)만으로 비양도를 품은 푸른 바다를 보며 다운힐(Downhill) 레이싱을 즐길 수 있으며, 무동력 레이싱을 마치고 나면 자동회차로 진행되는 업힐 레이싱은 아름다운 한라산(漢拏山)을 온전히 느낄 수 있다.

### 2. 테마파크의 진화

코로나19로 인해 많은 상점과 공간이 문을 닫고, 특히 어려운 시기를 보냈던 장소 중 한 곳이 바로 테마파크(theme park)이다. 입장객이 50% 이상 줄어들고 매출 역시 많이 감소했지만, 그 기간 동안 테마파크는 다양한 최신 IT 기술을 연구하고 받아들이면서 변화를 꾀하였다. 이에 테마파크 공간에서 직접 체험(體驗)할 수 있는 기술은 물론 가상현실을 활용해 온라인, 메타버스(Metaverse)의 테마파크도 즐길 수 있다. 즉 테마파크는 단순히 즐거움과 재미를 제공하는 것에 그치는 것이 아니라 매우 고도화된 기술이 적용되는 기술 혁신이 꾸준히 일어나는 장소이다. 기술의 발전은 운영과 관리의 문제를 해결하고 수익을 비롯해 여러 효율을 높일 수 있으며, 이용객에게는 독특

테마파크 입장객 전망

| 연도 | 미국 | 한국 |
|---|---|---|
| 2022년 | 27.7 | 14.9 |
| 2024년 | 29.7 | 15.4 |
| 2026년 | 34.7 | 19.8 |
| 2028년 | 38.6 | 27.2 |
| 합계 | 130.7 | 77.3 |

차트 데이터는 표 내용에서 합계 부분을 제외한 나머지 부분의 값 이용

궁서체, 13pt, 진하게

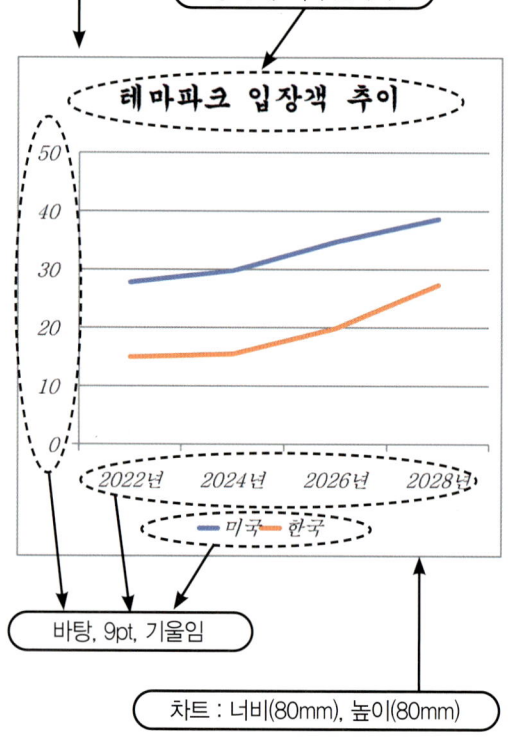

바탕, 9pt, 기울임

차트 : 너비(80mm), 높이(80mm)

**[Hint]** 차트 제목을 선택한 후 마우스 오른쪽 버튼을 클릭하고, [제목 편집]을 선택합니다. [차트 글자 모양] 대화상자의 글자 내용에 주어진 제목 내용을 입력한 후 한글/영어 글꼴, 속성, 크기를 각각 지정합니다.

## 출제 유형 문제

> 예제 파일 : 유형 분석 10₩유형 07_문제.hwpx  > 완성 파일 : 유형 분석 10₩유형 07_완성.hwpx

**06** 작성 조건을 이용하여 다음과 같은 차트를 완성해 보세요.

DIAT

# 도로교통법

### 1. 도로교통법이란?

도로교통법은 1961년 12월 31일 법률 제941호에 의해 도로에서 일어나는 교통상의 모든 위험(hazard)과 장해를 방지하고 제거하여 안전하고 원활한 교통을 확보함을 목적으로 제정되었다. 1962년 1월 20일부터 전면 시행된 도로교통법(道路交通法)은 도로교통에 관련된 내용을 규정한 법으로, 도로의 사용, 도로 사용자의 권리와 의무, 자동차 운전면허 제도에 관한 전반적인 내용을 규정하고 있다. 일반적으로 권한 설정 및 집행 절차, 도로 규칙(規則) 설명 및 기타 안전(safety)과 관련된 조항을 포함하는 법률이다. 운전 면허증, 차량 소유 및 등록, 보험(insurance), 차량 안전 검사 및 주차 위반에 대해 행정(行政) 규정에 대한 과태료 위반(違反) 등도 포함된다.

### 2. 도로교통법 개정

교통법규는 수시로 변경되는 도로(thoroughfare) 상황에 맞춰 운전자와 보행자 및 모든 사람의 안전을 위해 매년 일부 변경되고 있다. 고속도로(expressway) 지정차로에서는 앞차의 좌측 차로로만 앞지르기할 수 있으며 추월(追越) 후에는 기존 주행 차로로 돌아가야 하는 사항이 추가되었다. 음주운전 단속 시 2회 이상 측정을 거부하면 가중 처벌을 하거나 5년 이내 2회 적발된 상습 음주 운전자는 결격 기간 종료 후 면허 취득 시 조건부로 차 안에 음주운전 방지 장치 부착을 의무화하였다. 또한 우회전 신호①를 설치하여 운전

도로교통법 단속 비율(단위:%)

| 항목 | 서울 | 부산 |
|---|---|---|
| 신호위반 | 45.1 | 51.2 |
| 음주운전 | 38.6 | 29.2 |
| 통행방해 | 6.3 | 4.5 |
| 기타 | 10.0 | 15.1 |
| 합계 | 100 | 100 |

차트 데이터는 표 내용에서 합계 부분을 제외한 나머지 부분의 값 이용

궁서, 12pt, 진하게

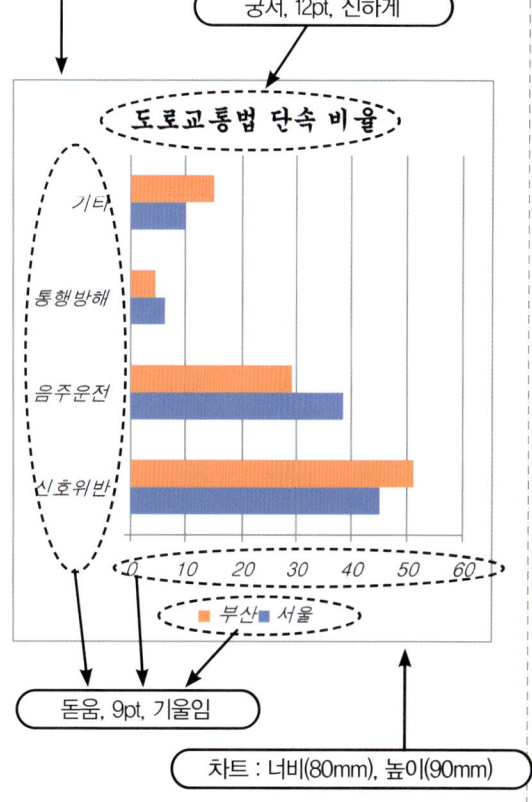

돋움, 9pt, 기울임

차트 : 너비(80mm), 높이(90mm)

**[Hint]** 차트의 각 구성 요소를 선택한 후 마우스 오른쪽 버튼을 클릭하고, [글자 모양 편집]을 선택합니다. [차트 글자 모양] 대화 상자에서 한글/영어 글꼴, 속성, 크기를 각각 지정합니다.

 Memo

# PART

# 02

# 실전모의고사

제 **01** 회 실전모의고사
제 **02** 회 실전모의고사
제 **03** 회 실전모의고사
제 **04** 회 실전모의고사
제 **05** 회 실전모의고사
제 **06** 회 실전모의고사
제 **07** 회 실전모의고사
제 **08** 회 실전모의고사
제 **09** 회 실전모의고사
제 **10** 회 실전모의고사

제 **11** 회 실전모의고사
제 **12** 회 실전모의고사
제 **13** 회 실전모의고사
제 **14** 회 실전모의고사
제 **15** 회 실전모의고사
제 **16** 회 실전모의고사
제 **17** 회 실전모의고사
제 **18** 회 실전모의고사
제 **19** 회 실전모의고사
제 **20** 회 실전모의고사

# 제01회 실전모의고사

한컴오피스 한글 2022 버전용

◎ 시험과목 : 워드프로세서(한글)
◎ 시험일자 : 20○○. ○○. ○○.(X)
◎ 응시자 기재사항 및 감독위원 확인

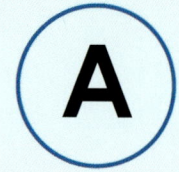

| 수검번호 | DIW - 0000 - | 감독위원 확인 |
|---|---|---|
| 성 명 | | |

## 응시자 유의사항

1. 응시자는 신분증을 지참하여야 시험에 응시할 수 있으며, 시험이 종료될 때까지 신분증을 제시하지 못 할 경우 해당 시험은 0점 처리됩니다.
2. 시스템(PC작동여부, 네트워크 상태 등)의 이상여부를 반드시 확인하여야 하며, 시스템 이상이 있을 시 감독위원에게 조치를 받으셔야 합니다.
3. 시험 중 부주의 또는 고의로 시스템을 파손한 경우는 수검자 부담으로 합니다.
4. 답안전송 프로그램을 통해 파일을 다운로드하여 답안 파일을 작성하시기 바랍니다.
5. 작성한 답안 파일은 답안전송 프로그램을 통하여 전송됩니다. 감독위원의 지시에 따라 주시기 바랍니다.
6. 다음 사항의 경우 실격(0점) 혹은 부정행위 처리됩니다.
   1) 답안 파일을 저장하지 않았거나, 저장한 파일이 손상되었을 경우
   2) 답안 파일을 지정된 폴더(바탕화면 - "KAIT" 폴더)에 저장하지 않았을 경우
      ※ 답안 전송 프로그램 로그인 시 바탕화면에 자동 생성됨
   3) 답안 파일을 다른 보조기억장치(USB) 혹은 네트워크(메신저, 게시판 등)로 전송할 경우
   4) 휴대용 전화기 등 통신기기를 사용할 경우
7. **시험지에 제시된 글꼴이 응시 프로그램에 없는 경우, 반드시 감독위원에게 해당 내용을 통보한 뒤 조치를 받아야 합니다.**
8. 시험의 완료는 작성이 완료된 답안을 저장하고, 답안 전송이 완료된 상태를 확인한 것으로 합니다. 답안 전송 확인 후 문제지는 감독위원에게 제출한 후 퇴실하여야 합니다.
9. 답안전송이 완료된 경우에는 수정 또는 정정이 불가능합니다.
10. 시험 시행 후 합격자 발표는 홈페이지(www.ihd.or.kr)에서 확인하시기 바랍니다.
    ※ 합격자 발표 : 20XX. XX. XX.(X)
    ※ 시험지 공개 : 20XX. XX. XX.(X)

# 디지털정보활용능력 – 한글    시험시간 : 40분

**【문제】** 첨부된 문제를 다음의 조건을 적용하여 문서를 작성하시오.

① 문서는 A4(210mm×297mm) 크기, 세로 용지 방향으로 작성한다.

② 페이지 여백은 아래와 같이 설정한다.

| 왼쪽 | 오른쪽 | 위쪽 | 아래쪽 | 머리말 | 꼬리말 | 제본 |
|---|---|---|---|---|---|---|
| 20mm | 20mm | 20mm | 20mm | 10mm | 10mm | 0mm |

③ 아래와 같이 "자동 글머리 기호 넣기"와 "자동 번호 매기기" 기능을 해제한다.

> 도구 → 빠른 교정 → 빠른 교정 내용 → 입력 자동 서식 ⇒ 자동 글머리 기호 넣기(해제)
> 자동 번호 매기기(해제)

※ 만약 입력자동서식 메뉴가 없는 경우에는, "자동 글머리 기호 넣기"와 "자동 번호 매기기" 기능이 설정되어 있지 않은 것이므로 별도의 기능 해제 없이 그대로 시험에 응시하시면 됩니다.

④ 글자는 별도의 지시사항이 없는 한 바탕, 10pt, 양쪽정렬, 줄간격 160%로 작성한다.

⑤ 영문, 숫자 등은 별도의 지시가 없는 한 반각(1byte) 문자를 사용한다.

⑥ 특수문자는 문자표(전각 기호)를 이용하여 작성한다.

⑦ 교정부호 및 화살표로 기재된 지시사항대로 처리하되, ⬭→은 지시사항이므로 작성하지 않는다.

⑧ 1페이지에 [문제1]을 작성하고, 구역을 나누어 2페이지에 [문제2]를 작성한다.

※ 해당 페이지에 작성하지 않거나 의도적으로 텍스트 작성을 하지 않은 경우 0점 처리

⑨ [문제2]는 문제지와 같이 2단으로 다단을 나누어 작성한다.

⑩ '그림 삽입' 시에는 반드시 "KAIT 수검프로그램"을 통해 다운로드 한 그림 파일을 사용한다.

⑪ 총점 : 200점

[공통사항1(기본설정, 용지설정)] : 8점, [공통사항2(오탈자)] : 40점

[문제1] : 46점, [문제2] : 106점

⑫ 기타 특별히 지시되어 있지 않은 사항은 문제지에 준하여 작성한다.

# 챗지피티활용교육생모집안내

챗지피티는 다양한 분야에서 도입하고 있으며 점점 시장 규모도 확대되고 있습니다. 이런 흐름에 발맞춰 본 교육원에서는 생성형 인공지능 등 새로운 첨단 도구를 선용하여 인공지능을 윤리적이고 생산적으로 사용할 수 있도록 새로운 교육과정을 개설하였습니다. 그중 챗지피티를 활용한 업무 자동화 및 업무 생산성 향상, 기획안 및 보고서 등을 빠르게 작성할 수 있는 **실습 중심형 과정을 개설**하게 되었습니다. 많은 관심과 참여 바랍니다.

■ 교육안내 ■

1. 교육일시 : 2025. 06. 28.(토) ~ 06. 29.(일) 10:00~19:00
2. 교육장소 : 강남교육센터 12층 제1교육장
3. 교 육 비 : 1인당 34만원(내일배움카드 결제 가능)
4. 문 의 처 : *신지식아카데미 홈페이지(http://www.ihd.or.kr) 참조*

※ 기타사항
- 본 과정은 실습이 포함되어 해당 과정 참여시 개인 노트북 지참이 필수이며, 비전공자도 바로 따라할 수 있는 도구 및 사이트 활용으로 과정 몰입도가 높습니다.
- 단체 참가 시 아카데미 총무팀(02-1234-5678)으로 문의하시기 바랍니다.

2025. 06. 10.

# 신지식아카데미

# 챗지피티 시대

## 1. 챗지피티(ChatGPT)는?

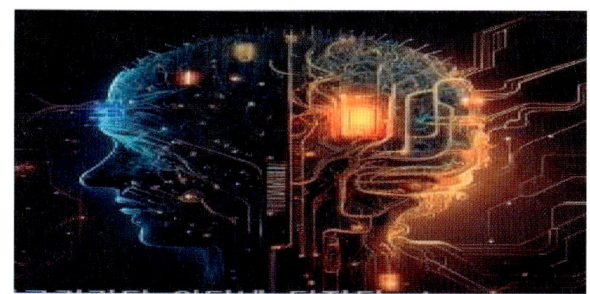

2022년 11월 30일, 오픈 AI가 세상에 내놓은 챗지피티는 인간의 고유 영역이라 여겨지던 창작의 기능을 파괴하는 혁신적인 사건이 분명했다. 사용자가 대화창에 텍스트를 입력하면 그에 맞춰 대화를 함께 나누는 서비스로 공개 단 5일 만에 하루 이용자가 100만 명을 돌파하면서 돌풍을 일으키기 시작했다. 특히 질문에 대한 답변은 물론 논문 작성, 번역, 작사, 노래, 작곡, 코딩 작업 등 광범위한 분야의 업무(業務) 수행까지 가능하다는 점에서 기존 AI와는 확연히 다른 면모(面貌)를 보이고 있고 앞으로의 확장성의 향방(向方)에 따라 더 기대가 커질 것이다.

## 2. 챗지피티의 영향

챗지피티는 '생성하기'라는 새로운 패러다임으로 전환하는 역할을 하고 있다. 챗지피티는 신뢰도에 대한 문제가 많이 언급되고는 있지만 그 무한한 잠재력(潛在力)을 보고 기업들은 다양한 사업 모델에 적용해 발전할 기회를 엿보고 있다. 발 빠르게 움직이고 있는 기업들은 챗지피티와 같은 생성형 AI⑨를 적극적으로 도입하여 업무영역, 산업, 비즈니스 모델(model) 등에서 챗지피티를 도입(導入)하였다. 고객 경험을 개선하고 있고 챗지피티를 활용하여 고객 지원을 개선하여 판매 등 구체적인 사용 사례를 식별하고 있다. 공공기관에서도 업무 효율을 높이기 위해 챗지피티를 도입하고 있다. 국내 스타트업도 빠르게 챗지피티를 도입하여 혁신적인 서비스(service)를 선보이고 있어 향후 다양한 성과가 기대되고 있다.

### 챗지피티 방문자 수(단위:억명)

| 월별 | 방문자 수 |
|---|---|
| 3월 | 16 |
| 5월 | 19 |
| 7월 | 15 |
| 9월 | 15 |
| 11월 | 17 |
| 합계 | 82 |

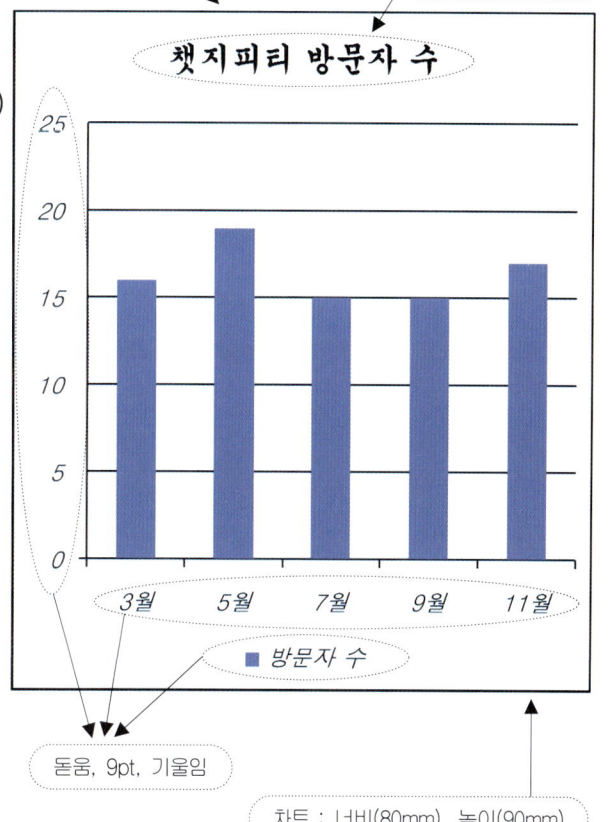

---

⑨ 인간의 지능을 인공적으로 구현하는 기술

# 제02회 실전모의고사

한컴오피스 한글 2022 버전용

◎ 시험과목 : 워드프로세서(한글)
◎ 시험일자 : 20○○. ○○. ○○.(X)
◎ 응시자 기재사항 및 감독위원 확인

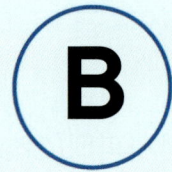

| 수검번호 | DIW - 0000 - | 감독위원 확인 |
|---|---|---|
| 성 명 | | |

## 응시자 유의사항

1. 응시자는 신분증을 지참하여야 시험에 응시할 수 있으며, 시험이 종료될 때까지 신분증을 제시하지 못 할 경우 해당 시험은 0점 처리됩니다.
2. 시스템(PC작동여부, 네트워크 상태 등)의 이상여부를 반드시 확인하여야 하며, 시스템 이상이 있을 시 감독위원에게 조치를 받으셔야 합니다.
3. 시험 중 부주의 또는 고의로 시스템을 파손한 경우는 수검자 부담으로 합니다.
4. 답안전송 프로그램을 통해 파일을 다운로드하여 답안 파일을 작성하시기 바랍니다.
5. 작성한 답안 파일은 답안전송 프로그램을 통하여 전송됩니다. 감독위원의 지시에 따라 주시기 바랍니다.
6. 다음 사항의 경우 실격(0점) 혹은 부정행위 처리됩니다.
    1) 답안 파일을 저장하지 않았거나, 저장한 파일이 손상되었을 경우
    2) 답안 파일을 지정된 폴더(바탕화면 - "KAIT" 폴더)에 저장하지 않았을 경우
        ※ 답안 전송 프로그램 로그인 시 바탕화면에 자동 생성됨
    3) 답안 파일을 다른 보조기억장치(USB) 혹은 네트워크(메신저, 게시판 등)로 전송할 경우
    4) 휴대용 전화기 등 통신기기를 사용할 경우
7. **시험지에 제시된 글꼴이 응시 프로그램에 없는 경우, 반드시 감독위원에게 해당 내용을 통보한 뒤 조치를 받아야 합니다.**
8. 시험의 완료는 작성이 완료된 답안을 저장하고, 답안 전송이 완료된 상태를 확인한 것으로 합니다. 답안 전송 확인 후 문제지는 감독위원에게 제출한 후 퇴실하여야 합니다.
9. 답안전송이 완료된 경우에는 수정 또는 정정이 불가능합니다.
10. 시험 시행 후 합격자 발표는 홈페이지(www.ihd.or.kr)에서 확인하시기 바랍니다.
    ※ 합격자 발표 : 20XX. XX. XX.(X)
    ※ 시험지 공개 : 20XX. XX. XX.(X)

# 디지털정보활용능력 - 한글  시험시간 : 40분

**【문제】** 첨부된 문제를 다음의 조건을 적용하여 문서를 작성하시오.

① 문서는 A4(210mm×297mm) 크기, 세로 용지 방향으로 작성한다.

② 페이지 여백은 아래와 같이 설정한다.

| 왼쪽 | 오른쪽 | 위쪽 | 아래쪽 | 머리말 | 꼬리말 | 제본 |
|---|---|---|---|---|---|---|
| 20mm | 20mm | 20mm | 20mm | 10mm | 10mm | 0mm |

③ 아래와 같이 "자동 글머리 기호 넣기"와 "자동 번호 매기기" 기능을 해제한다.

> 도구 → 빠른 교정 → 빠른 교정 내용 → 입력 자동 서식 ⇒ 자동 글머리 기호 넣기(해제)
> 자동 번호 매기기(해제)

※ 만약 입력자동서식 메뉴가 없는 경우에는, "자동 글머리 기호 넣기"와 "자동 번호 매기기" 기능이 설정되어 있지 않은 것이므로 별도의 기능 해제 없이 그대로 시험에 응시하시면 됩니다.

④ 글자는 별도의 지시사항이 없는 한 바탕, 10pt, 양쪽정렬, 줄간격 160%로 작성한다.

⑤ 영문, 숫자 등은 별도의 지시가 없는 한 반각(1byte) 문자를 사용한다.

⑥ 특수문자는 문자표(전각 기호)를 이용하여 작성한다.

⑦ 교정부호 및 화살표로 기재된 지시사항대로 처리하되, ⬚→은 지시사항이므로 작성하지 않는다.

⑧ 1페이지에 [문제1]을 작성하고, 구역을 나누어 2페이지에 [문제2]를 작성한다.

※ 해당 페이지에 작성하지 않거나 의도적으로 텍스트 작성을 하지 않은 경우 0점 처리

⑨ [문제2]는 문제지와 같이 2단으로 다단을 나누어 작성한다.

⑩ '그림 삽입' 시에는 반드시 "KAIT 수검프로그램"을 통해 다운로드 한 그림 파일을 사용한다.

⑪ 총점 : 200점

　[공통사항1(기본설정, 용지설정)] : 8점, [공통사항2(오탈자)] : 40점

　[문제1] : 46점, [문제2] : 106점

⑫ 기타 특별히 지시되어 있지 않은 사항은 문제지에 준하여 작성한다.

# 한국민속예술축제

한국민속예술축제는 일제강점기의 문화 탄압과 6.25 전쟁으로 인해 사라져가던 우리 민족 고유의 예술을 발굴하고 보존하기 위해 1958년 전국민속예술경연대회로 시작했습니다. 한국민속예술축제는 그간의 축제를 통해 총 400여 종이 넘는 민속예술 종목을 발굴했으며 이 가운데 140종이 넘는 종목이 무형문화재로 지정되는 성과를 거두었습니다. 우리 **민속예술의 우수성을 발견하고 화합**을 이뤄내는 장에 여러분을 초대하오니, 많은 참여 바랍니다.

◇ **행사개요** ◇

1. 행사기간 : 2015. 07. 14(월) ~ 31(목), 10:00 ~ 17:00
2. 행사장소 : 국립무형유산원 얼쑤마당
3. 행사주관 : 전통공연예술진흥재단
4. 참여방법 : *홈페이지(http://www.ihd.or.kr)에서 [참가신청] 클릭*

※ 기타사항

- 온고을 길꼬내기 행사에 꼬리 물기 참가자를 모집합니다.
- 꼬리 물기 참가자에게는 간식 및 기념품, 길놀이 참여 악기 제공, 봉사시간 부여 등이 지원되며, 자세한 내용은 홈페이지를 참고하시기 바랍니다.

2025. 06. 25.

# 한국민속예술축제위원회

# 민속예술과 종묘제례악

## 1. 민속예술

민속이란 민간 생활과 관계된 생활 풍속이나 습관, 신앙, 기술, 전승 문화 등을 통틀어 이르는 말로 한국 민속은 크게는 민속공예같이 물질적 자료가 전승되는 경우를 말하는 유형(有形) 문화, 민속놀이같이 구전으로 사람을 통해서 전승되는 무형(無形) 문화로 분류된다. 이를 좀 더 세부적으로는 의식주생활 풍습, 민간신앙, 민간명절, 상산 풍습, 가족생활 풍습, 민속예술 등으로 분류한다. 이 중 민속예술은 전래되는 민간예술을 가리키며 전통예술(傳統藝術)이나 민속예술(民俗藝術)의 개념과 같이 쓰이는 경우가 많고 서민들에 의하여 전승되어왔다는 점이 특징이다. 민속예술(Folk art)에는 문학(literature), 음악(music), 춤(dance), 공예 등이 포함된다.

## 2. 종묘제례악

조선시대에 역대 임금과 왕비의 신위를 모셔 놓은 종묘에서 제사를 지낼 때 행하던 노래와 무용, 기악을 아울러 이르는 말이다. 종묘는 삼국시대와 고려시대에도 있었으나 음악을 제사에 사용하기는 고려 초기 숙종 무렵이다. 조선 초기에는 고려시대의 것을 하다가 세종 29년에 처음 만들어져 세조 10년에 제사에 적합한 형태로 고쳐져 현재까지 전승되고 있다. 종묘제례악은 조상의 공덕을 찬양하는 것인데, 장엄(莊嚴)하고 웅대한 음악이며 500여 년 전에 전승되던 고취악과 향악A이 제례악으로 승화되어 전승되어온 귀한 음악으로, 우리나라 중요 무형문화재 제1호이며 2001년 유네스코(UNESCO) 세계무형유산으로 등재되었다.

---

A 삼국시대 이후 조선시대까지 사용되던 궁중음악

### 한국민속예술축제 참가팀

| 연도 | 청소년부 | 일반부 |
|------|----------|--------|
| 2024 | 14 | 20 |
| 2023 | 13 | 19 |
| 2022 | 13 | 20 |
| 2021 | 10 | 18 |
| 합계 | 50 | 77 |

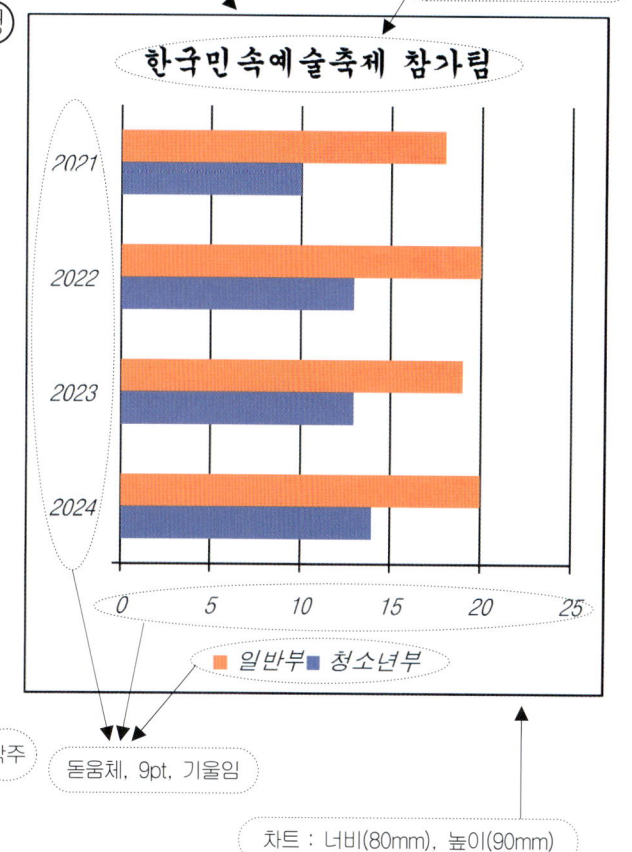

# 제03회 실전모의고사

한컴오피스 한글 2022 버전용

◎ 시험과목 : 워드프로세서(한글)
◎ 시험일자 : 20○○. ○○. ○○.(X)
◎ 응시자 기재사항 및 감독위원 확인

| 수검번호 | DIW - 0000 - | 감독위원 확인 |
|---|---|---|
| 성  명 | | |

## 응시자 유의사항

1. 응시자는 신분증을 지참하여야 시험에 응시할 수 있으며, 시험이 종료될 때까지 신분증을 제시하지 못 할 경우 해당 시험은 0점 처리됩니다.
2. 시스템(PC작동여부, 네트워크 상태 등)의 이상여부를 반드시 확인하여야 하며, 시스템 이상이 있을 시 감독위원에게 조치를 받으셔야 합니다.
3. 시험 중 부주의 또는 고의로 시스템을 파손한 경우는 수검자 부담으로 합니다.
4. 답안전송 프로그램을 통해 파일을 다운로드하여 답안 파일을 작성하시기 바랍니다.
5. 작성한 답안 파일은 답안전송 프로그램을 통하여 전송됩니다. 감독위원의 지시에 따라 주시기 바랍니다.
6. 다음 사항의 경우 실격(0점) 혹은 부정행위 처리됩니다.
   1) 답안 파일을 저장하지 않았거나, 저장한 파일이 손상되었을 경우
   2) 답안 파일을 지정된 폴더(바탕화면 – "KAIT"폴더)에 저장하지 않았을 경우
      ※ 답안 전송 프로그램 로그인 시 바탕화면에 자동 생성됨
   3) 답안 파일을 다른 보조기억장치(USB) 혹은 네트워크(메신저, 게시판 등)로 전송할 경우
   4) 휴대용 전화기 등 통신기기를 사용할 경우
7. **시험지에 제시된 글꼴이 응시 프로그램에 없는 경우, 반드시 감독위원에게 해당 내용을 통보한 뒤 조치를 받아야 합니다.**
8. 시험의 완료는 작성이 완료된 답안을 저장하고, 답안 전송이 완료된 상태를 확인한 것으로 합니다. 답안 전송 확인 후 문제지는 감독위원에게 제출한 후 퇴실하여야 합니다.
9. 답안전송이 완료된 경우에는 수정 또는 정정이 불가능합니다.
10. 시험 시행 후 합격자 발표는 홈페이지(www.ihd.or.kr)에서 확인하시기 바랍니다.
    ※ 합격자 발표 : 20XX. XX. XX.(X)
    ※ 시험지 공개 : 20XX. XX. XX.(X)

## 디지털정보활용능력 – 한글     시험시간 : 40분     1/1

**【문제】** 첨부된 문제를 다음의 조건을 적용하여 문서를 작성하시오.

① 문서는 A4(210mm×297mm) 크기, 세로 용지 방향으로 작성한다.

② 페이지 여백은 아래와 같이 설정한다.

| 왼쪽 | 오른쪽 | 위쪽 | 아래쪽 | 머리말 | 꼬리말 | 제본 |
|---|---|---|---|---|---|---|
| 20mm | 20mm | 20mm | 20mm | 10mm | 10mm | 0mm |

③ 아래와 같이 "자동 글머리 기호 넣기"와 "자동 번호 매기기" 기능을 해제한다.

> 도구 → 빠른 교정 → 빠른 교정 내용 → 입력 자동 서식 ⇒ 자동 글머리 기호 넣기(해제)
> 자동 번호 매기기(해제)

※ 만약 입력자동서식 메뉴가 없는 경우에는, "자동 글머리 기호 넣기"와 "자동 번호 매기기" 기능이 설정되어 있지 않은 것이므로 별도의 기능 해제 없이 그대로 시험에 응시하시면 됩니다.

④ 글자는 별도의 지시사항이 없는 한 **바탕, 10pt, 양쪽정렬, 줄간격 160%**로 작성한다.

⑤ 영문, 숫자 등은 별도의 지시가 없는 한 반각(1byte) 문자를 사용한다.

⑥ 특수문자는 문자표(전각 기호)를 이용하여 작성한다.

⑦ 교정부호 및 화살표로 기재된 지시사항대로 처리하되, ⟨⎯⎯⎯⟩→은 지시사항이므로 작성하지 않는다.

⑧ 1페이지에 [문제1]을 작성하고, 구역을 나누어 2페이지에 [문제2]를 작성한다.

※ 해당 페이지에 작성하지 않거나 의도적으로 텍스트 작성을 하지 않은 경우 0점 처리

⑨ [문제2]는 문제지와 같이 2단으로 다단을 나누어 작성한다.

⑩ '그림 삽입' 시에는 반드시 "KAIT 수검프로그램"을 통해 다운로드 한 그림 파일을 사용한다.

⑪ 총점 : 200점

   [공통사항1(기본설정, 용지설정)] : 8점, [공통사항2(오탈자)] : 40점

  [문제1] : 46점, [문제2] : 106점

⑫ 기타 특별히 지시되어 있지 않은 사항은 문제지에 준하여 작성한다.

DIAT

# 자연생태공원 홍보 요청

**자**연생태공원은 '사람과 자연이 하나 되는 행복한 세상!'을 표방하고 있습니다. '하늘에는 나비와 잠자리, 땅에는 꽃과 난초, 물에는 수생생물과 물고기'를 주제로 한 사계절 탐방 학습과 생태체험이 가능하도록 공원을 조성하였습니다. 가족, 친구, 연인들과 함께 소중한 추억을 만들고 캠핑을 동시에 즐길 수 있는 아름다운 ***자연 그대로의 친환경적인 생태공원***입니다. 학생들에게 널리 홍보하여 많은 것을 보고 느끼고 배울 수 있는 기회를 주시길 바랍니다.

♠ 체험학습 ♠

1. 참가대상 : 체험학습을 위한 유치원, 초, 중, 고, 일반
2. 학습기간 : 6월~11월(평일 중 신청일)
3. 모집방법 : *4월까지 전화접수, 5월 이후 홈페이지(http://www.ihd.or.kr)를 통해 접수*
4. 참가인원 : 1회 15명~20여 명 내외

※ 기타사항
- 관람시설 : 수서곤충관찰학습장, 우리 꽃 생태학습장, 외래 꽃 생태학습장, 곤충야외학습장, 서식지 외 보전기관 전시관, 생태 학습 연못, 수석전시관 등
- 편의시설 : 전망대, 벽천폭포 및 노천폭포, 생태연못, 바닥분수 및 부력분수, 각종 파고다 등

2026. 03. 25.

## 자연생태공원사업소장

- A -

# 멸종위기 종의 복원

## 1. 멸종위기 생물

자연적(自然的) 또는 인위적(人爲的) 위협요인으로 인하여 개체 수가 현저히 감소하거나 소수만 남아 있어 가까운 장래에 절멸될 위기에 처해 있는 야생생물(wildlife)을 말한다. 멸종위기 야생생물은 멸종위기 종을 법으로 지정하여 보호(保護)하고 관리하는 법정보호종으로 현재 멸종위기 야생생물 1급과 멸종위기(endangered) 야생생물 2급으로 나누어 지정 관리하고 있다. 멸종위기 야생생물 1급은 68종이 현재 지정되어 있으며 멸종위기 야생생물 2급은 현재 214종이 지정되어 보호 및 종의 복원이 진행되고 있다.

## 2. 멸종위기 종의 복원

단순히 멸종위기 종을 보호하는 차원을 넘어 종의 복원(restoration)은 더욱 적극적 대처이다. 우리나라는 1970년대 제주도에서 처음 식물을 대상으로 복원사업이 이루어진 이후 포유류(哺乳類) 및 어류, 그리고 곤충(昆蟲) 등 다양한 생물들로 넓혀가고 있다. 현재 진행 중인 대표적인 복원사업은 국립공원관리공단에서 추진하고 있는 지리산 반달가슴곰Ⓐ, 월악산 산양, 소백산 여우 등의 복원사업 및 식물 복원사업이 있으며 그 밖의 서식지 외 보전기관과 연구기관 등에서 시행하고 있는 각종 복원사업을 들 수 있다. 멸종위기 생물 종의 복원은 복원 대상 종을 통하여 해당 생태계와 생물 구성원 전체의 건강성과 자연성을 회복시킨다. 또 생태계 간의 생태적 연결망을 통하여 궁극적으로 인류를 포함한 모든 지구 생태계의 지구 생물 다양성(diversity) 보전이 목적이다.

---

Ⓐ 1982년 11월 16일 천연기념물로 지정

### 멸종위기 종 수

| 종 분류 | 1급 | 2급 |
|---|---|---|
| 포유류 | 14 | 6 |
| 조류 | 16 | 53 |
| 어류 | 11 | 18 |
| 육상식물 | 13 | 79 |
| 합계 | 54 | 156 |

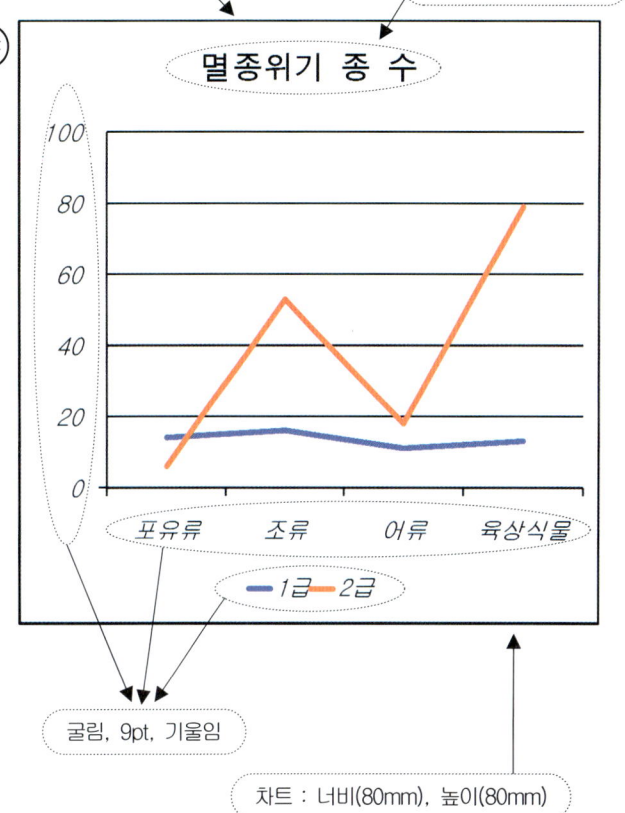

# 제 **04**회 실전모의고사

한컴오피스 한글 2022 버전용

◎ 시험과목 : 워드프로세서(한글)
◎ 시험일자 : 20○○. ○○. ○○.(X)
◎ 응시자 기재사항 및 감독위원 확인

D

| 수검번호 | DIW - 0000 - | 감독위원 확인 |
|---|---|---|
| 성 명 | | |

## 응시자 유의사항

1. 응시자는 신분증을 지참하여야 시험에 응시할 수 있으며, 시험이 종료될 때까지 신분증을 제시하지 못 할 경우 해당 시험은 0점 처리됩니다.
2. 시스템(PC작동여부, 네트워크 상태 등)의 이상여부를 반드시 확인하여야 하며, 시스템 이상이 있을 시 감독위원에게 조치를 받으셔야 합니다.
3. 시험 중 부주의 또는 고의로 시스템을 파손한 경우는 수검자 부담으로 합니다.
4. 답안전송 프로그램을 통해 파일을 다운로드하여 답안 파일을 작성하시기 바랍니다.
5. 작성한 답안 파일은 답안전송 프로그램을 통하여 전송됩니다. 감독위원의 지시에 따라 주시기 바랍니다.
6. 다음 사항의 경우 실격(0점) 혹은 부정행위 처리됩니다.
    1) 답안 파일을 저장하지 않았거나, 저장한 파일이 손상되었을 경우
    2) 답안 파일을 지정된 폴더(바탕화면 – "KAIT" 폴더)에 저장하지 않았을 경우
        ※ 답안 전송 프로그램 로그인 시 바탕화면에 자동 생성됨
    3) 답안 파일을 다른 보조기억장치(USB) 혹은 네트워크(메신저, 게시판 등)로 전송할 경우
    4) 휴대용 전화기 등 통신기기를 사용할 경우
7. **시험지에 제시된 글꼴이 응시 프로그램에 없는 경우, 반드시 감독위원에게 해당 내용을 통보한 뒤 조치를 받아야 합니다.**
8. 시험의 완료는 작성이 완료된 답안을 저장하고, 답안 전송이 완료된 상태를 확인한 것으로 합니다. 답안 전송 확인 후 문제지는 감독위원에게 제출한 후 퇴실하여야 합니다.
9. 답안전송이 완료된 경우에는 수정 또는 정정이 불가능합니다.
10. 시험 시행 후 합격자 발표는 홈페이지(www.ihd.or.kr)에서 확인하시기 바랍니다.
    ※ 합격자 발표 : 20XX. XX. XX.(X)
    ※ 시험지 공개 : 20XX. XX. XX.(X)

식별CODE

# 디지털정보활용능력 - 한글    시험시간 : 40분

**【문제】 첨부된 문제를 다음의 조건을 적용하여 문서를 작성하시오.**

① 문서는 A4(210mm×297mm) 크기, 세로 용지 방향으로 작성한다.

② 페이지 여백은 아래와 같이 설정한다.

| 왼쪽 | 오른쪽 | 위쪽 | 아래쪽 | 머리말 | 꼬리말 | 제본 |
|------|--------|------|--------|--------|--------|------|
| 20mm | 20mm | 20mm | 20mm | 10mm | 10mm | 0mm |

③ 아래와 같이 "자동 글머리 기호 넣기"와 "자동 번호 매기기" 기능을 해제한다.

> 도구 → 빠른 교정 → 빠른 교정 내용 → 입력 자동 서식 ⇒ 자동 글머리 기호 넣기(해제)
> 자동 번호 매기기(해제)

 ※ 만약 입력자동서식 메뉴가 없는 경우에는, "자동 글머리 기호 넣기"와 "자동 번호 매기기" 기능이 설정되어 있지 않은 것이므로 별도의 기능 해제 없이 그대로 시험에 응시하시면 됩니다.

④ 글자는 별도의 지시사항이 없는 한 **바탕**, 10pt, **양쪽정렬**, 줄간격 160%로 작성한다.

⑤ **영문**, 숫자 등은 별도의 지시가 없는 한 반각(1byte) 문자를 사용한다.

⑥ 특수문자는 문자표(전각 기호)를 이용하여 작성한다.

⑦ 교정부호 및 화살표로 기재된 지시사항대로 처리하되, ⁀⁀⁀⁀→은 지시사항이므로 작성하지 않는다.

⑧ 1페이지에 [문제1]을 작성하고, 구역을 나누어 2페이지에 [문제2]를 작성한다.

 ※ 해당 페이지에 작성하지 않거나 의도적으로 텍스트 작성을 하지 않은 경우 0점 처리

⑨ [문제2]는 문제지와 같이 2단으로 다단을 나누어 작성한다.

⑩ '그림 삽입' 시에는 반드시 "KAIT 수검프로그램"을 통해 다운로드 한 그림 파일을 사용한다.

⑪ 총점 : 200점

 [공통사항1(기본설정, 용지설정)] : 8점, [공통사항2(오탈자)] : 40점

 [문제1] : 46점, [문제2] : 106점

⑫ 기타 특별히 지시되어 있지 않은 사항은 문제지에 준하여 작성한다.

# 서울런4050중장년특화온라인강좌

중장년의 안정적인 노후 준비, 지속적인 경제활동을 지원함으로써 **교육 사각지대를 해소**하기 위해 서울런 4050 중장년 특화 온라인 강좌를 시작합니다. 수강 신청 시 일부 비용을 부담하되 강좌 수료 시 환급받을 수 있으며, 서울시에 거주하는 4050 세대 시민이라면 누구나 주제별, 인기순 등 맞춤형 큐레이션을 통해 강좌를 추천받고, 자신의 학습 현황을 관리하는 등 편리한 학습환경을 이용할 수 있습니다. 4050 중장년 여러분의 많은 관심과 참여를 부탁드립니다.

● 행사안내 ●

1. 행 사 명 : 서울런 4050 중장년 특화 온라인 강좌
2. 행사신청 : 온라인 라이브 세미나, 학습창 클릭 시 유튜브 라이브 채널로 이동
3. 사전등록 : 2025. 10. 31.(금) 18:00까지 온라인으로 등록
4. 행사문의 : *4050 고객센터(02-123-4567) 문의*

※ 기타사항
- 안정적인 노후 준비와 지속적인 경제 활동을 원한다면 서울런 4050 중장년 특화 온라인 강좌와 함께 행복한 인생 2막을 준비해 보시기 바랍니다.
- 서울시평생학습포털 홈페이지(http://www.ihd.or.kr)에서 최초 1회 본인인증이 필요합니다.

2025. 09. 24.

# 서울시평생학습포털

## 인생 전환기

### 1. 기대수명이란?

기대수명(life expectancy)은 0세의 출생자가 향후 생존할 것으로 기대되는 평균 생존 연수를 말한다. 자살(自殺)이나 교통사고로 인한 생존 기간은 평균치 계산에 포함하지 않는다. 한국 인구의 기대수명은 1980년 62.3세에서 2022년 82.7세로 약 20년 늘어났다. 기대수명은 여자가 남자보다 길다. 한국인(Korean)의 기대수명⑤은 2010년을 전후로 80세까지 높아지면서 선진국(advanced country) 수준에 도달하였다. 기대수명의 연장(extension)은 노후 기간이 점차 길어짐을 뜻하며, 향후 경제성장(經濟成長)에 다양한 대비책을 마련할 필요도 있다.

### 2. 노후 대비란?

일반적으로 노후(老後) 대비는 자녀가 독립한 이후부터 준비하는 경우가 많다. 그러나 요즘은 결혼과 출산이 늦어지는 경향으로 인해 자녀 독립 시기가 늦춰지고 있어서 좀 더 일찍부터 계획을 세워 준비하는 것이 바람직하다. 노후 대비를 위해 가장 먼저 해야 할 일은 어떻게 자신이 살고 싶은가에 대해 목표를 세운 후 필요한 돈을 계산(計算)하는 것이다. 기본적으로 필요한 생활비는 사람마다 다르지만, 일반적인 평균(average) 금액은 통계청이나 국민연금연구원 등에서 발표한 예상 노후 생활비를 참조할 수 있다. 그러나 실제 필요한 금액은 성별, 주거 지역 등에 따라 차이가 있다. 여성은 남성보다 오래 살 수 있으므로 남성보다 노후 생활비(生活費)가 증가할 수 있다.

⑤ 기대수명을 평균수명이라고도 하는데, 사람들이 평균적으로 얼마나 오래 살 것인지를 나타낸다.

### 성별 기대수명(단위:세)

| 연도 | 남자 | 여자 |
|------|------|------|
| 2000 | 72.3 | 79.7 |
| 2010 | 76.8 | 83.6 |
| 2020 | 80.5 | 86.5 |
| 2030 | 84.1 | 90.8 |
| 평균 | 78.43 | 85.15 |

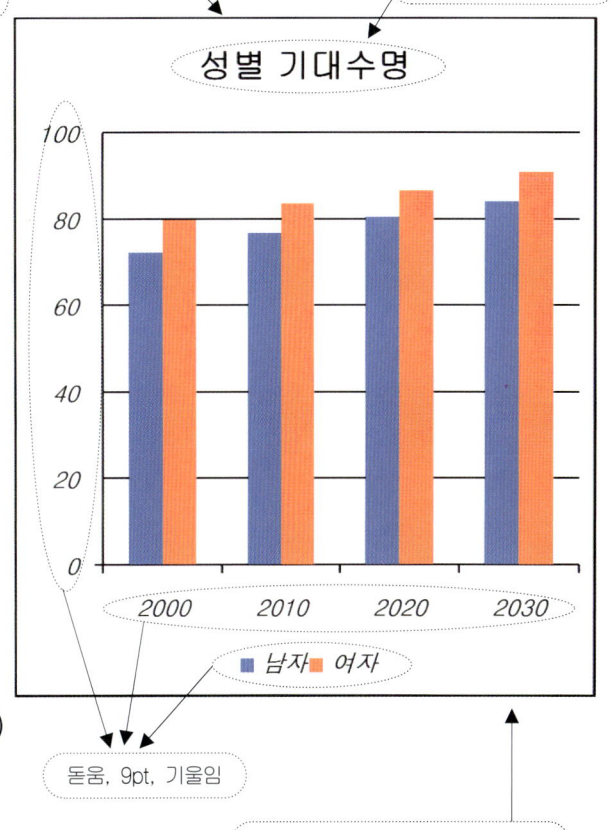

# 제05회 실전모의고사

한컴오피스 한글 2022 버전용

◎ 시험과목 : 워드프로세서(한글)
◎ 시험일자 : 20○○. ○○. ○○.(X)
◎ 응시자 기재사항 및 감독위원 확인

| 수검번호 | DIW - 0000 - | 감독위원 확인 |
|---|---|---|
| 성   명 | | |

## 응시자 유의사항

1. 응시자는 신분증을 지참하여야 시험에 응시할 수 있으며, 시험이 종료될 때까지 신분증을 제시하지 못 할 경우 해당 시험은 0점 처리됩니다.
2. 시스템(PC작동여부, 네트워크 상태 등)의 이상여부를 반드시 확인하여야 하며, 시스템 이상이 있을 시 감독위원에게 조치를 받으셔야 합니다.
3. 시험 중 부주의 또는 고의로 시스템을 파손한 경우는 수검자 부담으로 합니다.
4. 답안전송 프로그램을 통해 파일을 다운로드하여 답안 파일을 작성하시기 바랍니다.
5. 작성한 답안 파일은 답안전송 프로그램을 통하여 전송됩니다. 감독위원의 지시에 따라 주시기 바랍니다.
6. 다음 사항의 경우 실격(0점) 혹은 부정행위 처리됩니다.
    1) 답안 파일을 저장하지 않았거나, 저장한 파일이 손상되었을 경우
    2) 답안 파일을 지정된 폴더(바탕화면 - "KAIT" 폴더)에 저장하지 않았을 경우
        ※ 답안 전송 프로그램 로그인 시 바탕화면에 자동 생성됨
    3) 답안 파일을 다른 보조기억장치(USB) 혹은 네트워크(메신저, 게시판 등)로 전송할 경우
    4) 휴대용 전화기 등 통신기기를 사용할 경우
7. **시험지에 제시된 글꼴이 응시 프로그램에 없는 경우, 반드시 감독위원에게 해당 내용을 통보한 뒤 조치를 받아야 합니다.**
8. 시험의 완료는 작성이 완료된 답안을 저장하고, 답안 전송이 완료된 상태를 확인한 것으로 합니다. 답안 전송 확인 후 문제지는 감독위원에게 제출한 후 퇴실하여야 합니다.
9. 답안전송이 완료된 경우에는 수정 또는 정정이 불가능합니다.
10. 시험 시행 후 합격자 발표는 홈페이지(www.ihd.or.kr)에서 확인하시기 바랍니다.
    ※ 합격자 발표 : 20XX. XX. XX.(X)
    ※ 시험지 공개 : 20XX. XX. XX.(X)

# 디지털정보활용능력 - 한글    시험시간 : 40분

**【문제】 첨부된 문제를 다음의 조건을 적용하여 문서를 작성하시오.**

① 문서는 A4(210mm×297mm) 크기, 세로 용지 방향으로 작성한다.

② 페이지 여백은 아래와 같이 설정한다.

| 왼쪽 | 오른쪽 | 위쪽 | 아래쪽 | 머리말 | 꼬리말 | 제본 |
|------|--------|------|--------|--------|--------|------|
| 20mm | 20mm | 20mm | 20mm | 10mm | 10mm | 0mm |

③ 아래와 같이 "자동 글머리 기호 넣기"와 "자동 번호 매기기" 기능을 해제한다.

도구 → 빠른 교정 → 빠른 교정 내용 → 입력 자동 서식 ⇒ 자동 글머리 기호 넣기(해제)
자동 번호 매기기(해제)

※ 만약 입력자동서식 메뉴가 없는 경우에는, "자동 글머리 기호 넣기"와 "자동 번호 매기기" 기능이 설정되어 있지 않은 것이므로 별도의 기능 해제 없이 그대로 시험에 응시하시면 됩니다.

④ 글자는 별도의 지시사항이 없는 한 **바탕**, **10pt**, **양쪽정렬**, **줄간격 160%**로 작성한다.

⑤ 영문, 숫자 등은 별도의 지시가 없는 한 반각(1byte) 문자를 사용한다.

⑥ 특수문자는 문자표(전각 기호)를 이용하여 작성한다.

⑦ 교정부호 및 화살표로 기재된 지시사항대로 처리하되, ⟨⎯⎯⎯⟩→은 지시사항이므로 작성하지 않는다.

⑧ 1페이지에 [문제1]을 작성하고, 구역을 나누어 2페이지에 [문제2]를 작성한다.

※ 해당 페이지에 작성하지 않거나 의도적으로 텍스트 작성을 하지 않은 경우 0점 처리

⑨ [문제2]는 문제지와 같이 2단으로 다단을 나누어 작성한다.

⑩ '그림 삽입' 시에는 반드시 "KAIT 수검프로그램"을 통해 다운로드 한 그림 파일을 사용한다.

⑪ 총점 : 200점

  [공통사항1(기본설정, 용지설정)] : 8점, [공통사항2(오탈자)] : 40점

  [문제1] : 46점, [문제2] : 106점

⑫ 기타 특별히 지시되어 있지 않은 사항은 문제지에 준하여 작성한다.

# 전국청소년리더십스키캠프

청소년 리더십 스키캠프는 전국 초, 중, 고 학생들의 *리더십 함양과 체험학습의 기회를 제공*하고, 건강한 신체활동과 정신건강 함양을 위해 마련된 행사입니다. 국내 최상위 강사진들의 강습을 통하여 초보자들도 쉽게 스키를 즐길 수 있으며, 강습받지 않으시는 분들도 자유롭게 스키를 즐길 수 있습니다. 이번 행사는 서울시교육청, 서울어린이재단에서 후원하는 리더십 프로그램, 스포츠 레크리에이션 등의 다양한 프로그램도 진행되오니, 여러분의 많은 관심과 참여 바랍니다.

■ 참가안내 ■

1. 참가일정 : 2025. 12. 27. ~ 12. 28.
2. 참가장소 : 강원도 평창 알펜시아 리조트
3. 참가대상 : 초중고생, 대학생, 일반인
4. 참가접수 : <u>*청소년리더십캠프 홈페이지(http://www.ihd.or.kr)*</u>

※ 기타사항
- 프로그램 : 리더십 찾기 프로그램(꿈 찾기, 자아 찾기, 함께 하는 법 등), 스키 보드 강습 및 자유 스키, 스포츠 레크리에이션, 마술 교실, 풍등 만들기 등
- 제공혜택 : 왕복 교통(보험료 포함), 숙식 제공, 장비 렌탈, 리프트권, 무료 강습 등

2025. 12. 10.

청소년리더십캠프위원회

## 스키 상식 마당

### 1. 스키의 이해

스키 경기는 정해진 코스 안에서 시간으로 순위를 겨루는 경기로, 국제스키연맹의 국제경기 공통 규칙에 따르면 국제스키 경기의 종류에는 알파인(Alpine), 노르딕(Nordic), 스노보드(Snowboard) 등의 종목으로 나누어진다. 노르딕 스키에는 크로스컨트리와 스키점프, 그리고 두 가지를 합친 노르딕복합 종목이 있다. 알파인 스키에는 경사면을 100km 속도로 이상의 활주해 내려오는 활강과 기문을 지그재그로 지나치며 내려오는 회전 종목(種目)이 있다. 그 밖에 요즘은 젊은이들을 중심으로 고난도 묘기(妙技)를 선보이는 익스트림 가임(Extreme Game)Ⓐ 형태(形態)의 프리스타일 스키가 큰 인기를 끌고 있다.

### 2. 스키점프

활강과 비행(飛行)하는 모습이 화려하고 아름다워 '스키 경기의 꽃'으로 불리는 스키점프는 북유럽의 언덕이 많은 지방에서 시작된 경기이며, 스키를 타고 인공으로 만들어진 급경사면을 활강하여 내려오다 도약대에서 직선으로 허공을 가능한 한 멀리 날아가 착지하는 스포츠이다. 크로스컨트리 스키와 더불어 노르딕 스키의 한 종목으로 점프하는 거리뿐만 아니라 점프 스타일에 따라서 점수를 준다. 스키 점프 경기는 노멀 힐 경기, 라지 힐 경기, 스카이 플라잉 경기로 개최된다. 또한 여름에는 물과 합쳐진 자기로 된 트랙(Track)과 플라스틱 풀밭에서 수행(遂行)할 수 있다. 이처럼 스키 점프는 겨울 스포츠로 동계 올림픽의 일부가 되어 있지만 여름에도 즐길 수 있다.

---

Ⓐ 여러 가지 묘기를 펼치는 레저스포츠를 통칭

### 스키캠프 참가자 현황

| 구분 | 남 | 여 |
|------|-----|-----|
| 초등부 | 34 | 38 |
| 중등부 | 35 | 40 |
| 고등부 | 23 | 25 |
| 대학생 | 26 | 22 |
| 합계 | 118 | 125 |

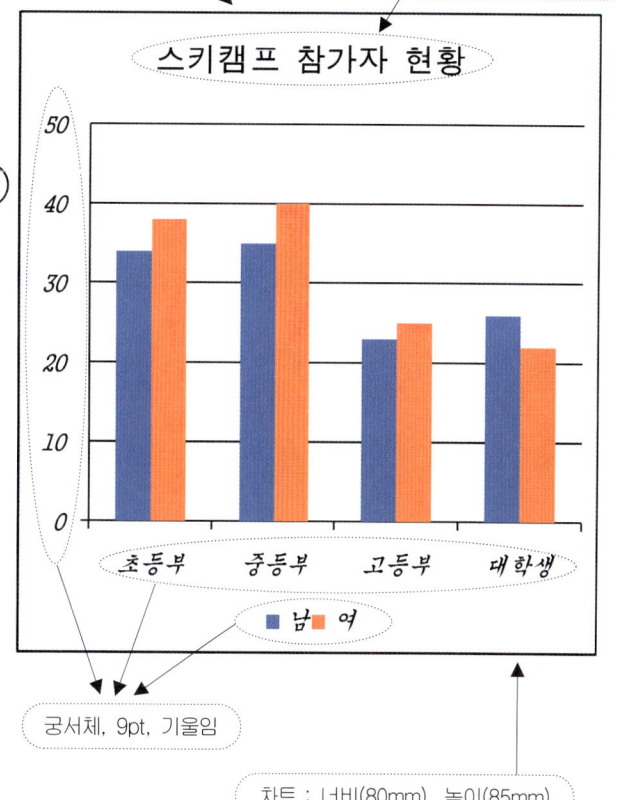

# 제06회 실전모의고사

한컴오피스 한글 2022 버전용

◎ 시험과목 : 워드프로세서(한글)
◎ 시험일자 : 20○○. ○○. ○○.(X)
◎ 응시자 기재사항 및 감독위원 확인

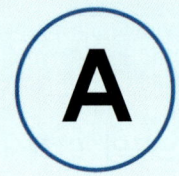

| 수검번호 | DIW - 0000 - | 감독위원 확인 |
|---|---|---|
| 성 명 | | |

## 응시자 유의사항

1. 응시자는 신분증을 지참하여야 시험에 응시할 수 있으며, 시험이 종료될 때까지 신분증을 제시하지 못 할 경우 해당 시험은 0점 처리됩니다.
2. 시스템(PC작동여부, 네트워크 상태 등)의 이상여부를 반드시 확인하여야 하며, 시스템 이상이 있을 시 감독위원에게 조치를 받으셔야 합니다.
3. 시험 중 부주의 또는 고의로 시스템을 파손한 경우는 수검자 부담으로 합니다.
4. 답안전송 프로그램을 통해 파일을 다운로드하여 답안 파일을 작성하시기 바랍니다.
5. 작성한 답안 파일은 답안전송 프로그램을 통하여 전송됩니다. 감독위원의 지시에 따라 주시기 바랍니다.
6. 다음 사항의 경우 실격(0점) 혹은 부정행위 처리됩니다.
    1) 답안 파일을 저장하지 않았거나, 저장한 파일이 손상되었을 경우
    2) 답안 파일을 지정된 폴더(바탕화면 – "KAIT" 폴더)에 저장하지 않았을 경우
        ※ 답안 전송 프로그램 로그인 시 바탕화면에 자동 생성됨
    3) 답안 파일을 다른 보조기억장치(USB) 혹은 네트워크(메신저, 게시판 등)로 전송할 경우
    4) 휴대용 전화기 등 통신기기를 사용할 경우
7. **시험지에 제시된 글꼴이 응시 프로그램에 없는 경우, 반드시 감독위원에게 해당 내용을 통보한 뒤 조치를 받아야 합니다.**
8. 시험의 완료는 작성이 완료된 답안을 저장하고, 답안 전송이 완료된 상태를 확인한 것으로 합니다. 답안 전송 확인 후 문제지는 감독위원에게 제출한 후 퇴실하여야 합니다.
9. 답안전송이 완료된 경우에는 수정 또는 정정이 불가능합니다.
10. 시험 시행 후 합격자 발표는 홈페이지(www.ihd.or.kr)에서 확인하시기 바랍니다.
    ※ 합격자 발표 : 20XX. XX. XX.(X)
    ※ 시험지 공개 : 20XX. XX. XX.(X)

# 디지털정보활용능력 – 한글    시험시간 : 40분

**【문제】 첨부된 문제를 다음의 조건을 적용하여 문서를 작성하시오.**

① 문서는 A4(210mm×297mm) 크기, 세로 용지 방향으로 작성한다.

② 페이지 여백은 아래와 같이 설정한다.

| 왼쪽 | 오른쪽 | 위쪽 | 아래쪽 | 머리말 | 꼬리말 | 제본 |
|---|---|---|---|---|---|---|
| 20mm | 20mm | 20mm | 20mm | 10mm | 10mm | 0mm |

③ 아래와 같이 "자동 글머리 기호 넣기"와 "자동 번호 매기기" 기능을 해제한다.

> 도구 → 빠른 교정 → 빠른 교정 내용 → 입력 자동 서식 ⇒ 자동 글머리 기호 넣기(해제)
> 자동 번호 매기기(해제)

※ 만약 입력자동서식 메뉴가 없는 경우에는, "자동 글머리 기호 넣기"와 "자동 번호 매기기" 기능이 설정되어 있지 않은 것이므로 별도의 기능 해제 없이 그대로 시험에 응시하시면 됩니다.

④ 글자는 별도의 지시사항이 없는 한 **바탕**, **10pt**, **양쪽정렬**, **줄간격 160%**로 작성한다.

⑤ 영문, 숫자 등은 별도의 지시가 없는 한 반각(1byte) 문자를 사용한다.

⑥ 특수문자는 문자표(전각 기호)를 이용하여 작성한다.

⑦ 교정부호 및 화살표로 기재된 지시사항대로 처리하되, ⬚→은 지시사항이므로 작성하지 않는다.

⑧ 1페이지에 [문제1]을 작성하고, 구역을 나누어 2페이지에 [문제2]를 작성한다.

※ 해당 페이지에 작성하지 않거나 의도적으로 텍스트 작성을 하지 않은 경우 0점 처리

⑨ [문제2]는 문제지와 같이 2단으로 다단을 나누어 작성한다.

⑩ '그림 삽입' 시에는 반드시 "KAIT 수검프로그램"을 통해 다운로드 한 그림 파일을 사용한다.

⑪ 총점 : 200점

   [공통사항1(기본설정, 용지설정)] : 8점, [공통사항2(오탈자)] : 40점

   [문제1] : 46점, [문제2] : 106점

⑫ 기타 특별히 지시되어 있지 않은 사항은 문제지에 준하여 작성한다.

# 스마트전기차박람회

국내 자동차 시장의 패러다임이 변화함에 따라 스마트 전기차와 관련된 신기술을 주도하고 있는 스마트카산업협회에서는 창립 25주년을 맞아 소비자들과의 소중한 시간을 마련하였습니다. 새로운 기술개발과 마케팅 전략을 수립해 ***전기차의 대중화를 위한 뜻깊은 행사***가 되리라 확신합니다. 스마트카를 주제로 한 컨셉카 소개와 전기차 운전, 카셰어링 등의 여러 행사도 진행될 예정이니 스마트카와 더불어 전기차에 관심 있는 여러분들의 많은 참여를 기다립니다.

## ○ 행사안내 ○

1. 행사일시 : 2026. 03. 11.(수) ~ 03. 13.(금) 13:00 ~ 17:00
2. 행사장소 : 자세한 내용은 홈페이지(http://www.ihd.or.kr)에서 확인
3. 행사협조 : 스마트자동차협회, 한국일보
4. 참가대상 : **<u>스마트자동차에 관심 있는 20세 이상 성인 남녀</u>**

※ 기타사항
- 행사접수는 당일 입구에서 선착순으로 진행되오니 시간 내 참석하시어 접수 시 배부되는 팜플렛과 응모권을 수령하고 입장해주시기 바랍니다.
- 기타 자세한 사항은 스마트카산업협회 홍보부(02-1234-4321)로 문의하시기 바랍니다.

2026. 02. 23.

## 스마트카산업협회

- i -

# 스마트카와 전기차

## 1. 스마트카

예전에는 단순한 제조업이던 자동차산업이 IT 첨단기술과 융합(融合)하여 더욱 편리한 운전을 위한 스마트카 시장으로써 급부상하고 있다. 스마트카는 차량 내부와 외부 네트워크 간에 자유로운 연결 시스템(System)을 갖추고 있어서 커넥티드카(Connected Car)라고도 불린다. 최근에는 운전사들에게 더욱 안전하고 편안한 서비스를 제공할 뿐만 아니라 위치정보서비스 등의 지리정보서비스도 제공한다. 또한 소셜네트워크서비스나 게임(Game) 등과 같은 오락성과 함께 정보(情報) 전달을 가리키는 인포테인먼트(Infortainment) 서비스가 주목받고 있다.

## 2. 전기차

산업(産業)이 발달함에 따라 여러 나라에서 환경문제인 이산화탄소 배출량을 줄이기 위해 갖은 노력을 하고 있다. 이러한 움직임에 자동차산업의 패러다임ⓐ 또한 변화하고 있는데, 그 노력의 하나로 100% 전력만을 이용해 작동하는 전기차(Electronic vehicles) 생산에도 주력하고 있다. 특히 운행 중 매연(煤煙)을 배출하지 않는다는 큰 장점이 있어 지구온난화의 원인인 이산화탄소를 줄이는 데 큰 역할(役割)을 한다. 최초의 전기차는 1834년에 스코틀랜드의 로버트 앤더슨에 의해서 만들어졌다. 한때는 미국에서 전기 택시가 주요 도시를 수년간 중심으로 운행되었지만, 사업전략의 미숙으로 더욱 발전되지 못하고 20세기에는 대부분 내연기관 자동차가 운행되었다.

---

ⓐ 한 시대를 지배하는 과학적 인식 및 이론, 관습, 가치관 등이 결합된 총체적인 틀을 말한다.

### 국내 스마트카 평균가(단위 : 천원)

| 회사 | 평균가 |
|---|---|
| A사 | 31,000 |
| B사 | 47,500 |
| C사 | 29,970 |
| D사 | 33,930 |
| 평균 | 35,600.00 |

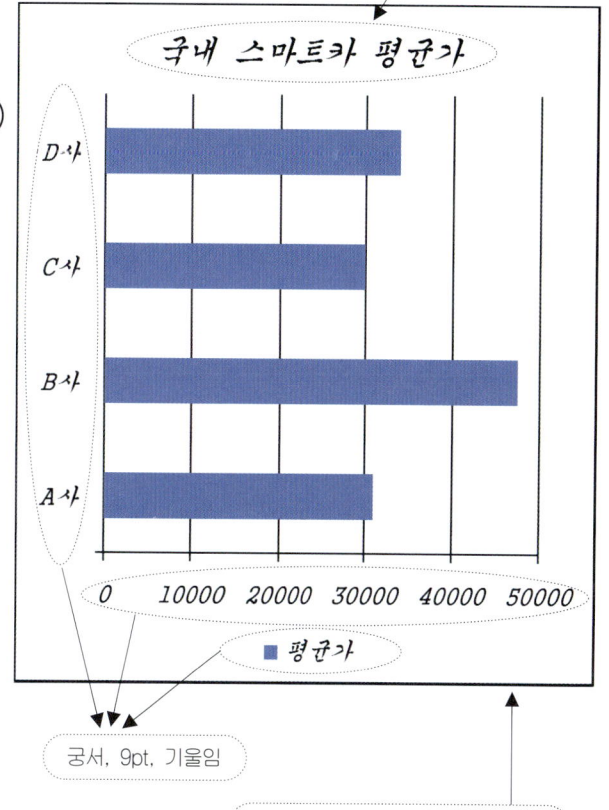

# 제07회 실전모의고사

한컴오피스 한글 2022 버전용

◎ 시험과목 : 워드프로세서(한글)
◎ 시험일자 : 20○○. ○○. ○○.(X)
◎ 응시자 기재사항 및 감독위원 확인

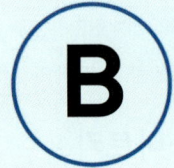

| 수검번호 | DIW - 0000 - | 감독위원 확인 |
|---|---|---|
| 성 명 | | |

## 응시자 유의사항

1. 응시자는 신분증을 지참하여야 시험에 응시할 수 있으며, 시험이 종료될 때까지 신분증을 제시하지 못 할 경우 해당 시험은 0점 처리됩니다.
2. 시스템(PC작동여부, 네트워크 상태 등)의 이상여부를 반드시 확인하여야 하며, 시스템 이상이 있을 시 감독위원에게 조치를 받으셔야 합니다.
3. 시험 중 부주의 또는 고의로 시스템을 파손한 경우는 수검자 부담으로 합니다.
4. 답안전송 프로그램을 통해 파일을 다운로드하여 답안 파일을 작성하시기 바랍니다.
5. 작성한 답안 파일은 답안전송 프로그램을 통하여 전송됩니다. 감독위원의 지시에 따라 주시기 바랍니다.
6. 다음 사항의 경우 실격(0점) 혹은 부정행위 처리됩니다.
    1) 답안 파일을 저장하지 않았거나, 저장한 파일이 손상되었을 경우
    2) 답안 파일을 지정된 폴더(바탕화면 - "KAIT" 폴더)에 저장하지 않았을 경우
        ※ 답안 전송 프로그램 로그인 시 바탕화면에 자동 생성됨
    3) 답안 파일을 다른 보조기억장치(USB) 혹은 네트워크(메신저, 게시판 등)로 전송할 경우
    4) 휴대용 전화기 등 통신기기를 사용할 경우
7. **시험지에 제시된 글꼴이 응시 프로그램에 없는 경우, 반드시 감독위원에게 해당 내용을 통보한 뒤 조치를 받아야 합니다.**
8. 시험의 완료는 작성이 완료된 답안을 저장하고, 답안 전송이 완료된 상태를 확인한 것으로 합니다. 답안 전송 확인 후 문제지는 감독위원에게 제출한 후 퇴실하여야 합니다.
9. 답안전송이 완료된 경우에는 수정 또는 정정이 불가능합니다.
10. 시험 시행 후 합격자 발표는 홈페이지(www.ihd.or.kr)에서 확인하시기 바랍니다.
    ※ 합격자 발표 : 20XX. XX. XX.(X)
    ※ 시험지 공개 : 20XX. XX. XX.(X)

# 디지털정보활용능력 – 한글    시험시간 : 40분

**【문제】** 첨부된 문제를 다음의 조건을 적용하여 문서를 작성하시오.

① 문서는 A4(210mm×297mm) 크기, 세로 용지 방향으로 작성한다.

② 페이지 여백은 아래와 같이 설정한다.

| 왼쪽 | 오른쪽 | 위쪽 | 아래쪽 | 머리말 | 꼬리말 | 제본 |
|---|---|---|---|---|---|---|
| 20mm | 20mm | 20mm | 20mm | 10mm | 10mm | 0mm |

③ 아래와 같이 "자동 글머리 기호 넣기"와 "자동 번호 매기기" 기능을 해제한다.

> 도구 → 빠른 교정 → 빠른 교정 내용 → 입력 자동 서식 ⇒ 자동 글머리 기호 넣기(해제)
> 자동 번호 매기기(해제)

※ 만약 입력자동서식 메뉴가 없는 경우에는, "자동 글머리 기호 넣기"와 "자동 번호 매기기" 기능이 설정되어 있지 않은 것이므로 별도의 기능 해제 없이 그대로 시험에 응시하시면 됩니다.

④ 글자는 별도의 지시사항이 없는 한 바탕, 10pt, 양쪽정렬, 줄간격 160%로 작성한다.

⑤ 영문, 숫자 등은 별도의 지시가 없는 한 반각(1byte) 문자를 사용한다.

⑥ 특수문자는 문자표(전각 기호)를 이용하여 작성한다.

⑦ 교정부호 및 화살표로 기재된 지시사항대로 처리하되, ──→은 지시사항이므로 작성하지 않는다.

⑧ 1페이지에 [문제1]을 작성하고, 구역을 나누어 2페이지에 [문제2]를 작성한다.

※ 해당 페이지에 작성하지 않거나 의도적으로 텍스트 작성을 하지 않은 경우 0점 처리

⑨ [문제2]는 문제지와 같이 2단으로 다단을 나누어 작성한다.

⑩ '그림 삽입' 시에는 반드시 "KAIT 수검프로그램"을 통해 다운로드 한 그림 파일을 사용한다.

⑪ 총점 : 200점

[공통사항1(기본설정, 용지설정)] : 8점, [공통사항2(오탈자)] : 40점

[문제1] : 46점, [문제2] : 106점

⑫ 기타 특별히 지시되어 있지 않은 사항은 문제지에 준하여 작성한다.

# 항공우주체험박람회

우리나라도 항공 우주 산업에 대한 관심이 날로 높아지고 있어, 미래의 항공 우주 산업발전 동력을 마련하기 위해 *항공 우주 산업에 대한 관심 및 인재 육성*이 필요한 시점입니다. 이와 관련하여 아래와 같이 "항공우주체험 박람회"를 개최하고자 합니다. 전시회, 체험관, 연구관과 다양한 부대행사를 마련하고 있어서 관련 분야 연구원은 물론 미래 과학자를 꿈꾸는 학생들에게도 좋은 경험이 될 수 있을 것입니다. 본 행사에 많은 관심과 참여를 부탁드립니다.

☆ 참가 안내 ☆

1. 개최기간 : 2025년 10월 23일(목) ~ 26일(일), 08:30 ~ 18:00
2. 행사주최 : 대한항공우주협회
3. 행사장소 : 한국전시회관 3층 대서양홀
4. 입 장 료 : <u>*일반(10,000원), 초등학생 이하 어린이(6,000원)*</u>

※ 기타사항

- 인터넷 사이트(http://www.ihd.or.kr)에서 사전 예약을 하시면 10% 할인된 가격으로 예매할 수 있으며, 참가하신 모든 분께 달모형 열쇠고리 기념품을 드립니다.
- 박람회 문의 콜센터 : 1533-5353(운영시간 : 오전 8시 ~ 오후 7시)

2025. 10. 01.

## 대한항공우주협회

# 우주 탐사의 역사

## 1. 달 탐사 역사

지구에서 보낸 탐사선을 이용한 본격적인 달 탐사(探査)의 역사는 1959년부터 시작되었다. 최초로 소련이 발사한 탐사선이 달 궤도에 진입하는 데 성공하였는데, 초기의 탐사선들은 달 표면에 착륙하여 주변의 지형을 관측하는 것이 주요 목표였다. 탐사선을 통한 관측(觀測) 형태의 탐사가 계속되다가 1960년대에 들어서 달에 직접 인간이 착륙하여 탐사하려는 시도와 가능성이 점점 늘어났다. 1968년 아폴로(Apollo) 8호는 달 궤도를 10여 차례 돌고 지구로 귀환(歸還)하는 데 성공하였고, 마침내 1969년 7월 아폴로 11호는 암스트롱을 태우고 달 착륙에 성공하였다. 약 22시간 동안 체류하면서 21.7kg에 이르는 표본을 채취하고 설치한 장비를 후 지구에 성공적으로 귀환하였다. 이는 인류 최초의 달 착륙이라는 항공 우주 산업 역사의 중요한 사건이었다.

## 2. 한국의 우주 탐사

한국의 우주 탐사 역사는 그리 길지 않다. 1992년 한국 최초의 과학 위성인 우리별 1호가 성공적으로 발사되면서 한국도 인공위성(人工衛星) 보유국이 되었다. 이후 과학실험위성, 통신방송위성, 해양기상위성, 다목적 실용위성 등을 연이어 발사하였다. 그리고 2013년 1월 한국 최초 우주발사체인 나로호 발사에 성공하였다. 나로호 발사 성공으로 한국은 스페이스 클럽①에 이름을 올렸으나, 아직 한국의 우주산업은 실험 정도에 그치고 선진국에 비해 뒤떨어진 수준이어서, 우주산업 관련 인력양성과 기술 고도화(高度化)가 요구된다.

### 인공위성 발사국 현황(단위:개)

| 연도 | 발사 국가 | 자체 기술 발사 |
|---|---|---|
| 1960년대 | 4 | 1 |
| 1970년대 | 4 | 4 |
| 1980년대 | 2 | 2 |
| 1990년대 | 3 | 2 |
| 합계 | 13 | 9 |

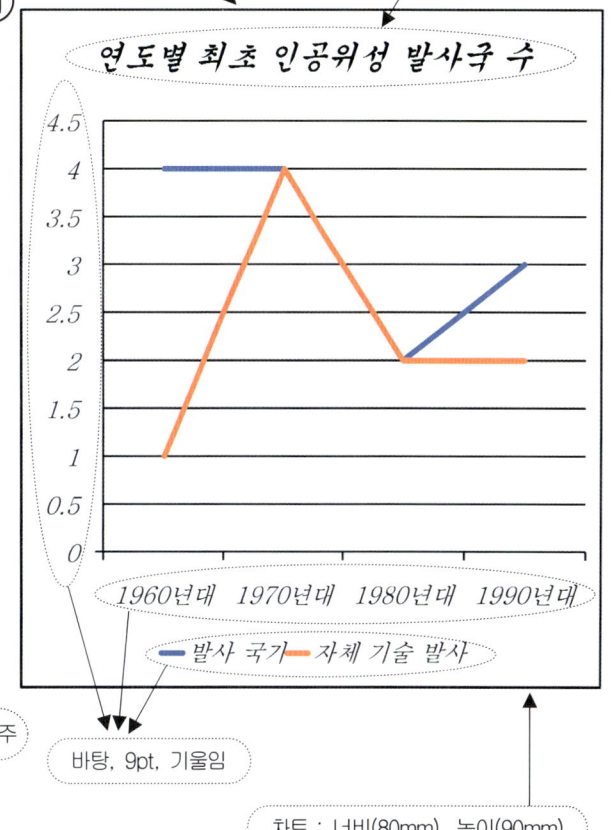

---

① 자국에서 자국 발사체로 자국 위성을 쏘아 올린 국가

# 제08회 실전모의고사

한컴오피스 한글 2022 버전용

◎ 시험과목 : 워드프로세서(한글)
◎ 시험일자 : 20○○. ○○. ○○.(X)
◎ 응시자 기재사항 및 감독위원 확인

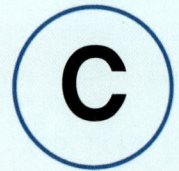

| 수검번호 | DIW - 0000 - | 감독위원 확인 |
|---|---|---|
| 성 명 | | |

## 응시자 유의사항

1. 응시자는 신분증을 지참하여야 시험에 응시할 수 있으며, 시험이 종료될 때까지 신분증을 제시하지 못 할 경우 해당 시험은 0점 처리됩니다.
2. 시스템(PC작동여부, 네트워크 상태 등)의 이상여부를 반드시 확인하여야 하며, 시스템 이상이 있을 시 감독위원에게 조치를 받으셔야 합니다.
3. 시험 중 부주의 또는 고의로 시스템을 파손한 경우는 수검자 부담으로 합니다.
4. 답안전송 프로그램을 통해 파일을 다운로드하여 답안 파일을 작성하시기 바랍니다.
5. 작성한 답안 파일은 답안전송 프로그램을 통하여 전송됩니다. 감독위원의 지시에 따라 주시기 바랍니다.
6. 다음 사항의 경우 실격(0점) 혹은 부정행위 처리됩니다.
    1) 답안 파일을 저장하지 않았거나, 저장한 파일이 손상되었을 경우
    2) 답안 파일을 지정된 폴더(바탕화면 - "KAIT"폴더)에 저장하지 않았을 경우
        ※ 답안 전송 프로그램 로그인 시 바탕화면에 자동 생성됨
    3) 답안 파일을 다른 보조기억장치(USB) 혹은 네트워크(메신저, 게시판 등)로 전송할 경우
    4) 휴대용 전화기 등 통신기기를 사용할 경우
7. **시험지에 제시된 글꼴이 응시 프로그램에 없는 경우, 반드시 감독위원에게 해당 내용을 통보한 뒤 조치를 받아야 합니다.**
8. 시험의 완료는 작성이 완료된 답안을 저장하고, 답안 전송이 완료된 상태를 확인한 것으로 합니다. 답안 전송 확인 후 문제지는 감독위원에게 제출한 후 퇴실하여야 합니다.
9. 답안전송이 완료된 경우에는 수정 또는 정정이 불가능합니다.
10. 시험 시행 후 합격자 발표는 홈페이지(www.ihd.or.kr)에서 확인하시기 바랍니다.
    ※ 합격자 발표 : 20XX. XX. XX.(X)
    ※ 시험지 공개 : 20XX. XX. XX.(X)

# 디지털정보활용능력 - 한글    시험시간 : 40분

**【문제】** 첨부된 문제를 다음의 조건을 적용하여 문서를 작성하시오.

① 문서는 A4(210mm×297mm) 크기, 세로 용지 방향으로 작성한다.

② 페이지 여백은 아래와 같이 설정한다.

| 왼쪽 | 오른쪽 | 위쪽 | 아래쪽 | 머리말 | 꼬리말 | 제본 |
|------|--------|------|--------|--------|--------|------|
| 20mm | 20mm | 20mm | 20mm | 10mm | 10mm | 0mm |

③ 아래와 같이 "자동 글머리 기호 넣기"와 "자동 번호 매기기" 기능을 해제한다.

> 도구 → 빠른 교정 → 빠른 교정 내용 → 입력 자동 서식 ⇒ 자동 글머리 기호 넣기(해제)
> 자동 번호 매기기(해제)

※ 만약 입력자동서식 메뉴가 없는 경우에는, "자동 글머리 기호 넣기"와 "자동 번호 매기기" 기능이 설정되어 있지 않은 것이므로 별도의 기능 해제 없이 그대로 시험에 응시하시면 됩니다.

④ 글자는 별도의 지시사항이 없는 한 **바탕**, **10pt**, **양쪽정렬**, **줄간격 160%**로 작성한다.

⑤ 영문, 숫자 등은 별도의 지시가 없는 한 반각(1byte) 문자를 사용한다.

⑥ 특수문자는 문자표(전각 기호)를 이용하여 작성한다.

⑦ 교정부호 및 화살표로 기재된 지시사항대로 처리하되, ◯────→은 지시사항이므로 작성하지 않는다.

⑧ 1페이지에 [문제1]을 작성하고, 구역을 나누어 2페이지에 [문제2]를 작성한다.

※ 해당 페이지에 작성하지 않거나 의도적으로 텍스트 작성을 하지 않은 경우 0점 처리

⑨ [문제2]는 문제지와 같이 2단으로 다단을 나누어 작성한다.

⑩ '그림 삽입' 시에는 반드시 "KAIT 수검프로그램"을 통해 다운로드 한 그림 파일을 사용한다.

⑪ 총점 : 200점

[공통사항1(기본설정, 용지설정)] : 8점, [공통사항2(오탈자)] : 40점

[문제1] : 46점, [문제2] : 106점

⑫ 기타 특별히 지시되어 있지 않은 사항은 문제지에 준하여 작성한다.

# 춘향사랑그림그리기대회

우리나라 전통축제인 춘향제에서는 전통문화, 공연/전시 예술, 놀이/체험 행사가 진행되며, 춘향사랑 그림그리기 대회는 성춘향과 이도령의 아름다운 사랑을 기리기 위한 부대행사로 만남, 맹약, 사랑, 이별을 학생들이 그림으로 자유롭게 표현함으로써 **예술 창의성을 발휘하고 추억**할 수 있는 좋은 기회가 될 것입니다. 춘향의 절개와 정절을 부덕의 상징으로 숭상하고 이를 기리기 위한 춘향제를 더욱 빛낼 수 있도록 이번 대회에 청소년 여러분들의 많은 관심과 참여 바랍니다.

◎ 대회안내 ◎

1. 대회일시 : 2025. 10. 25.(일) 10:00 ~ 12:00
2. 대회장소 : 광한루 행사장 일원
3. 참가대상 : 초, 중, 고등학교 재학생(각 부문별 선착순 100명)
4. 접수장소 : ***춘향제전위원회 사무실(온라인 접수 가능)***

※ 기타사항
- 자세한 일정 및 대회 요강은 홈페이지(http://www.ihd.or.kr)를 참조하시고, 신청서는 양식에 맞춰 작성하여 제출해 주시기 바랍니다.
- 기타 자세한 사항은 행사 담당자(02-123-4567)에게 문의하시기 바랍니다.

2025. 10. 01.

# 춘향제전위원회

- 갑 -

# 광한루와 춘향제

## 1. 광한루

보물 제281호. 조선시대의 재상(宰相) 황희가 남원으로 유배(流配) 가서 1419년에 현재보다 규모가 작은 누를 지어 광통루라 했는데, 1444년 전라관찰사 정인지에 의해서 광한루라 불리게 되었다. 1461년 신임부사인 장의국이 요천강물을 끌어다 연못을 조성하고 4개의 홍예로 구성된 오작교를 화강암(Granite)과 강돌로 축조하여 월궁의 모습을 갖추게 되었다. 1584년 송강 정철에 의해 수리(Repair)될 때 봉래, 방장, 영주의 삼신산을 연못 속에 축조하므로 광한루, 오작교와 더불어 월궁과 같은 선경을 상징(象徵)하게 되었다.

## 2. 춘향제 행사

남원을 대표하는 축제인 춘향제(春香祭)는 1931년 일제강점기에 지역 유지였던 이현순과 남원권번 이백삼이 주축이 되어 시작되었다. 춘향 문화와 춘향 정신(Spirit)의 계승을 목적으로 전국적으로 모금행사를 벌여 춘향사당을 건립하였으며, 1931년 6월 20일에 처음으로 춘향제향을 드린 것이 모태ⓐ가 되었다. 춘향제는 한국 최초의 전국적 축제(Festival)이자 최고령의 축제로서, 춘향의 절개와 정절을 부덕의 상징으로 숭상하고 지역문화의 화합과 춘향 문화의 세계화를 통해 사랑의 도시 남원의 정신을 드높이기 위하여 매년 5월 단오를 전후로 하여 개최되고 있다. 전통문화 축제로서의 창조적 계승(Succession)을 위해 춘향제향을 복원하고, 지역 주민과 여행객의 춘향 문화를 공동 체험하며, 고전문학인 춘향전의 기반을 굳건히 하는 기회로 활용(活用)되고 있다.

---

ⓐ 사물이 발생하거나 발전하는 데 근거가 되는 말

### 춘향제축제 관람객(단위 : 천 명)

| 연도 | 관람객 |
|---|---|
| 2022년 | 890 |
| 2023년 | 720 |
| 2024년 | 910 |
| 2025년 | 930 |
| 합계 | 3,450 |

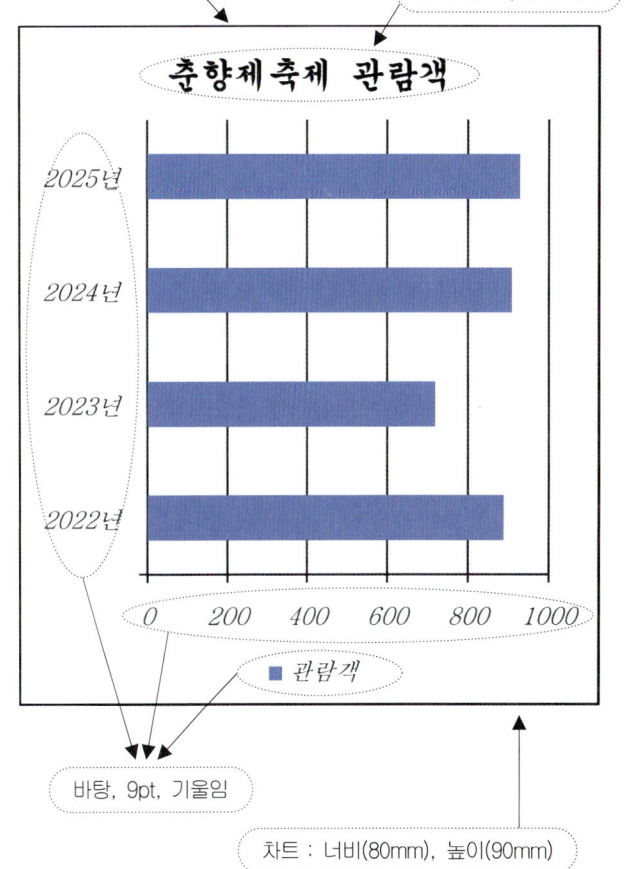

# 제09회 실전모의고사

한컴오피스 한글 2022 버전용

◎ 시험과목 : 워드프로세서(한글)
◎ 시험일자 : 20○○.○○.○○.(X)
◎ 응시자 기재사항 및 감독위원 확인

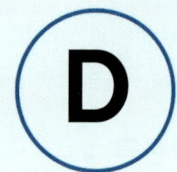

| 수검번호 | DIW - 0000 - | 감독위원 확인 |
|---|---|---|
| 성 명 | | |

## 응시자 유의사항

1. 응시자는 신분증을 지참하여야 시험에 응시할 수 있으며, 시험이 종료될 때까지 신분증을 제시하지 못 할 경우 해당 시험은 0점 처리됩니다.
2. 시스템(PC작동여부, 네트워크 상태 등)의 이상여부를 반드시 확인하여야 하며, 시스템 이상이 있을 시 감독위원에게 조치를 받으셔야 합니다.
3. 시험 중 부주의 또는 고의로 시스템을 파손한 경우는 수검자 부담으로 합니다.
4. 답안전송 프로그램을 통해 파일을 다운로드하여 답안 파일을 작성하시기 바랍니다.
5. 작성한 답안 파일은 답안전송 프로그램을 통하여 전송됩니다. 감독위원의 지시에 따라 주시기 바랍니다.
6. 다음 사항의 경우 실격(0점) 혹은 부정행위 처리됩니다.
    1) 답안 파일을 저장하지 않았거나, 저장한 파일이 손상되었을 경우
    2) 답안 파일을 지정된 폴더(바탕화면 - "KAIT" 폴더)에 저장하지 않았을 경우
        ※ 답안 전송 프로그램 로그인 시 바탕화면에 자동 생성됨
    3) 답안 파일을 다른 보조기억장치(USB) 혹은 네트워크(메신저, 게시판 등)로 전송할 경우
    4) 휴대용 전화기 등 통신기기를 사용할 경우
7. **시험지에 제시된 글꼴이 응시 프로그램에 없는 경우, 반드시 감독위원에게 해당 내용을 통보한 뒤 조치를 받아야 합니다.**
8. 시험의 완료는 작성이 완료된 답안을 저장하고, 답안 전송이 완료된 상태를 확인한 것으로 합니다. 답안 전송 확인 후 문제지는 감독위원에게 제출한 후 퇴실하여야 합니다.
9. 답안전송이 완료된 경우에는 수정 또는 정정이 불가능합니다.
10. 시험 시행 후 합격자 발표는 홈페이지(www.ihd.or.kr)에서 확인하시기 바랍니다.
    ※ 합격자 발표 : 20XX. XX. XX.(X)
    ※ 시험지 공개 : 20XX. XX. XX.(X)

# 디지털정보활용능력 – 한글    시험시간 : 40분

**【문제】** 첨부된 문제를 다음의 조건을 적용하여 문서를 작성하시오.

① 문서는 A4(210mm×297mm) 크기, 세로 용지 방향으로 작성한다.

② 페이지 여백은 아래와 같이 설정한다.

| 왼쪽 | 오른쪽 | 위쪽 | 아래쪽 | 머리말 | 꼬리말 | 제본 |
|---|---|---|---|---|---|---|
| 20mm | 20mm | 20mm | 20mm | 10mm | 10mm | 0mm |

③ 아래와 같이 "자동 글머리 기호 넣기"와 "자동 번호 매기기" 기능을 해제한다.

도구 → 빠른 교정 → 빠른 교정 내용 → 입력 자동 서식 ⇒ 자동 글머리 기호 넣기(해제)
자동 번호 매기기(해제)

※ 만약 입력자동서식 메뉴가 없는 경우에는, "자동 글머리 기호 넣기"와 "자동 번호 매기기" 기능이 설정되어 있지 않은 것이므로 별도의 기능 해제 없이 그대로 시험에 응시하시면 됩니다.

④ 글자는 별도의 지시사항이 없는 한 **바탕**, **10pt**, **양쪽정렬**, **줄간격 160%**로 작성한다.

⑤ 영문, 숫자 등은 별도의 지시가 없는 한 반각(1byte) 문자를 사용한다.

⑥ 특수문자는 문자표(전각 기호)를 이용하여 작성한다.

⑦ 교정부호 및 화살표로 기재된 지시사항대로 처리하되, ⬚→은 지시사항이므로 작성하지 않는다.

⑧ 1페이지에 [문제1]을 작성하고, 구역을 나누어 2페이지에 [문제2]를 작성한다.

※ 해당 페이지에 작성하지 않거나 의도적으로 텍스트 작성을 하지 않은 경우 0점 처리

⑨ [문제2]는 문제지와 같이 2단으로 다단을 나누어 작성한다.

⑩ '그림 삽입' 시에는 반드시 "KAIT 수검프로그램"을 통해 다운로드 한 그림 파일을 사용한다.

⑪ 총점 : 200점

[공통사항1(기본설정, 용지설정)] : 8점, [공통사항2(오탈자)] : 40점

[문제1] : 46점, [문제2] : 106점

⑫ 기타 특별히 지시되어 있지 않은 사항은 문제지에 준하여 작성한다.

# 대한민국건강걷기캠페인

국민건강보험공단이 건강생활 실천 확산을 위해 **전국 주요 지역에서 건강걷기대회를 개최**합니다. 또한 시민들의 건강생활 실천에 도움을 주기 위한 암 예방 홍보관, 심폐소생술 체험관, 한방진료, 안과와 치과 체험관 등을 운영하며, 건강생활 실천을 위한 상담과 체험을 통해 스스로 건강관리 의식을 가질 수 있도록 유도하고 올바른 생활 습관에 대한 이해와 관심을 가지기 위한 자리도 마련하였습니다. 건강걷기 캠페인에 관심이 있는 시민들의 적극적인 참여 부탁드립니다.

★ 안내사항 ★

1. 행 사 명 : 국민건강보험과 함께하는 건강걷기대회
2. 행사일시 : 2026. 02. 28.(토) 09:30 ~ 16:00
3. 행사장소 : *해당지역 홈페이지(http://www.ihd.or.kr) 참조*
4. 참가대상 : 지역주민 누구나

※ 기타사항

- 사전 신청자 중 선착순 100분에게는 비만클리닉에서 제공하는 비만도 검진을 현장에서 받으실 수 있는 무료 쿠폰을 발급해 드립니다.
- 기타사항 안내는 담당 부서(전화 02-200-1234)로 문의하시기 바랍니다.

2026. 02. 10.

국민건강보험공단

# 유산소 운동

## 1. 유산소 운동

유산소 운동은 걷기, 달리기, 수영, 댄싱, 자전거 타기 등과 같이 심폐기능을 강화해 신체에 유익한 변화(變化)를 가져온다. 유산소 운동을 하는 동안 심장(心臟)이 뛰는 속도는 최소한 20분 동안 실행자의 운동 수준에 맞게 높아져야 한다. 에어로빅 같은 유산소 운동을 통해서 심장혈관의 기능과 호흡 기능을 향상(向上)시킬 수 있다. 성인에게 있어 신체 단련, 특히 심장근의 단련을 통해서 얻을 수 있는 건강상의 이점은 매우 크다. 산소공급의 조절 이외에도 근력(筋力)을 기르고 유연성을 높이기 위한 균형 잡힌 운동계획을 세워야 한다. 팔굽혀펴기, 턱걸이, 윗몸일으키기, 웨이트 트레이닝(Weight Training)을 통해서 근력(Muscle Strength)을 향상시킬 수 있다.

## 2. 스트레칭 운동

스트레칭(Stretching) 운동은 건강을 유지하는 데 효과가 있다. 특히 근육 조정력, 내구력, 지구력 등을 향상하고자 하는 사람에게는 근육 사용과 관련된 신체(身體) 단련이 중요하다. 산소공급의 조절 이외에도 기르고 근력을 유연성을 높이기 위한 균형 잡힌 운동계획을 세우는 일이 필요하다. 신체를 부담중량으로 이용하는 기타 미용체조 같은 웨이트 트레이닝(Training)을 통해서 근력을 향상할 수 있다. 스트레칭 운동은 유연성㉠을 높이는 데 매우 효과적이다. 육체적으로 건강한 사람은 질병, 전염, 육체적 기능 저하에 대한 저항력이 강하다. 특히 운동을 통해서 얻을 수 있는 건강상의 이점은 매우 크다.

㉠ 딱딱하지 아니하고 부드러운 성질

## 칼로리소비 운동량

| 운동 | 50kg | 60kg |
|---|---|---|
| 산책 | 22 | 26 |
| 스트레칭 | 21 | 25 |
| 등산 | 35 | 42 |
| 자전거 | 31 | 37 |
| 평균 | 27.25 | 32.50 |

### 칼로리소비 운동량

(차트: 산책, 스트레칭, 등산, 자전거에 대한 50kg, 60kg 칼로리소비량 꺾은선 그래프)

# 제10회 실전모의고사

한컴오피스 한글 2022 버전용

◎ 시험과목 : 워드프로세서(한글)
◎ 시험일자 : 20○○. ○○. ○○.(X)
◎ 응시자 기재사항 및 감독위원 확인

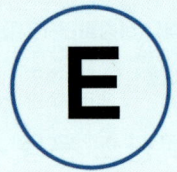

| 수검번호 | DIW - 0000 - | 감독위원 확인 |
|---|---|---|
| 성 명 | | |

## 응시자 유의사항

1. 응시자는 신분증을 지참하여야 시험에 응시할 수 있으며, 시험이 종료될 때까지 신분증을 제시하지 못 할 경우 해당 시험은 0점 처리됩니다.
2. 시스템(PC작동여부, 네트워크 상태 등)의 이상여부를 반드시 확인하여야 하며, 시스템 이상이 있을 시 감독위원에게 조치를 받으셔야 합니다.
3. 시험 중 부주의 또는 고의로 시스템을 파손한 경우는 수검자 부담으로 합니다.
4. 답안전송 프로그램을 통해 파일을 다운로드하여 답안 파일을 작성하시기 바랍니다.
5. 작성한 답안 파일은 답안전송 프로그램을 통하여 전송됩니다. 감독위원의 지시에 따라 주시기 바랍니다.
6. 다음 사항의 경우 실격(0점) 혹은 부정행위 처리됩니다.
    1) 답안 파일을 저장하지 않았거나, 저장한 파일이 손상되었을 경우
    2) 답안 파일을 지정된 폴더(바탕화면 – "KAIT" 폴더)에 저장하지 않았을 경우
        ※ 답안 전송 프로그램 로그인 시 바탕화면에 자동 생성됨
    3) 답안 파일을 다른 보조기억장치(USB) 혹은 네트워크(메신저, 게시판 등)로 전송할 경우
    4) 휴대용 전화기 등 통신기기를 사용할 경우
7. **시험지에 제시된 글꼴이 응시 프로그램에 없는 경우, 반드시 감독위원에게 해당 내용을 통보한 뒤 조치를 받아야 합니다.**
8. 시험의 완료는 작성이 완료된 답안을 저장하고, 답안 전송이 완료된 상태를 확인한 것으로 합니다. 답안 전송 확인 후 문제지는 감독위원에게 제출한 후 퇴실하여야 합니다.
9. 답안전송이 완료된 경우에는 수정 또는 정정이 불가능합니다.
10. 시험 시행 후 합격자 발표는 홈페이지(www.ihd.or.kr)에서 확인하시기 바랍니다.
    ※ 합격자 발표 : 20XX. XX. XX.(X)
    ※ 시험지 공개 : 20XX. XX. XX.(X)

# 디지털정보활용능력 - 한글    시험시간 : 40분

**【문제】 첨부된 문제를 다음의 조건을 적용하여 문서를 작성하시오.**

① 문서는 A4(210mm×297mm) 크기, 세로 용지 방향으로 작성한다.

② 페이지 여백은 아래와 같이 설정한다.

| 왼쪽 | 오른쪽 | 위쪽 | 아래쪽 | 머리말 | 꼬리말 | 제본 |
|---|---|---|---|---|---|---|
| 20mm | 20mm | 20mm | 20mm | 10mm | 10mm | 0mm |

③ 아래와 같이 "자동 글머리 기호 넣기"와 "자동 번호 매기기" 기능을 해제한다.

> 도구 → 빠른 교정 → 빠른 교정 내용 → 입력 자동 서식 ⇒ 자동 글머리 기호 넣기(해제)
> 자동 번호 매기기(해제)

※ 만약 입력자동서식 메뉴가 없는 경우에는, "자동 글머리 기호 넣기"와 "자동 번호 매기기" 기능이 설정되어 있지 않은 것이므로 별도의 기능 해제 없이 그대로 시험에 응시하시면 됩니다.

④ 글자는 별도의 지시사항이 없는 한 바탕, 10pt, 양쪽정렬, 줄간격 160%로 작성한다.

⑤ 영문, 숫자 등은 별도의 지시가 없는 한 반각(1byte) 문자를 사용한다.

⑥ 특수문자는 문자표(전각 기호)를 이용하여 작성한다.

⑦ 교정부호 및 화살표로 기재된 지시사항대로 처리하되, ⬭→은 지시사항이므로 작성하지 않는다.

⑧ 1페이지에 [문제1]을 작성하고, 구역을 나누어 2페이지에 [문제2]를 작성한다.

※ 해당 페이지에 작성하지 않거나 의도적으로 텍스트 작성을 하지 않은 경우 0점 처리

⑨ [문제2]는 문제지와 같이 2단으로 다단을 나누어 작성한다.

⑩ '그림 삽입' 시에는 반드시 "KAIT 수검프로그램"을 통해 다운로드 한 그림 파일을 사용한다.

⑪ 총점 : 200점

[공통사항1(기본설정, 용지설정)] : 8점, [공통사항2(오탈자)] : 40점

[문제1] : 46점, [문제2] : 106점

⑫ 기타 특별히 지시되어 있지 않은 사항은 문제지에 준하여 작성한다.

# 제1회디지털역량강화포럼

**지**능정보사회는 우리의 삶을 획기적으로 변화시킬 것으로 기대되고 있습니다. 반면에 지능정보기술에 익숙하지 않은 취약계층의 디지털 격차는 단순하게 기술을 활용하지 못해서 오는 불편함을 넘어서 지능정보사회의 혜택을 제대로 누리지 못하게 되는 사회적, 경제적 불평등을 초래할 수도 있습니다. 이에 본 기관에서는 다양한 분야의 전문가들을 모시고 ***취약계층을 위한 디지털 정보화 교육*** 지원과 방안 등을 모색하고자 하오니 많은 여러분들의 관심과 참여 부탁드립니다.

◆ 행사안내 ◆

1. 개최일시 : 2025. 11. 21.(금) 15:00 ~ 18:00
2. 개최장소 : 글래드 여의도 호텔 3층 대회의장
3. 사전등록 : 2025. 11. 13.(목)까지 사이트를 통해 접수
4. 기타문의 : *홈페이지(http://www.ihd.or.kr) 참고*

※ 기타사항

- 본 행사에는 대학 총장과 주요 학회장, 정보기술 교육기관 관계자 등이 패널로 참여하는 현장 간담회가 진행될 예정이오니 많은 관심 부탁드립니다.
- 사전 등록하신 분들을 대상으로 소정의 기념품이 지급될 예정입니다. (선착순 100명 마감)

2025. 10. 22.

## 디지털비전포럼

# 디지털 권리장전

## 1. 디지털 권리란?

디지털(Digital) 권리는 개인이 디지털 미디어(Media)에 액세스(Access), 사용, 생성 및 게시하거나 컴퓨터, 기타 전자 장치 및 통신 네트워크에 액세스하고 사용할 수 있도록 허용하는 인권 및 법적 권리이다. 이 개념은 디지털 기술, 특히 인터넷의 맥락에서 개인정보 보호 및 표현의 자유와 같은 기존 권리의 보호(保護) 및 실현과 관련 있다. 디지털 시대에 원칙과 기준을 제시하며 해외 사례와는 다르게 AI 중심의 논의를 넘어 리터러시 향상, 격차 해소 등 디지털 전반의 이슈를 포괄(包括)하고 있다는 점이 특징이다.

## 2. 디지털 권리장전

디지털 환경에서 사람들이 가지는 기본적인 권리(權利)와 자유를 명시한 문서를 의미한다. 인간의 존엄과 가치에 대한 존중을 기본으로 디지털 향유권이 인간의 보편적 권리로 보장되는 새로운 디지털 질서를 정립하여 디지털 혁신을 추구하면서도 그 혜택을 모두가 정의롭고 공정하게 누리고자 하는 데 그 목적을 두고 있다. 챗GPT① 및 인공지능을 비롯한 디지털 기술개발 활용이 확산(擴散)되면서 개인정보 유출, 저작권 분쟁, 디지털 격차 등 새로운 사회적 문제들이 등장하고 이런 문제 해결을 위한 사회적 비용과 피해는 국민 모두에게 돌아갈 수 있다. 현재와 같은 새로운 국면에 디지털 규범 및 질서(秩序)의 필요성이 대두되고 있는 시점이 디지털 환경에서의 공정성, 신뢰성 확보를 위해 함께 지켜나가야 할 규범과 질서를 만들어 나갈 필요성이 생기게 된 것이다.

### 디지털 격차 실태조사(단위:%)

| 연도 | 저소득층 | 고령층 |
|---|---|---|
| 2022 | 87.8 | 64.3 |
| 2023 | 95.1 | 68.6 |
| 2024 | 95.4 | 69.1 |
| 2025 | 95.6 | 69.9 |
| 평균 | 93.48 | 67.97 |

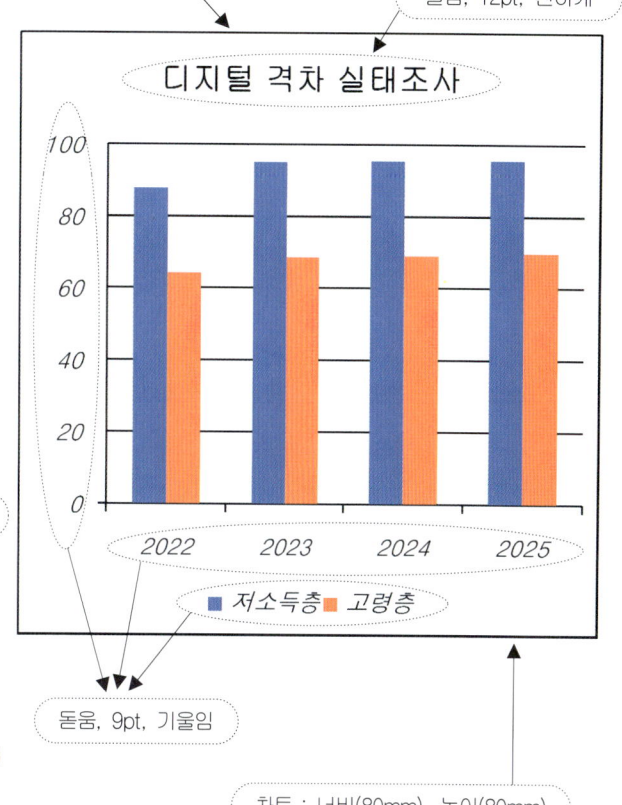

---

① Open AI가 개발한 대화 전문 인공지능 챗봇

# 제 11 회 실전모의고사

한컴오피스 한글 2022 버전용

◎ 시험과목 : 워드프로세서(한글)
◎ 시험일자 : 20○○. ○○. ○○.(X)
◎ 응시자 기재사항 및 감독위원 확인

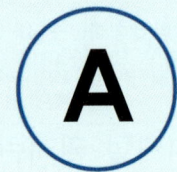

| 수검번호 | DIW - 0000 - | 감독위원 확인 |
|---|---|---|
| 성 명 | | |

## 응시자 유의사항

1. 응시자는 신분증을 지참하여야 시험에 응시할 수 있으며, 시험이 종료될 때까지 신분증을 제시하지 못 할 경우 해당 시험은 0점 처리됩니다.
2. 시스템(PC작동여부, 네트워크 상태 등)의 이상여부를 반드시 확인하여야 하며, 시스템 이상이 있을 시 감독위원에게 조치를 받으셔야 합니다.
3. 시험 중 부주의 또는 고의로 시스템을 파손한 경우는 수검자 부담으로 합니다.
4. 답안전송 프로그램을 통해 파일을 다운로드하여 답안 파일을 작성하시기 바랍니다.
5. 작성한 답안 파일은 답안전송 프로그램을 통하여 전송됩니다. 감독위원의 지시에 따라 주시기 바랍니다.
6. 다음 사항의 경우 실격(0점) 혹은 부정행위 처리됩니다.
    1) 답안 파일을 저장하지 않았거나, 저장한 파일이 손상되었을 경우
    2) 답안 파일을 지정된 폴더(바탕화면 - "KAIT" 폴더)에 저장하지 않았을 경우
        ※ 답안 전송 프로그램 로그인 시 바탕화면에 자동 생성됨
    3) 답안 파일을 다른 보조기억장치(USB) 혹은 네트워크(메신저, 게시판 등)로 전송할 경우
    4) 휴대용 전화기 등 통신기기를 사용할 경우
7. **시험지에 제시된 글꼴이 응시 프로그램에 없는 경우, 반드시 감독위원에게 해당 내용을 통보한 뒤 조치를 받아야 합니다.**
8. 시험의 완료는 작성이 완료된 답안을 저장하고, 답안 전송이 완료된 상태를 확인한 것으로 합니다. 답안 전송 확인 후 문제지는 감독위원에게 제출한 후 퇴실하여야 합니다.
9. 답안전송이 완료된 경우에는 수정 또는 정정이 불가능합니다.
10. 시험 시행 후 합격자 발표는 홈페이지(www.ihd.or.kr)에서 확인하시기 바랍니다.
    ※ 합격자 발표 : 20XX. XX. XX.(X)
    ※ 시험지 공개 : 20XX. XX. XX.(X)

식별CODE

# 디지털정보활용능력 – 한글    시험시간 : 40분

**【문제】 첨부된 문제를 다음의 조건을 적용하여 문서를 작성하시오.**

① 문서는 A4(210mm×297mm) 크기, 세로 용지 방향으로 작성한다.

② 페이지 여백은 아래와 같이 설정한다.

| 왼쪽 | 오른쪽 | 위쪽 | 아래쪽 | 머리말 | 꼬리말 | 제본 |
|------|--------|------|--------|--------|--------|------|
| 20mm | 20mm | 20mm | 20mm | 10mm | 10mm | 0mm |

③ 아래와 같이 "자동 글머리 기호 넣기"와 "자동 번호 매기기" 기능을 해제한다.

> 도구 → 빠른 교정 → 빠른 교정 내용 → 입력 자동 서식 ⇒ 자동 글머리 기호 넣기(해제)
> 자동 번호 매기기(해제)

※ 만약 입력자동서식 메뉴가 없는 경우에는, "자동 글머리 기호 넣기"와 "자동 번호 매기기" 기능이 설정되어 있지 않은 것이므로 별도의 기능 해제 없이 그대로 시험에 응시하시면 됩니다.

④ 글자는 별도의 지시사항이 없는 한 **바탕, 10pt, 양쪽정렬, 줄간격 160%**로 작성한다.

⑤ 영문, 숫자 등은 별도의 지시가 없는 한 반각(1byte) 문자를 사용한다.

⑥ 특수문자는 문자표(전각 기호)를 이용하여 작성한다.

⑦ 교정부호 및 화살표로 기재된 지시사항대로 처리하되, ⎯⎯⎯→은 지시사항이므로 작성하지 않는다.

⑧ 1페이지에 [문제1]을 작성하고, 구역을 나누어 2페이지에 [문제2]를 작성한다.

※ 해당 페이지에 작성하지 않거나 의도적으로 텍스트 작성을 하지 않은 경우 0점 처리

⑨ [문제2]는 문제지와 같이 2단으로 다단을 나누어 작성한다.

⑩ '그림 삽입' 시에는 반드시 "KAIT 수검프로그램"을 통해 다운로드 한 그림 파일을 사용한다.

⑪ 총점 : 200점

[공통사항1(기본설정, 용지설정)] : 8점, [공통사항2(오탈자)] : 40점

[문제1] : 46점, [문제2] : 106점

⑫ 기타 특별히 지시되어 있지 않은 사항은 문제지에 준하여 작성한다.

# 슬로우푸드힐링페스티벌

슬로우푸드 힐링 페스티벌은 국가별, 지역별 특성에 맞는 전통적이고 다양한 음식 문화를 만들고자 1986년부터 이탈리아에서 시작된 식생활 운동입니다. 슬로우푸드협회는 이러한 이념을 바탕으로 현대인의 건강을 위한 슬로우푸드를 개발하고 실천할 수 있도록 대중화에 힘쓰고 있습니다. 남녀노소 누구나 이번 페스티벌에 참여하셔서 **올바르고 *건강한 슬로우푸드 식단을 경험*** 하시고 직접 요리 체험도 하시면서 슬로우푸드 힐링 운동에도 동참해주시기 바랍니다.

◇ **행사안내** ◇

1. 행사일시 : 2025. 12. 06.(토) ~ 12. 08.(월) 10:00 ~ 17:00
2. 행사장소 : 슬로우푸드협회 제1전시장
3. 행사규모 : 슬로우푸드 회사 50개사, 체험부스 75부스
4. 참가대상 : **<u>슬로우푸드에 관심있는 남녀노소 누구나</u>**

※ 기타사항

- 슬로우푸드 시식과 요리 체험은 당일 선착순으로 진행될 예정입니다.
- 11월 24일부터 홈페이지(http://www.ihd.or.kr)에서 사전 등록 시스템을 운영하오니 사전등록 후 등록번호를 확인하고 당일 입장하시기 바랍니다.

2025. 11. 12.

## 슬로우푸드협회

# 슬로우푸드

## 1. 슬로우푸드

1989년 프랑스 파리에서 슬로우푸드 선언문을 채택하고 국제운동으로 공식 출범된 슬로우푸드 운동은 패스트푸드를 비판(批判)하는 문화로서 자리매김하였다. 산업혁명과 함께 생산성을 높이기 위하여 무엇이든 단시간 내 처리하는 성과(成果) 중심의 생활은 사람들의 생활방식뿐만 아니라 식생활에도 큰 변화를 가져왔다. 이에 대항하여 느림을 지향하는 모토(Motto)를 가지고 시작한 슬로우푸드(Slowfood) 운동은 현대인들의 식생활 개선(改善)을 적극적으로 홍보하는 노력을 꾸준히 해오고 있다. 자연 친화적이며 건강(Health)까지 유지할 수 있는 슬로우푸드는 시간이 흐르면서 현대인들에게 큰 관심을 이끄는 데 성공했다.

## 2. 슬로우푸드의 종류

세계 각국을 대표하는 슬로우푸드는 다양한 형태로 존재한다. 그중 건강에도 좋은 재료로 만든 발효식품을 손꼽을 수 있다. 우리나라의 대표적인 슬로우푸드는 긴 시간의 발효㉮를 거쳐야만 완성되는 김치와 장류이다. 이들은 소화를 돕는 음식 중 하나로 숙성되는 동안 아미노산과 당분, 유기산 등 몸에 좋은 성분들이 생성(生成)되어 건강뿐만 아니라 맛까지 살려 준다. 청국장은 발효(醱酵)시키는 과정에서 바실러스균이 생기는데 이 균은 혈관에 노폐물이 생기는 것을 막아주는 역할을 한다. 그리스나 불가리아에서 즐겨 먹는 그릭 요거트(Greek Yogurt)는 면역력을 높여주고 장 건강에 도움을 준다. 대표적인 유럽의 발효식품인 치즈는 현재 약 2,000여 종류가 넘는다.

---

㉮ 미생물이 효소를 이용해 유기물을 분해하는 과정

### 국내 슬로우푸드체험관 현황

| 연도 | 서울/경기 | 지방 |
|---|---|---|
| 2022 | 50 | 107 |
| 2023 | 65 | 203 |
| 2023 | 88 | 304 |
| 2024 | 105 | 417 |
| 합계 | 308 | 1,031 |

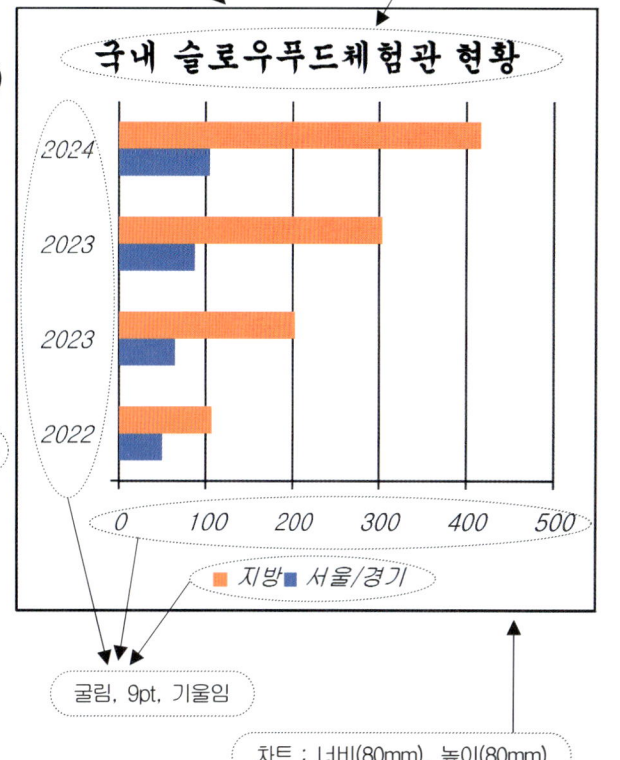

# 제12회 실전모의고사

한컴오피스 한글 2022 버전용

◎ 시험과목 : 워드프로세서(한글)
◎ 시험일자 : 20○○. ○○. ○○.(X)
◎ 응시자 기재사항 및 감독위원 확인

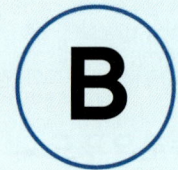

| 수검번호 | DIW - 0000 - | 감독위원 확인 |
|---|---|---|
| 성 명 | | |

## 응시자 유의사항

1. 응시자는 신분증을 지참하여야 시험에 응시할 수 있으며, 시험이 종료될 때까지 신분증을 제시하지 못 할 경우 해당 시험은 0점 처리됩니다.
2. 시스템(PC작동여부, 네트워크 상태 등)의 이상여부를 반드시 확인하여야 하며, 시스템 이상이 있을 시 감독위원에게 조치를 받으셔야 합니다.
3. 시험 중 부주의 또는 고의로 시스템을 파손한 경우는 수검자 부담으로 합니다.
4. 답안전송 프로그램을 통해 파일을 다운로드하여 답안 파일을 작성하시기 바랍니다.
5. 작성한 답안 파일은 답안전송 프로그램을 통하여 전송됩니다. 감독위원의 지시에 따라 주시기 바랍니다.
6. 다음 사항의 경우 실격(0점) 혹은 부정행위 처리됩니다.
   1) 답안 파일을 저장하지 않았거나, 저장한 파일이 손상되었을 경우
   2) 답안 파일을 지정된 폴더(바탕화면 - "KAIT" 폴더)에 저장하지 않았을 경우
      ※ 답안 전송 프로그램 로그인 시 바탕화면에 자동 생성됨
   3) 답안 파일을 다른 보조기억장치(USB) 혹은 네트워크(메신저, 게시판 등)로 전송할 경우
   4) 휴대용 전화기 등 통신기기를 사용할 경우
7. **시험지에 제시된 글꼴이 응시 프로그램에 없는 경우, 반드시 감독위원에게 해당 내용을 통보한 뒤 조치를 받아야 합니다.**
8. 시험의 완료는 작성이 완료된 답안을 저장하고, 답안 전송이 완료된 상태를 확인한 것으로 합니다. 답안 전송 확인 후 문제지는 감독위원에게 제출한 후 퇴실하여야 합니다.
9. 답안전송이 완료된 경우에는 수정 또는 정정이 불가능합니다.
10. 시험 시행 후 합격자 발표는 홈페이지(www.ihd.or.kr)에서 확인하시기 바랍니다.
    ※ 합격자 발표 : 20XX. XX. XX.(X)
    ※ 시험지 공개 : 20XX. XX. XX.(X)

| 디지털정보활용능력 - 한글 | 시험시간 : 40분 | 1/1 |

**【문제】** 첨부된 문제를 다음의 조건을 적용하여 문서를 작성하시오.

① 문서는 A4(210mm×297mm) 크기, 세로 용지 방향으로 작성한다.

② 페이지 여백은 아래와 같이 설정한다.

| 왼쪽 | 오른쪽 | 위쪽 | 아래쪽 | 머리말 | 꼬리말 | 제본 |
|---|---|---|---|---|---|---|
| 20mm | 20mm | 20mm | 20mm | 10mm | 10mm | 0mm |

③ 아래와 같이 "자동 글머리 기호 넣기"와 "자동 번호 매기기" 기능을 해제한다.

> 도구 → 빠른 교정 → 빠른 교정 내용 → 입력 자동 서식 ⇒ 자동 글머리 기호 넣기(해제)
> 자동 번호 매기기(해제)

※ 만약 입력자동서식 메뉴가 없는 경우에는, "자동 글머리 기호 넣기"와 "자동 번호 매기기" 기능이 설정되어 있지 않은 것이므로 별도의 기능 해제 없이 그대로 시험에 응시하시면 됩니다.

④ 글자는 별도의 지시사항이 없는 한 **바탕, 10pt, 양쪽정렬, 줄간격 160%**로 작성한다.

⑤ 영문, 숫자 등은 별도의 지시가 없는 한 반각(1byte) 문자를 사용한다.

⑥ 특수문자는 문자표(전각 기호)를 이용하여 작성한다.

⑦ 교정부호 및 화살표로 기재된 지시사항대로 처리하되, ⎯⎯⎯→은 지시사항이므로 작성하지 않는다.

⑧ 1페이지에 [문제1]을 작성하고, 구역을 나누어 2페이지에 [문제2]를 작성한다.

※ 해당 페이지에 작성하지 않거나 의도적으로 텍스트 작성을 하지 않은 경우 0점 처리

⑨ [문제2]는 문제지와 같이 2단으로 다단을 나누어 작성한다.

⑩ '그림 삽입' 시에는 반드시 "KAIT 수검프로그램"을 통해 다운로드 한 그림 파일을 사용한다.

⑪ 총점 : 200점

[공통사항1(기본설정, 용지설정)] : 8점, [공통사항2(오탈자)] : 40점

[문제1] : 46점, [문제2] : 106점

⑫ 기타 특별히 지시되어 있지 않은 사항은 문제지에 준하여 작성한다.

# 카페창업바리스타실무과정

우리나라에서 1인당 연간 커피 소비량은 약 400잔에 이르며, 주요 거리 곳곳에 커피 향이 가득할 정도로 커피 열풍이 불고 있습니다. 이와 함께 커피와 카페 창업에 관한 관심과 수요도 날로 늘어나고 있습니다. 이에 한국바리스타육성협회에서는 ***카페 창업에 도움을 드리고자*** 바리스타 실무 과정을 진행하고 있습니다. 전문가들과 함께하는 본 프로그램에 많은 관심과 참여로, 성공적인 카페 창업에 한 걸음 더 다가가시기를 바랍니다.

◆ 교육안내 ◆

1. 개 강 일 : 2025년 6월 2일(월), 10:00 ~ 18:00
2. 교육장소 : 서울시 강남구 역삼동 바로빌딩 8층
3. 수 강 료 : 250만원 (재료비 포함)
4. 교육내용 : *<u>창업 일반, 커피 및 디저트 만들기 실습</u>*

※ 기타사항
- 상세 커리큘럼은 홈페이지(http://www.ihd.or.kr)를 참조해주시기 바랍니다.
- 무료 체험 교육 및 수강에 대한 자세한 사항은 한국바리스타육성협회 교육 담당자(02-123-4567)에게 문의하시기 바랍니다.

2025. 05. 16.

## 한국바리스타육성협회장

# 커피와 바리스타

## 1. 커피의 역사(History)

커피의 기원에 대해서는 여러 가지 설이 있다. 가장 유명한 정설은 7세기 무렵 에티오피아의 칼디라는 목동(牧童)에 의해 발견되었다는 것이다. 염소들이 빨간 열매를 먹고 흥분해서 뛰어다니는 모습을 본 칼디는 본인이 열매를 직접 먹어 보았고, 정신이 상쾌해지는 느낌을 받았다. 이를 수도승에게 전하면서 커피를 먹기 시작하였고, 졸음이 막아주고 기분을 상쾌하게 해주는 신비한 열매로 알려졌다. 커피의 원산지(原産地)는 에티오피아(Ethiopia)로 초반에는 세력의 이슬람 보호를 받아 아라비아 지역에서만 유통되었으나 십자군 전쟁 발발 이후 유럽에 전파되었다. 이후 인도네시아, 아시아 지역에 퍼져 나가며 케냐, 탄자니아 등의 지역에서도 재배(栽培)되기 시작하였다.

## 2. 바리스타(Barista)

바리스타의 어원(語源)은 이탈리아어로 바(Bar) 안에 있는 사람이라는 뜻이며, 맛있고 품질 좋은 커피를 추출(抽出)하는 기술을 가진 사람을 의미한다. 상업적인 의미에서는 커피의 추출에서부터 품질관리, 커피에 대한 마케팅이나 매장 관리 전반을 책임지는 사람을 말한다. 바리스타에게 요구되는 능력은 다양하다. 최고 품질의 원두를 찾아내는 후각과 미각에서부터 고객의 취향을 맞추기 위한 커뮤니케이션(Communication) 능력도 겸비해야 한다. 즉, 기존의 단순한 커피 로스팅㉠을 하는 사람의 의미에서 독특한 커피 맛을 구현하는 전문가로서 이미지가 강해지고 있다. 우리나라에서도 바리스타는 주목받는 직업군이다.

㉠ 열을 가하여 특유의 맛과 향을 생성하는 공정

### 나라별 커피 생산량(천톤)

| 구분 | 2022 | 2023 | 2024 |
|---|---|---|---|
| 인도네시아 | 577 | 683 | 645 |
| 페루 | 232 | 199 | 240 |
| 탄자니아 | 46 | 52 | 68 |
| 합계 | 855 | 934 | 953 |

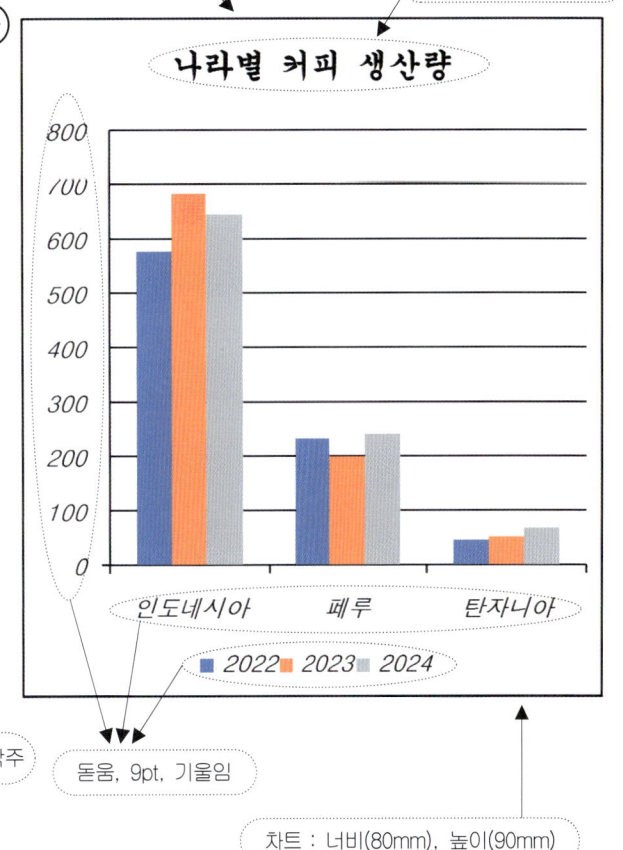

나라별 커피 생산량

# 제13회 실전모의고사

한컴오피스 한글 2022 버전용

◎ 시험과목 : 워드프로세서(한글)
◎ 시험일자 : 20○○. ○○. ○○.(X)
◎ 응시자 기재사항 및 감독위원 확인

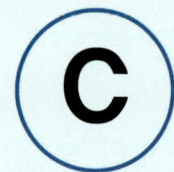

| 수검번호 | DIW - 0000 - | 감독위원 확인 |
|---|---|---|
| 성 명 | | |

## 응시자 유의사항

1. 응시자는 신분증을 지참하여야 시험에 응시할 수 있으며, 시험이 종료될 때까지 신분증을 제시하지 못 할 경우 해당 시험은 0점 처리됩니다.
2. 시스템(PC작동여부, 네트워크 상태 등)의 이상여부를 반드시 확인하여야 하며, 시스템 이상이 있을 시 감독위원에게 조치를 받으셔야 합니다.
3. 시험 중 부주의 또는 고의로 시스템을 파손한 경우는 수검자 부담으로 합니다.
4. 답안전송 프로그램을 통해 파일을 다운로드하여 답안 파일을 작성하시기 바랍니다.
5. 작성한 답안 파일은 답안전송 프로그램을 통하여 전송됩니다. 감독위원의 지시에 따라 주시기 바랍니다.
6. 다음 사항의 경우 실격(0점) 혹은 부정행위 처리됩니다.
    1) 답안 파일을 저장하지 않았거나, 저장한 파일이 손상되었을 경우
    2) 답안 파일을 지정된 폴더(바탕화면 – "KAIT" 폴더)에 저장하지 않았을 경우
        ※ 답안 전송 프로그램 로그인 시 바탕화면에 자동 생성됨
    3) 답안 파일을 다른 보조기억장치(USB) 혹은 네트워크(메신저, 게시판 등)로 전송할 경우
    4) 휴대용 전화기 등 통신기기를 사용할 경우
7. **시험지에 제시된 글꼴이 응시 프로그램에 없는 경우, 반드시 감독위원에게 해당 내용을 통보한 뒤 조치를 받아야 합니다.**
8. 시험의 완료는 작성이 완료된 답안을 저장하고, 답안 전송이 완료된 상태를 확인한 것으로 합니다. 답안 전송 확인 후 문제지는 감독위원에게 제출한 후 퇴실하여야 합니다.
9. 답안전송이 완료된 경우에는 수정 또는 정정이 불가능합니다.
10. 시험 시행 후 합격자 발표는 홈페이지(www.ihd.or.kr)에서 확인하시기 바랍니다.
    ※ 합격자 발표 : 20XX. XX. XX.(X)
    ※ 시험지 공개 : 20XX. XX. XX.(X)

# 디지털정보활용능력 – 한글    시험시간 : 40분

**【문제】첨부된 문제를 다음의 조건을 적용하여 문서를 작성하시오.**

① 문서는 A4(210mm×297mm) 크기, 세로 용지 방향으로 작성한다.

② 페이지 여백은 아래와 같이 설정한다.

| 왼쪽 | 오른쪽 | 위쪽 | 아래쪽 | 머리말 | 꼬리말 | 제본 |
|---|---|---|---|---|---|---|
| 20mm | 20mm | 20mm | 20mm | 10mm | 10mm | 0mm |

③ 아래와 같이 "자동 글머리 기호 넣기"와 "자동 번호 매기기" 기능을 해제한다.

> 도구 → 빠른 교정 → 빠른 교정 내용 → 입력 자동 서식 ⇒ 자동 글머리 기호 넣기(해제)
> 자동 번호 매기기(해제)

※ 만약 입력자동서식 메뉴가 없는 경우에는, "자동 글머리 기호 넣기"와 "자동 번호 매기기" 기능이 설정되어 있지 않은 것이므로 별도의 기능 해제 없이 그대로 시험에 응시하시면 됩니다.

④ 글자는 별도의 지시사항이 없는 한 **바탕**, **10pt**, **양쪽정렬**, 줄간격 **160%**로 작성한다.

⑤ 영문, 숫자 등은 별도의 지시가 없는 한 반각(1byte) 문자를 사용한다.

⑥ 특수문자는 문자표(전각 기호)를 이용하여 작성한다.

⑦ 교정부호 및 화살표로 기재된 지시사항대로 처리하되, ⌒⌒⌒→은 지시사항이므로 작성하지 않는다.

⑧ 1페이지에 [문제1]을 작성하고, 구역을 나누어 2페이지에 [문제2]를 작성한다.

※ 해당 페이지에 작성하지 않거나 의도적으로 텍스트 작성을 하지 않은 경우 0점 처리

⑨ [문제2]는 문제지와 같이 2단으로 다단을 나누어 작성한다.

⑩ '그림 삽입' 시에는 반드시 "KAIT 수검프로그램"을 통해 다운로드 한 그림 파일을 사용한다.

⑪ 총점 : 200점

[공통사항1(기본설정, 용지설정)] : 8점, [공통사항2(오탈자)] : 40점

[문제1] : 46점, [문제2] : 106점

⑫ 기타 특별히 지시되어 있지 않은 사항은 문제지에 준하여 작성한다.

# 전국청소년페스티벌

대한스카우트연맹에서는 청소년의 무한 가능성과 잠재력을 축제로 발산하고 청소년들이 가족과 함께 공유하는 '전국 청소년 페스티벌'을 개최합니다. 주요 행사로는 전국 청소년 댄스, 밴드, 노래 등의 공연과 플래시몹 경연대회 그리고 전국 청소년 자원봉사, 환경, 예술, 취미 등의 동아리 경연대회 등이 있습니다. 이번 행사를 통하여 다른 지역의 또래들과 교류를 통해 소통과 공감을 이루는 축제의 장이 되었으면 합니다. 행사의 성공적인 개최를 위하여 여러분의 많은 참여 바랍니다.

▲ 본선안내 ▲

1. 행사주제 : 청소년 만나다. 그리고 꿈꾸다.
2. 본선대회 : *2025. 12. 20(토) 10:00 ~ 18:00 서울 용지문화공원*
3. 행사후원 : 교육부, 여성가족부, 한국청소년단체협의회
4. 참여방법 : 대한스카우트연맹(http://www.ihd.or.kr)

※ 기타사항
- 플래시몹 부문 : 공연했던 동영상을 파일로 제출(경연대회에서 공연할 내용이 아니어도 가능함), 동영상 파일의 규격은 640 X 480픽셀로 7분 이내 wmv 또는 mp4 형식의 동영상
- 동아리자랑 부문 : 프레젠테이션 파일 또는 패널 사진(전시의 경우) 자료 제출

2025. 12. 10.

## 대한스카우트연맹

# 스카우트

## 1. 스카우트의 기원

영국의 기병대(騎兵隊) 장교였던 로버트 베이든 파웰이 전쟁을 치르면서 영국 군인들의 정신력이 약하다고 생각하게 되었고, 일찍부터 소년들에게 강한 정신력과 협동심, 지도력(Leadership)을 키워줘야겠다고 결심하여 20여 명의 소년에게 훈련을 시행한 게 보이(Boy) 스카우트의 시작이다. 지금은 전 세계 각국의 청소년들에게 건전한 시민정신(市民精神)을 심어주고 야외 활동 등을 통한 건강한 심신을 수련하기 위해 활동하는 세계적인 청소년(靑少年) 조직으로 성장했다. 현재 스카우트 활동에 참여하지 않는 나라는 북한과 쿠바(Cuba) 등 몇몇 나라에 불과하다.

## 2. 한국 스카우트 역사

국가적 이념, 종교, 인종을 초월하여 국제적인 친선과 우애를 표방하는 스카우트의 도입은 우리나라 소년운동의 새로운 장을 여는 계기가 되었다. 조철호 선생님이 1922년 조선 보이스카우트 경성 제1호대를, 정성채 선생님이 소년 척후대를 발대하였고 스카우트(Scouts) 활동을 통해 조국의 광복(光復)과 항일의 의지를 심어주었다. 1924년 정성채의 소년 척후단과 통합되면서 소년척후단 조선총연맹이라 했다가 다시 분리될 때 조철호 선생님은 조선 소년군으로 명칭을 바꾸었다. 이후 1937년 소년들의 항건(Scarf)에 표시된 태극문양과 무궁화꽃문양이 문제가 되어 일제의 탄압을 받고 강제 해산되었으나 비공식적으로 스카우트 활동은 계속되었다. 광복 후 1946년 대한 보이스카우트 중앙연합회로 재건되었으며 1953년 대한소년단으로 세계연맹 회원국(會員國)이 되었다.

---
㊀ 이등변 삼각형 모양으로 목에 두르는 천을 말함.

### 경연대회 예선 참가 현황(팀)

| 연도 | 동아리자랑 | 플래시몹 |
|---|---|---|
| 2022 | 128 | 82 |
| 2023 | 141 | 99 |
| 2024 | 155 | 113 |
| 2025 | 162 | 121 |
| 합계 | 586 | 415 |

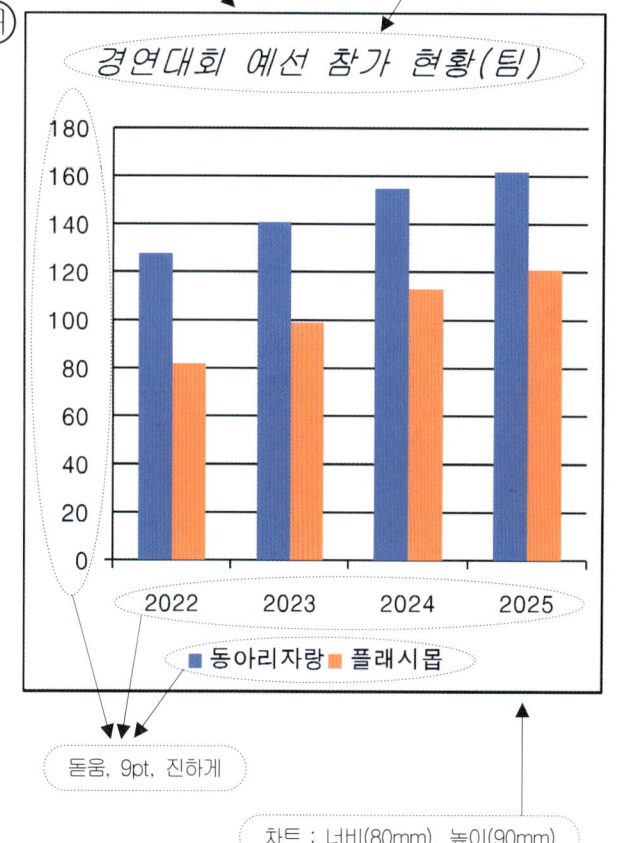

# 제14회 실전모의고사

한컴오피스 한글 2022 버전용

◎ 시험과목 : 워드프로세서(한글)
◎ 시험일자 : 20○○. ○○. ○○.(X)
◎ 응시자 기재사항 및 감독위원 확인

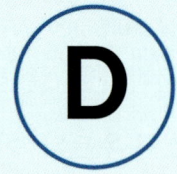

| 수검번호 | DIW - 0000 - | 감독위원 확인 |
|---|---|---|
| 성 명 | | |

## 응시자 유의사항

1. 응시자는 신분증을 지참하여야 시험에 응시할 수 있으며, 시험이 종료될 때까지 신분증을 제시하지 못 할 경우 해당 시험은 0점 처리됩니다.
2. 시스템(PC작동여부, 네트워크 상태 등)의 이상여부를 반드시 확인하여야 하며, 시스템 이상이 있을 시 감독위원에게 조치를 받으셔야 합니다.
3. 시험 중 부주의 또는 고의로 시스템을 파손한 경우는 수검자 부담으로 합니다.
4. 답안전송 프로그램을 통해 파일을 다운로드하여 답안 파일을 작성하시기 바랍니다.
5. 작성한 답안 파일은 답안전송 프로그램을 통하여 전송됩니다. 감독위원의 지시에 따라 주시기 바랍니다.
6. 다음 사항의 경우 실격(0점) 혹은 부정행위 처리됩니다.
    1) 답안 파일을 저장하지 않았거나, 저장한 파일이 손상되었을 경우
    2) 답안 파일을 지정된 폴더(바탕화면 - "KAIT" 폴더)에 저장하지 않았을 경우
        ※ 답안 전송 프로그램 로그인 시 바탕화면에 자동 생성됨
    3) 답안 파일을 다른 보조기억장치(USB) 혹은 네트워크(메신저, 게시판 등)로 전송할 경우
    4) 휴대용 전화기 등 통신기기를 사용할 경우
7. **시험지에 제시된 글꼴이 응시 프로그램에 없는 경우, 반드시 감독위원에게 해당 내용을 통보한 뒤 조치를 받아야 합니다.**
8. 시험의 완료는 작성이 완료된 답안을 저장하고, 답안 전송이 완료된 상태를 확인한 것으로 합니다. 답안 전송 확인 후 문제지는 감독위원에게 제출한 후 퇴실하여야 합니다.
9. 답안전송이 완료된 경우에는 수정 또는 정정이 불가능합니다.
10. 시험 시행 후 합격자 발표는 홈페이지(www.ihd.or.kr)에서 확인하시기 바랍니다.
    ※ 합격자 발표 : 20XX. XX. XX.(X)
    ※ 시험지 공개 : 20XX. XX. XX.(X)

## 디지털정보활용능력 - 한글 　 시험시간 : 40분

**【문제】** 첨부된 문제를 다음의 조건을 적용하여 문서를 작성하시오.

① 문서는 A4(210mm×297mm) 크기, 세로 용지 방향으로 작성한다.

② 페이지 여백은 아래와 같이 설정한다.

| 왼쪽 | 오른쪽 | 위쪽 | 아래쪽 | 머리말 | 꼬리말 | 제본 |
|------|--------|------|--------|--------|--------|------|
| 20mm | 20mm | 20mm | 20mm | 10mm | 10mm | 0mm |

③ 아래와 같이 "자동 글머리 기호 넣기"와 "자동 번호 매기기" 기능을 해제한다.

> 도구 → 빠른 교정 → 빠른 교정 내용 → 입력 자동 서식 ⇒ 자동 글머리 기호 넣기(해제)
> 자동 번호 매기기(해제)

※ 만약 입력자동서식 메뉴가 없는 경우에는, "자동 글머리 기호 넣기"와 "자동 번호 매기기" 기능이 설정되어 있지 않은 것이므로 별도의 기능 해제 없이 그대로 시험에 응시하시면 됩니다.

④ 글자는 별도의 지시사항이 없는 한 바탕, 10pt, 양쪽정렬, 줄간격 160%로 작성한다.

⑤ 영문, 숫자 등은 별도의 지시가 없는 한 반각(1byte) 문자를 사용한다.

⑥ 특수문자는 문자표(전각 기호)를 이용하여 작성한다.

⑦ 교정부호 및 화살표로 기재된 지시사항대로 처리하되, ⬚→은 지시사항이므로 작성하지 않는다.

⑧ 1페이지에 [문제1]을 작성하고, 구역을 나누어 2페이지에 [문제2]를 작성한다.

※ 해당 페이지에 작성하지 않거나 의도적으로 텍스트 작성을 하지 않은 경우 0점 처리

⑨ [문제2]는 문제지와 같이 2단으로 다단을 나누어 작성한다.

⑩ '그림 삽입' 시에는 반드시 "KAIT 수검프로그램"을 통해 다운로드 한 그림 파일을 사용한다.

⑪ 총점 : 200점

[공통사항1(기본설정, 용지설정)] : 8점, [공통사항2(오탈자)] : 40점

[문제1] : 46점, [문제2] : 106점

⑫ 기타 특별히 지시되어 있지 않은 사항은 문제지에 준하여 작성한다.

# 전국청소년해피드림캠프

전국 청소년 해피드림 캠프는 *신나는 학교, 학교 폭력 예방 등의 주제로* UCC 제작하기, 게임 만들기, 진로 탐색 프로그램, 아프리카 타악기 젬베 배우기, 춤테라피, 서바이벌 게임 등을 통하여 타인과의 소통과 교류의 장을 만들고, 아울러 청소년들이 진로 탐색 및 설계를 통해 목표를 세우고 즐겁고 안정된 학교생활을 유지할 수 있도록 하려 합니다. 꿈의 학교를 만드는 기회를 제공하고, 청소년들의 꿈을 키우는 힐링의 기회가 될 것입니다. 청소년들의 많은 참여 바랍니다.

◐ 참여 안내 ◑

1. 캠프기간 : 2026. 03. 27(금), 09:00 ~ 04. 26(일) 17:00까지
2. 캠프장소 : 노원구 상상이룸센터, 중랑오토캠핑장
3. 캠프신청 : *대한청소년활동지원센터 홈페이지(http://www.ihd.or.kr)*
4. 캠프후원 : 문화관광부, 여성가족부

※ 기타사항
- 프로그램 : 몸으로 말해요(춤테라피), 나의 꿈 설계(희망 트리 만들기), 아프리카 타악기 연주(젬베), 목공예 만들기, 산악자전거 타기 등
- 참가자격 : 전국 14세 이상 대한민국 청소년 누구나 (단 대학생 제외)

2026. 02. 25.

## 대한청소년활동지원센터

## 춤테라피 효과

### 1. 춤테라피 효과

춤은 신체적, 심리적 활동을 확장하고 정신 상태를 조정한다. 따라서 무용 동작 치료는 신체 심리 치료의 핵심적인 기능을 하는 모든 면역(免疫) 시스템에 긍정적인 작용을 한다. 정서적으로 예민하고 불안한 이들이 무용 치료(治療)를 통해 창의적, 정서적(Emotional) 재활에 많은 도움을 받는다. 특히 암은 막연하게 느끼는 죽음에 대한 공포(恐怖), 난치성 질병이라는 인식에서 비롯되는 심리적(Psychological) 부담과 두려움 때문에 많은 환자가 정서적으로 큰 혼란을 겪는 질병(疾病)인데, 춤테라피(Dance Therapy)는 암환자들에게 좋은 치유 효과를 나타낸다. 또한, 긍정적 자기표현 움직임으로 인지적 변화를 가져온다.

### 2. 젬베의 이해

그랜드마스터 마마디 케이타가 세계 여러 나라에 학교를 설립하고 젬베(Djembe) 연주자들을 양성하면서 대중들에게 알려진 것으로 서아프리카에서 가장 널리 쓰이는 악기 중 하나이다. 북처럼 두드려 연주할 수 있어 청소년들의 스트레스 해소나 우울한 마음 치료에 많이 활용된다. 요즘 우리나라에서도 다양한 장르의 음악에 퍼커션Ⓐ으로 많이 쓰인다. 젬베는 크게 헤드와 울림통, 조임줄로 이루어져 있다. 손으로 헤드를 두드리면, 공기의 떨림이 울림통을 통해 울리면서 소리가 퍼지는 역할(役割)을 하게 된다. 젬베의 주재료가 되는 링케나무는 크고 단단하며 세공이 쉬워서 몸통을 만드는 악기의 재료로 많이 쓰인다.

---

Ⓐ 드럼, 심벌즈, 캐스터네츠 따위의 타악기를 통틀어 이르는 말

### 프로그램별 만족도 조사현황

| 구분 | 14세 이상 | 17세 이상 |
|---|---|---|
| 춤테라피 | 18.4 | 34.1 |
| 젬베 | 33.5 | 38.7 |
| 산악자전거 | 13.4 | 28.6 |
| 목공예 | 19.4 | 22.9 |
| 평균 | 21.18 | 31.08 |

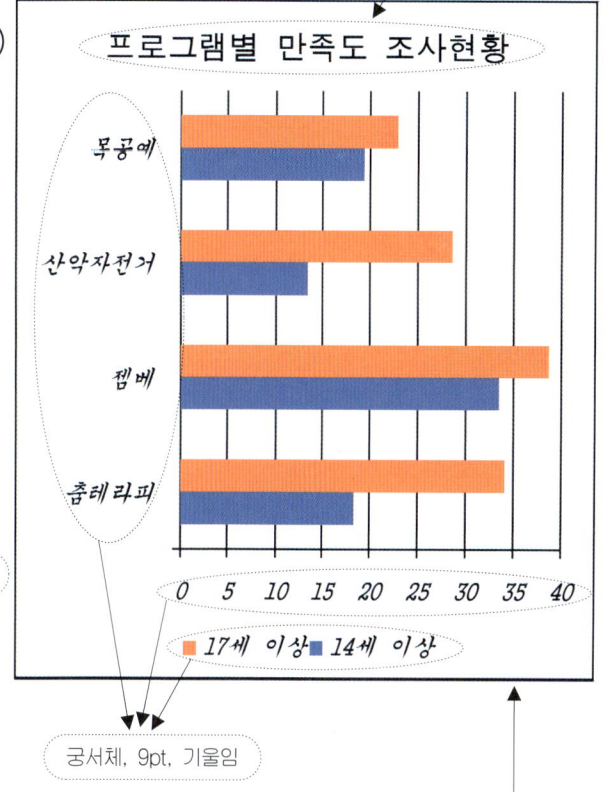

# 제15회 실전모의고사

한컴오피스 한글 2022 버전용

◎ 시험과목 : 워드프로세서(한글)
◎ 시험일자 : 20○○. ○○. ○○.(X)
◎ 응시자 기재사항 및 감독위원 확인

E

| 수검번호 | DIW - 0000 - | 감독위원 확인 |
|---|---|---|
| 성  명 | | |

## 응시자 유의사항

1. 응시자는 신분증을 지참하여야 시험에 응시할 수 있으며, 시험이 종료될 때까지 신분증을 제시하지 못 할 경우 해당 시험은 0점 처리됩니다.
2. 시스템(PC작동여부, 네트워크 상태 등)의 이상여부를 반드시 확인하여야 하며, 시스템 이상이 있을 시 감독위원에게 조치를 받으셔야 합니다.
3. 시험 중 부주의 또는 고의로 시스템을 파손한 경우는 수검자 부담으로 합니다.
4. 답안전송 프로그램을 통해 파일을 다운로드하여 답안 파일을 작성하시기 바랍니다.
5. 작성한 답안 파일은 답안전송 프로그램을 통하여 전송됩니다. 감독위원의 지시에 따라 주시기 바랍니다.
6. 다음 사항의 경우 실격(0점) 혹은 부정행위 처리됩니다.
    1) 답안 파일을 저장하지 않았거나, 저장한 파일이 손상되었을 경우
    2) 답안 파일을 지정된 폴더(바탕화면 – "KAIT" 폴더)에 저장하지 않았을 경우
        ※ 답안 전송 프로그램 로그인 시 바탕화면에 자동 생성됨
    3) 답안 파일을 다른 보조기억장치(USB) 혹은 네트워크(메신저, 게시판 등)로 전송할 경우
    4) 휴대용 전화기 등 통신기기를 사용할 경우
7. **시험지에 제시된 글꼴이 응시 프로그램에 없는 경우, 반드시 감독위원에게 해당 내용을 통보한 뒤 조치를 받아야 합니다.**
8. 시험의 완료는 작성이 완료된 답안을 저장하고, 답안 전송이 완료된 상태를 확인한 것으로 합니다. 답안 전송 확인 후 문제지는 감독위원에게 제출한 후 퇴실하여야 합니다.
9. 답안전송이 완료된 경우에는 수정 또는 정정이 불가능합니다.
10. 시험 시행 후 합격자 발표는 홈페이지(www.ihd.or.kr)에서 확인하시기 바랍니다.
    ※ 합격자 발표 : 20XX. XX. XX.(X)
    ※ 시험지 공개 : 20XX. XX. XX.(X)

# 디지털정보활용능력 – 한글    시험시간 : 40분

【문제】 첨부된 문제를 다음의 조건을 적용하여 문서를 작성하시오.

① 문서는 A4(210mm×297mm) 크기, 세로 용지 방향으로 작성한다.

② 페이지 여백은 아래와 같이 설정한다.

| 왼쪽 | 오른쪽 | 위쪽 | 아래쪽 | 머리말 | 꼬리말 | 제본 |
|---|---|---|---|---|---|---|
| 20mm | 20mm | 20mm | 20mm | 10mm | 10mm | 0mm |

③ 아래와 같이 "자동 글머리 기호 넣기"와 "자동 번호 매기기" 기능을 해제한다.

> 도구 → 빠른 교정 → 빠른 교정 내용 → 입력 자동 서식 ⇒ 자동 글머리 기호 넣기(해제)
> 자동 번호 매기기(해제)

※ 만약 입력자동서식 메뉴가 없는 경우에는, "자동 글머리 기호 넣기"와 "자동 번호 매기기" 기능이 설정되어 있지 않은 것이므로 별도의 기능 해제 없이 그대로 시험에 응시하시면 됩니다.

④ 글자는 별도의 지시사항이 없는 한 바탕, 10pt, 양쪽정렬, 줄간격 160%로 작성한다.

⑤ 영문, 숫자 등은 별도의 지시가 없는 한 반각(1byte) 문자를 사용한다.

⑥ 특수문자는 문자표(전각 기호)를 이용하여 작성한다.

⑦ 교정부호 및 화살표로 기재된 지시사항대로 처리하되, ⬚──▶은 지시사항이므로 작성하지 않는다.

⑧ 1페이지에 [문제1]을 작성하고, 구역을 나누어 2페이지에 [문제2]를 작성한다.

※ 해당 페이지에 작성하지 않거나 의도적으로 텍스트 작성을 하지 않은 경우 0점 처리

⑨ [문제2]는 문제지와 같이 2단으로 다단을 나누어 작성한다.

⑩ '그림 삽입' 시에는 반드시 "KAIT 수검프로그램"을 통해 다운로드 한 그림 파일을 사용한다.

⑪ 총점 : 200점

[공통사항1(기본설정, 용지설정)] : 8점, [공통사항2(오탈자)] : 40점

[문제1] : 46점, [문제2] : 106점

⑫ 기타 특별히 지시되어 있지 않은 사항은 문제지에 준하여 작성한다.

# 전국판소리경연대회안내

조선 후기 경제적으로 여유가 있는 서민들이 생기면서 문화와 예술에 관심을 가지기 시작했습니다. 그중 판소리는 하나의 이야기를 노래와 설명, 몸짓으로 표현하는 것으로 소리꾼이 즉흥적으로 내용을 더하거나 뺄 수 있고, 관중들도 추임새를 하며 함께 참여할 수 있어 서민들에게 많은 호응을 얻었습니다. 광양시는 ***섬진강변 매화와 전통 소리가 어우러지는 격조 높은 국악 향연***인 전국판소리경연대회를 개최하오니 많은 학생이 참가할 수 있도록 안내하여 주시기 바랍니다.

■ 행사안내 ■

1. 대회기간 : 2025. 9. 22.(월) ~ 9. 26.(금)
2. 대회장소 : 광양시 문화예술회관(예선, 본선)
3. 대회주관 : 사단법인 판소리보존회
4. 참가신청 : *<u>사단법인 판소리보존회 홈페이지(http://www.ihd.or.kr)</u>*

※ 기타사항
- 판소리 5마당(춘향가, 심청가, 흥부가, 수궁가, 적벽가) 중 택일하여 경연 시간 일반부 15분 이내, 신인부 8분 이내, 고등부 10분 이내, 초등부와 중등부 7분 이내를 준수하시기 바랍니다.
- 기타 자세한 사항 안내는 담당 부서(02-123-4567)로 문의하시기 바랍니다.

2025. 08. 25.

## 전국판소리경연대회추진위원회

# 판소리와 고수

## 1. 판소리

판소리(Pansori)는 당초에 '소리'라는 범칭으로 불리었으며 타령, 잡가, 광대소리, 극가(劇歌), 창극조(唱劇調) 등의 용어로도 통용되었다. 판소리는 광대와 고수, 구경꾼이 모여서 판을 이루는데 이는 판을 구성하는 3가지 구성요소이다. 광대는 고수의 북장단에 맞추어 소리(창), 아니리①, 발림을 통해서 판소리 공연을 만들어가게 되므로 이것 또한 판소리의 3가지 구성요소로 볼 수 있다. 또한, 소리는 성음(음색), 길(음계), 장단(Rhythm)으로 이루어져 있는데 이는 소리(음악)의 3요소를 가리킨다. 1964년 중요무형문화재 제5호로 지정되었으며, 2003년에는 유네스코(UNESCO) 인류 구전 및 무형유산 걸작으로 선정되었다.

## 2. 판소리 고수

고수(鼓手)는 북을 치는 사람을 말하는데 판소리에서 사용하는 북은 '소리북' 혹은 '고장북'이라고 부른다. 일반적으로 고수가 갖추어야 할 3가지 요소(要素)로 자세, 추임새, 가락을 든다. 고수의 바른 자세는 책상다리로 앉아 허리(Waist)를 펴고 소리꾼을 바라보는 것을 말한다. 고수의 추임새는 뱃속에서부터 무게 있는 올라오는 음성으로 소리 가락이나 이야기의 진행 상황에 잘 맞춰야 하고 가락은 맛깔스러운 소리와 조화로운 장단이 되고야 한다. 따라서 고수의 북은 판소리 사설의 내용이나 가락에 잘 어울려야 하고 소리에 광채(光彩)를 더하는 역할, 소리가 쉬는 부분을 메워주는 역할, 효과음 역할, 속도(Speed) 조절 등 다양한 역할을 해야 한다.

---

① 창을 하는 중간중간에 이야기하듯 엮어나가는 사설

### 판소리 경연대회 참가인원

| 연도 | 학생부 | 일반부 |
|---|---|---|
| 2022 | 186 | 36 |
| 2023 | 154 | 58 |
| 2024 | 194 | 42 |
| 2025 | 203 | 53 |
| 합계 | 737 | 189 |

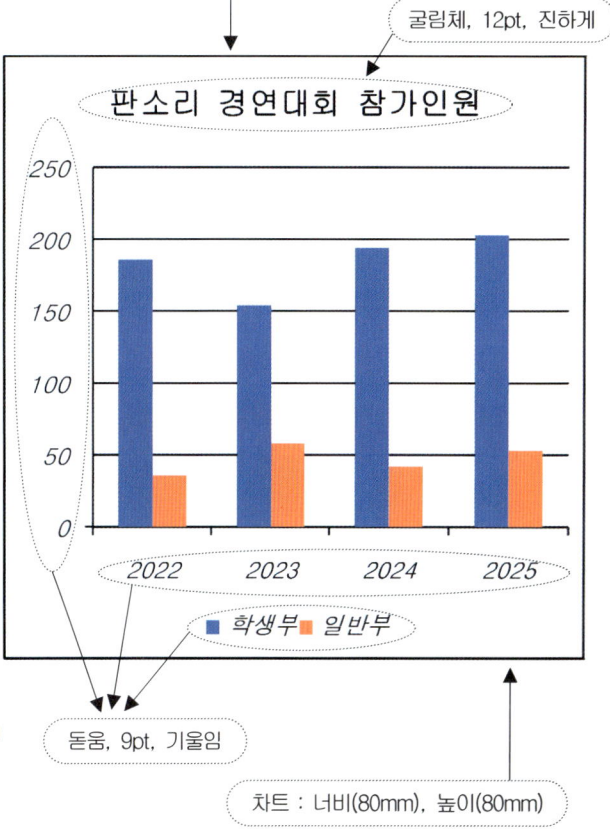

# 제16회 실전모의고사

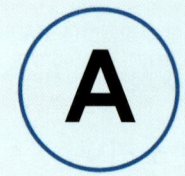

◎ 시험과목 : 워드프로세서(한글)
◎ 시험일자 : 20○○. ○○. ○○.(X)
◎ 응시자 기재사항 및 감독위원 확인

| 수검번호 | DIW - 0000 - | 감독위원 확인 |
|---|---|---|
| 성 명 | | |

## 응시자 유의사항

1. 응시자는 신분증을 지참하여야 시험에 응시할 수 있으며, 시험이 종료될 때까지 신분증을 제시하지 못 할 경우 해당 시험은 0점 처리됩니다.
2. 시스템(PC작동여부, 네트워크 상태 등)의 이상여부를 반드시 확인하여야 하며, 시스템 이상이 있을 시 감독위원에게 조치를 받으셔야 합니다.
3. 시험 중 부주의 또는 고의로 시스템을 파손한 경우는 수검자 부담으로 합니다.
4. 답안전송 프로그램을 통해 파일을 다운로드하여 답안 파일을 작성하시기 바랍니다.
5. 작성한 답안 파일은 답안전송 프로그램을 통하여 전송됩니다. 감독위원의 지시에 따라 주시기 바랍니다.
6. 다음 사항의 경우 실격(0점) 혹은 부정행위 처리됩니다.
    1) 답안 파일을 저장하지 않았거나, 저장한 파일이 손상되었을 경우
    2) 답안 파일을 지정된 폴더(바탕화면 – "KAIT" 폴더)에 저장하지 않았을 경우
        ※ 답안 전송 프로그램 로그인 시 바탕화면에 자동 생성됨
    3) 답안 파일을 다른 보조기억장치(USB) 혹은 네트워크(메신저, 게시판 등)로 전송할 경우
    4) 휴대용 전화기 등 통신기기를 사용할 경우
7. **시험지에 제시된 글꼴이 응시 프로그램에 없는 경우, 반드시 감독위원에게 해당 내용을 통보한 뒤 조치를 받아야 합니다.**
8. 시험의 완료는 작성이 완료된 답안을 저장하고, 답안 전송이 완료된 상태를 확인한 것으로 합니다. 답안 전송 확인 후 문제지는 감독위원에게 제출한 후 퇴실하여야 합니다.
9. 답안전송이 완료된 경우에는 수정 또는 정정이 불가능합니다.
10. 시험 시행 후 합격자 발표는 홈페이지(www.ihd.or.kr)에서 확인하시기 바랍니다.
    ※ 합격자 발표 : 20XX. XX. XX.(X)
    ※ 시험지 공개 : 20XX. XX. XX.(X)

# 디지털정보활용능력 – 한글    시험시간 : 40분

【문제】 첨부된 문제를 다음의 조건을 적용하여 문서를 작성하시오.

① 문서는 A4(210mm×297mm) 크기, 세로 용지 방향으로 작성한다.

② 페이지 여백은 아래와 같이 설정한다.

| 왼쪽 | 오른쪽 | 위쪽 | 아래쪽 | 머리말 | 꼬리말 | 제본 |
|---|---|---|---|---|---|---|
| 20mm | 20mm | 20mm | 20mm | 10mm | 10mm | 0mm |

③ 아래와 같이 "자동 글머리 기호 넣기"와 "자동 번호 매기기" 기능을 해제한다.

도구 → 빠른 교정 → 빠른 교정 내용 → 입력 자동 서식 ⇒ 자동 글머리 기호 넣기(해제)
자동 번호 매기기(해제)

※ 만약 입력자동서식 메뉴가 없는 경우에는, "자동 글머리 기호 넣기"와 "자동 번호 매기기" 기능이 설정되어 있지 않은 것이므로 별도의 기능 해제 없이 그대로 시험에 응시하시면 됩니다.

④ 글자는 별도의 지시사항이 없는 한 바탕, 10pt, 양쪽정렬, 줄간격 160%로 작성한다.

⑤ 영문, 숫자 등은 별도의 지시가 없는 한 반각(1byte) 문자를 사용한다.

⑥ 특수문자는 문자표(전각 기호)를 이용하여 작성한다.

⑦ 교정부호 및 화살표로 기재된 지시사항대로 처리하되, ◯──→은 지시사항이므로 작성하지 않는다.

⑧ 1페이지에 [문제1]을 작성하고, 구역을 나누어 2페이지에 [문제2]를 작성한다.

※ 해당 페이지에 작성하지 않거나 의도적으로 텍스트 작성을 하지 않은 경우 0점 처리

⑨ [문제2]는 문제지와 같이 2단으로 다단을 나누어 작성한다.

⑩ '그림 삽입' 시에는 반드시 "KAIT 수검프로그램"을 통해 다운로드 한 그림 파일을 사용한다.

⑪ 총점 : 200점

[공통사항1(기본설정, 용지설정)] : 8점, [공통사항2(오탈자)] : 40점

[문제1] : 46점, [문제2] : 106점

⑫ 기타 특별히 지시되어 있지 않은 사항은 문제지에 준하여 작성한다.

# 좋은일터만들기컨퍼런스

기업 운영의 기반이 되는 직원은 내부고객이라고 불릴 만큼 중요하며 직원이 만족하면 기업의 성과도 높아집니다. 이에 따라 직무만족증진위원회에서는 **"좋은 일터 만들기 컨퍼런스"**를 개최하고자 합니다. 이번 행사에서는 '좋은 일터 Top 10'에 선정된 기업들의 우수 사례 발표와 직원 만족 증진을 위한 시설과 장비 전시회 등도 함께 진행할 예정입니다. 귀사의 직원 만족을 높일 수 있는 전략 수립에 큰 도움이 될 수 있도록 이번 행사에 여러분들의 많은 관심과 참여 바랍니다.

◎ 행사안내 ◎

1. 행사일시 : 2025년 9월 26일(금), 08:00 ~ 17:30
2. 행사장소 : <u>한국직업개발정보센터 2층 그랜드볼룸</u>
3. 행사후원 : 고용노동부, 한국직업개발정보원
4. 참가비용 : 무료 (1개 회사당 최대 3인까지만 참석 가능)

※ 기타사항
- 참가 신청은 행사 홈페이지(http://www.ihd.or.kr)의 참가 안내 - 등록신청 메뉴에서 하실 수 있으며, 선착순 등록으로 조기 마감될 수 있습니다.
- 기타 내용은 직무만족증진위원회 교류사업팀 담당자(02-123-4567)에게 문의하시기 바랍니다.

2025. 08. 25.

## 직무만족증진위원회

# 직무 만족

## 1. 직무 만족이란?

직무 만족(Job Satisfaction)은 개인이 자신의 업무에 대해서 가지는 일반적인 태도(Attitude)나 만족하는 정도를 의미한다. 직무 만족도가 높으면 일 자체에 대해 긍정적으로 느끼게 되고 결과적으로 업무 능률(能率) 향상을 가져온다. 더욱 개념을 확대해 보면 개별 직원의 회사에 대한 충성도(Loyalty) 증대로 불필요한 이직을 줄일 수도 있다. 직무 만족은 기업 측면에서 보았을 때 조직이 효과적으로 잘 운영되고 있는지를 판단하는 중요한 하나의 척도(尺度)이며, 개인적인 측면에서는 직업에 대한 가치 부여와 자아실현, 삶의 질에 대한 만족도 향상에도 기여한다.

## 2. 직무 만족의 영향요인

마케팅(Marketing)Ⓐ 관점에서 일반적 의미의 고객은 기업의 매출을 발생시키거나 잠재적(潛在的)으로 매출 발생에 기여하는 외부고객이다. 반면 기업에서 생산 및 판매(販賣) 활동을 직접 수행하는 내부의 직원을 내부고객으로 본다. 직무 만족에 영향을 미치는 요인은 학자들마다 다양하게 제시하고 있다. Porter(1973)는 조직 요인, 작업 환경 요인, 근무내용 요인, 개인적 요인으로 제시하였으며, Locke(1976)는 직무 자체, 급여와 보상, 승진, 인정, 복리후생, 상사, 동료, 작업 조건, 회사 방침으로 제시하였다. 일반적으로 직무 만족에 있어서 동료 및 상사와의 커뮤니케이션 및 관계(Relationship), 임금 및 보상, 직무에 대한 호감 및 적성(適性), 근무 시설 등의 근무 환경 요소가 영향을 미치는 것으로 연구되고 있다.

Ⓐ 상품, 서비스를 소비자에게 판매하는 일련의 활동

### 업체별 직무 만족 점수

| 업체 | 2022 | 2023 | 2024 |
|---|---|---|---|
| 빛나리전자 | 79 | 83 | 87 |
| 금나리유통 | 76 | 84 | 81 |
| 해나리패션 | 86 | 82 | 84 |
| 평균 | 80.33 | 83.00 | 84.00 |

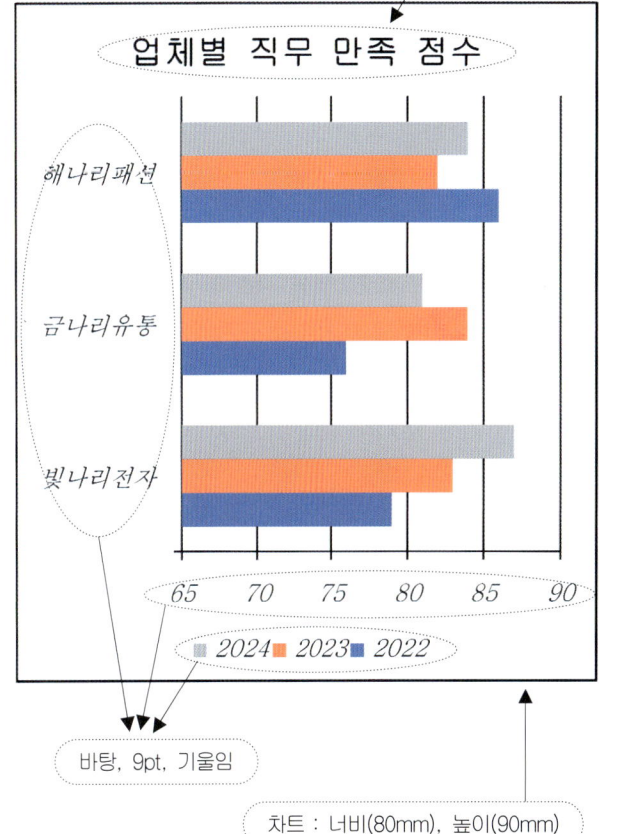

# 제17회 실전모의고사

한컴오피스 한글 2022 버전용

◎ 시험과목 : 워드프로세서(한글)
◎ 시험일자 : 20○○. ○○. ○○.(X)
◎ 응시자 기재사항 및 감독위원 확인

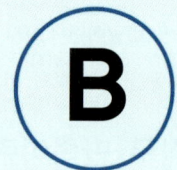

| 수검번호 | DIW - 0000 - | 감독위원 확인 |
|---|---|---|
| 성 명 | | |

## 응시자 유의사항

1. 응시자는 신분증을 지참하여야 시험에 응시할 수 있으며, 시험이 종료될 때까지 신분증을 제시하지 못 할 경우 해당 시험은 0점 처리됩니다.
2. 시스템(PC작동여부, 네트워크 상태 등)의 이상여부를 반드시 확인하여야 하며, 시스템 이상이 있을 시 감독위원에게 조치를 받으셔야 합니다.
3. 시험 중 부주의 또는 고의로 시스템을 파손한 경우는 수검자 부담으로 합니다.
4. 답안전송 프로그램을 통해 파일을 다운로드하여 답안 파일을 작성하시기 바랍니다.
5. 작성한 답안 파일은 답안전송 프로그램을 통하여 전송됩니다. 감독위원의 지시에 따라 주시기 바랍니다.
6. 다음 사항의 경우 실격(0점) 혹은 부정행위 처리됩니다.
    1) 답안 파일을 저장하지 않았거나, 저장한 파일이 손상되었을 경우
    2) 답안 파일을 지정된 폴더(바탕화면 – "KAIT"폴더)에 저장하지 않았을 경우
        ※ 답안 전송 프로그램 로그인 시 바탕화면에 자동 생성됨
    3) 답안 파일을 다른 보조기억장치(USB) 혹은 네트워크(메신저, 게시판 등)로 전송할 경우
    4) 휴대용 전화기 등 통신기기를 사용할 경우
7. **시험지에 제시된 글꼴이 응시 프로그램에 없는 경우, 반드시 감독위원에게 해당 내용을 통보한 뒤 조치를 받아야 합니다.**
8. 시험의 완료는 작성이 완료된 답안을 저장하고, 답안 전송이 완료된 상태를 확인한 것으로 합니다. 답안 전송 확인 후 문제지는 감독위원에게 제출한 후 퇴실하여야 합니다.
9. 답안전송이 완료된 경우에는 수정 또는 정정이 불가능합니다.
10. 시험 시행 후 합격자 발표는 홈페이지(www.ihd.or.kr)에서 확인하시기 바랍니다.
    ※ 합격자 발표 : 20XX. XX. XX.(X)
    ※ 시험지 공개 : 20XX. XX. XX.(X)

## 디지털정보활용능력 - 한글    시험시간 : 40분

**【문제】 첨부된 문제를 다음의 조건을 적용하여 문서를 작성하시오.**

① 문서는 A4(210mm×297mm) 크기, 세로 용지 방향으로 작성한다.

② 페이지 여백은 아래와 같이 설정한다.

| 왼쪽 | 오른쪽 | 위쪽 | 아래쪽 | 머리말 | 꼬리말 | 제본 |
|---|---|---|---|---|---|---|
| 20mm | 20mm | 20mm | 20mm | 10mm | 10mm | 0mm |

③ 아래와 같이 "자동 글머리 기호 넣기"와 "자동 번호 매기기" 기능을 해제한다.

> 도구 → 빠른 교정 → 빠른 교정 내용 → 입력 자동 서식 ⇒ 자동 글머리 기호 넣기(해제)
> 자동 번호 매기기(해제)

 ※ 만약 입력자동서식 메뉴가 없는 경우에는, "자동 글머리 기호 넣기"와 "자동 번호 매기기" 기능이 설정되어 있지 않은 것이므로 별도의 기능 해제 없이 그대로 시험에 응시하시면 됩니다.

④ 글자는 별도의 지시사항이 없는 한 **바탕, 10pt, 양쪽정렬, 줄간격 160%**로 작성한다.

⑤ 영문, 숫자 등은 별도의 지시가 없는 한 반각(1byte) 문자를 사용한다.

⑥ 특수문자는 문자표(전각 기호)를 이용하여 작성한다.

⑦ 교정부호 및 화살표로 기재된 지시사항대로 처리하되, ⟨⎯⎯⎯⟩→은 지시사항이므로 작성하지 않는다.

⑧ 1페이지에 [문제1]을 작성하고, 구역을 나누어 2페이지에 [문제2]를 작성한다.

 ※ 해당 페이지에 작성하지 않거나 의도적으로 텍스트 작성을 하지 않은 경우 0점 처리

⑨ [문제2]는 문제지와 같이 2단으로 다단을 나누어 작성한다.

⑩ '그림 삽입' 시에는 반드시 "KAIT 수검프로그램"을 통해 다운로드 한 그림 파일을 사용한다.

⑪ 총점 : 200점

 [공통사항1(기본설정, 용지설정)] : 8점, [공통사항2(오탈자)] : 40점

 [문제1] : 46점, [문제2] : 106점

⑫ 기타 특별히 지시되어 있지 않은 사항은 문제지에 준하여 작성한다.

# 천연화장품만들기

피부가 민감한 사람에게 건조한 겨울은 괴로운 계절입니다. 이에 우리는 흔히 피부의 보습력을 강화해주기 위해 보습 크림을 바르지만, 상대적으로 식물성 오일이 오히려 피부에 더욱 좋은 것으로 알려져 있습니다. 한국천연비누협회에서는 건조한 겨울을 건강하게 보낼 수 있도록 식물성 오일을 이용한 나만의 천연화장품 만들기 행사를 시행하고자 합니다. *식물성 재료만을 이용한 천연화장품*으로 건강한 피부를 유지하기를 원하는 분들의 많은 관심과 참여 바랍니다.

◆ 행사안내 ◆

1. 프로그램 : 식물성 오일로 천연화장품 만들기
2. 운영일정 : 2025년 10월 25일(토) ~ 26일(일)
3. 참 가 비 : 일반 5,000원 / 학생 3,000원
4. 참가신청 : <u>한국천연비누협회 홈페이지(http://www.ihd.or.kr)</u>를 통한 사전 접수

※ 기타사항
- 원활한 행사를 위해 날짜별로 선착순 60명만 신청할 수 있으며, 접수는 참가비 입금 순으로 처리됩니다. (참가비가 입금되지 않으면 자동으로 접수가 취소됩니다.)
- 기타 자세한 사항은 행사 담당자(02-123-4567)에게 문의하여 주시기 바랍니다.

2025. 09. 22.

## 한국천연비누협회

# 천연비누

## 1. 웰빙비누

대기오염과 스트레스 지수가 높아지면서 유해 환경으로부터 피부를 보호하려는 다양한 방법들이 시도되고 있다. 피부는 전문 클리닉(Clinic)의 관리도 중요하지만, 생활 속에서 꾸준하게 관리하는 것이 더 중요하다. 천연비누 만들기가 웰빙의 중요한 테마(Theme)로 떠오르는 이유도 바로 여기에 있다. 자신의 피부 특성을 파악(把握)하고 피부 기능을 최적화할 수 있는 천연비누(Natural Soap)를 만들어 쓰면 맑고 깨끗한 피부는 물론, 건강(健康)하고 활력 넘치는 생활을 할 수 있다. 비누는 완성된 한 달쯤 실온에서 숙성(熟成)시켜 사용하게 되며 보다 나은 비누를 만들려면 3~4개월까지도 숙성시킨다.

## 2. 식물성비누

나무 추출성분은 식물성㉮이고 피부에 해가 적어 화장품에 많이 쓰이고 있다. 그중에서도 소나무 추출물, 바오밥나무 추출물, 물푸레나무 추출물이 많이 쓰인다. 소나무 추출물 혹은 솔잎 추출물은 구하기도 쉽고 사람들에게 거부감도 없어 두루두루 쓰이는데, 특히 자외선(Ultraviolet)에 의한 색소침착과 피부세포 손상을 예방하는 효과가 큰 것으로 알려져 있다. 또한, 풍부한 수렴효과로 피부에 청량감을 주고, 항균효과, 잡티생성 억제, 맑고 투명(透明)한 피부를 유지해주는 효과가 있다. 바오밥나무 추출물은 보습효과가 뛰어나 보습제에 주로 쓰인다. 바오밥나무는 40%가 넘는 수분 함량 때문에 목재(木材)로서의 가치는 낮지만, 약용으로는 효과가 뛰어난 것으로 알려져 있다.

---

㉮ 식물에서만 볼 수 있는 고유한 성질

## 아로마오일 사용현황(단위 ; 톤)

| 아로마오일 | 사용량 |
|---|---|
| 싸이프러스 | 45 |
| 카모마일 | 50 |
| 유칼립투스 | 40 |
| 자스민 | 60 |
| 라벤더 | 70 |
| 합계 | 265 |

### 아로마오일 사용현황

# 제18회 실전모의고사

한컴오피스 한글 2022 버전용

◎ 시험과목 : 워드프로세서(한글)
◎ 시험일자 : 20○○. ○○. ○○.(X)
◎ 응시자 기재사항 및 감독위원 확인

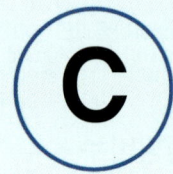

| 수검번호 | DIW - 0000 - | 감독위원 확인 |
|---|---|---|
| 성　명 | | |

## 응시자 유의사항

1. 응시자는 신분증을 지참하여야 시험에 응시할 수 있으며, 시험이 종료될 때까지 신분증을 제시하지 못 할 경우 해당 시험은 0점 처리됩니다.
2. 시스템(PC작동여부, 네트워크 상태 등)의 이상여부를 반드시 확인하여야 하며, 시스템 이상이 있을 시 감독위원에게 조치를 받으셔야 합니다.
3. 시험 중 부주의 또는 고의로 시스템을 파손한 경우는 수검자 부담으로 합니다.
4. 답안전송 프로그램을 통해 파일을 다운로드하여 답안 파일을 작성하시기 바랍니다.
5. 작성한 답안 파일은 답안전송 프로그램을 통하여 전송됩니다. 감독위원의 지시에 따라 주시기 바랍니다.
6. 다음 사항의 경우 실격(0점) 혹은 부정행위 처리됩니다.
    1) 답안 파일을 저장하지 않았거나, 저장한 파일이 손상되었을 경우
    2) 답안 파일을 지정된 폴더(바탕화면 – "KAIT" 폴더)에 저장하지 않았을 경우
        ※ 답안 전송 프로그램 로그인 시 바탕화면에 자동 생성됨
    3) 답안 파일을 다른 보조기억장치(USB) 혹은 네트워크(메신저, 게시판 등)로 전송할 경우
    4) 휴대용 전화기 등 통신기기를 사용할 경우
7. **시험지에 제시된 글꼴이 응시 프로그램에 없는 경우, 반드시 감독위원에게 해당 내용을 통보한 뒤 조치를 받아야 합니다.**
8. 시험의 완료는 작성이 완료된 답안을 저장하고, 답안 전송이 완료된 상태를 확인한 것으로 합니다. 답안 전송 확인 후 문제지는 감독위원에게 제출한 후 퇴실하여야 합니다.
9. 답안전송이 완료된 경우에는 수정 또는 정정이 불가능합니다.
10. 시험 시행 후 합격자 발표는 홈페이지(www.ihd.or.kr)에서 확인하시기 바랍니다.
    ※ 합격자 발표 : 20XX. XX. XX.(X)
    ※ 시험지 공개 : 20XX. XX. XX.(X)

# 디지털정보활용능력 – 한글    시험시간 : 40분

**【문제】 첨부된 문제를 다음의 조건을 적용하여 문서를 작성하시오.**

① 문서는 A4(210mm×297mm) 크기, 세로 용지 방향으로 작성한다.

② 페이지 여백은 아래와 같이 설정한다.

| 왼쪽 | 오른쪽 | 위쪽 | 아래쪽 | 머리말 | 꼬리말 | 제본 |
|---|---|---|---|---|---|---|
| 20mm | 20mm | 20mm | 20mm | 10mm | 10mm | 0mm |

③ 아래와 같이 "자동 글머리 기호 넣기"와 "자동 번호 매기기" 기능을 해제한다.

> 도구 → 빠른 교정 → 빠른 교정 내용 → 입력 자동 서식 ⇒ 자동 글머리 기호 넣기(해제)
> 자동 번호 매기기(해제)

※ 만약 입력자동서식 메뉴가 없는 경우에는, "자동 글머리 기호 넣기"와 "자동 번호 매기기" 기능이 설정되어 있지 않은 것이므로 별도의 기능 해제 없이 그대로 시험에 응시하시면 됩니다.

④ 글자는 별도의 지시사항이 없는 한 **바탕, 10pt, 양쪽정렬, 줄간격 160%**로 작성한다.

⑤ 영문, 숫자 등은 별도의 지시가 없는 한 반각(1byte) 문자를 사용한다.

⑥ 특수문자는 문자표(전각 기호)를 이용하여 작성한다.

⑦ 교정부호 및 화살표로 기재된 지시사항대로 처리하되, ⬚→은 지시사항이므로 작성하지 않는다.

⑧ 1페이지에 [문제1]을 작성하고, 구역을 나누어 2페이지에 [문제2]를 작성한다.

※ 해당 페이지에 작성하지 않거나 의도적으로 텍스트 작성을 하지 않은 경우 0점 처리

⑨ [문제2]는 문제지와 같이 2단으로 다단을 나누어 작성한다.

⑩ '그림 삽입' 시에는 반드시 "KAIT 수검프로그램"을 통해 다운로드 한 그림 파일을 사용한다.

⑪ 총점 : 200점

  [공통사항1(기본설정, 용지설정)] : 8점, [공통사항2(오탈자)] : 40점

  [문제1] : 46점, [문제2] : 106점

⑫ 기타 특별히 지시되어 있지 않은 사항은 문제지에 준하여 작성한다.

# 한숲산악회회원모집

▲ 입회안내 ▲

한성시 최대의 회원을 보유하고 있는 한숲산악회에서 *2026년 2분기 신입회원을 모집*합니다. 우리 산악회는 2009년부터 시작하여 현재 200여명이 가입하여 활동하고 있습니다. 등산 및 친목도모는 물론 불우이웃 돕기 등 사회 공헌활동을 함께 진행하는 우리 지역의 우수 산악회입니다. 산행이 초보이신 분들도 입회가 가능하며, 초보 분들을 위해 산을 쉽게 타는 법, 산행에 있어서의 주의사항, 복장 관련 다양한 정보를 제공해드립니다. 산과 자연을 사랑하는 여러분들의 많은 입회 부탁드립니다.

1. 모집정보 : 한숲산악회 2026년 2분기 회원 모집
2. 회원활동 : 정기산행(월 2회), 회원 친목도모 및 교류 활동, 불우이웃 돕기 등 사회공헌 활동
3. 회원자격 : 한성시에 거주하는 20대 이상으로 <u>*진취적이고 긍정적인 마인드를 가지신 분*</u>
4. 모집기간 : 2026년 3월 20일까지
5. 회    비 : 입회비 20만원, 산행회비 2만원(회당)

※ 입회문의 및 기타사항
- 입회문의 : 한숲산악회 홍길동 총무 (전화 : 035-123-4567)
- 인터넷 카페 : cafe.ihd.or.kr/mountainlove
- 초보 입회자들을 위한 등산 정보 교육은 10월 15일 진행됩니다.

2026. 2. 25.

한숲산악회장

## 등산의 효과

### 1. 등산의 효과

체력 관리와 여가 활동으로 트래킹[1], 등산 등 산악활동을 하는 직장인들이 크게 늘고 있다. 등산 전문가들은 국민들의 레저(leisure)와 휴양(休養)에 대한 욕구가 크게 늘어나면서 등산 열풍이 불고 있으며, 전체 국민들에 30% 이상이 한 달에 한 번 이상은 등산을 하는 것으로 추정하고 있다. 등산의 효과로 들 수 있는 첫 번째는 다이어트가 체중조절이다. 등산은 다른 운동(運動)들에 비해 열량소모 효과가 뛰어나 대략 한 시간에 600kcal 이상을 소비한다. 그리고 지속적으로 등산을 하면 심장이 튼튼해져 심폐 기능이 강화되고 지구력 및 근력(筋力)이 강화되며 만성피로 회복에도 도움이 된다. 또한 초록의 자연경관은 눈의 피로를 풀어주어 시력 개선효과를 가져오며, 우울증 예방이나 스트레스(stress) 해소에도 효과가 있다.

### 2. 건강한 등산 방법

등산은 자신의 체력 수준이나 몸에 맞게 하여야 하며, 잘못된 등산 습관(習慣)은 오히려 역효과를 가져올 수 있다. 건강한 위해서 등산을 등산 전 충분한 스트레칭(stretching)은 필수적이다. 특히 초행의 경우 무리하게 산을 오르는 것보다는 적당한 휴식을 취하며 난이도가 낮은 산부터 높은 산으로 점차적으로 수준을 올려가야 한다. 체력 소모를 줄이기 위해 등산 스틱을 사용하는 것도 방법이다. 스틱 사용시 체중을 30% 분산하는 효과가 있으며, 관절이 약한 경우에는 필수적으로 이용해야 한다. 또한 체력 소모(消耗)가 많으므로 산행 중 충분한 음식 섭취도 필요하다.

### 연령별 등산횟수 비율(단위:%)

| 횟수 | 40대 미만 | 40대 이상 |
|---|---|---|
| 주 1회 이상 | 5 | 25 |
| 한달 1회 이상 | 21 | 26 |
| 분기 1회 이상 | 14 | 13 |
| 1년 1회 이상 | 38 | 23 |
| 평균 | 19.50 | 21.75 |

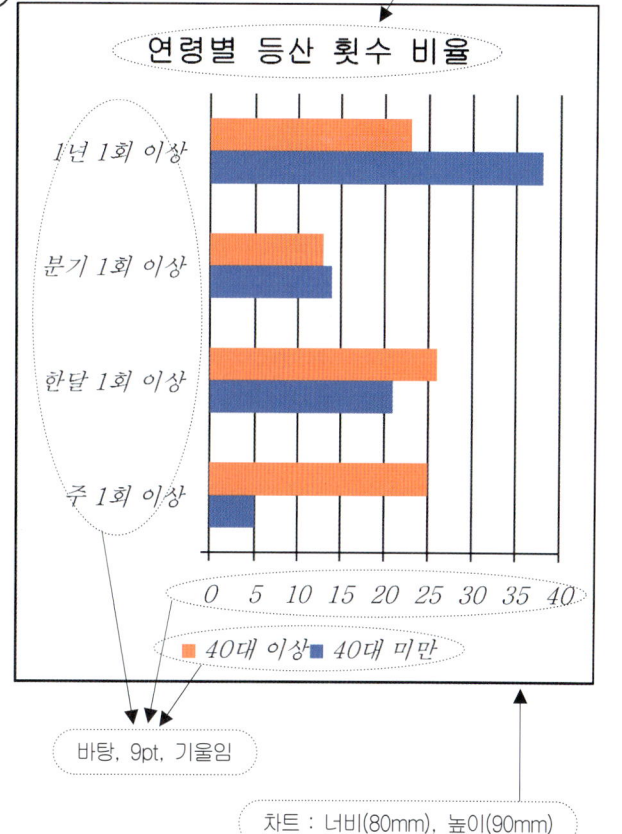

---

[1] 비교적 평탄한 지형을 이동하는 산행

# 제19회 실전모의고사

한컴오피스 한글 2022 버전용

◎ 시험과목 : 워드프로세서(한글)
◎ 시험일자 : 20○○. ○○. ○○.(X)
◎ 응시자 기재사항 및 감독위원 확인

| 수검번호 | DIW - 0000 - | 감독위원 확인 |
|---|---|---|
| 성 명 |  |  |

## 응시자 유의사항

1. 응시자는 신분증을 지참하여야 시험에 응시할 수 있으며, 시험이 종료될 때까지 신분증을 제시하지 못 할 경우 해당 시험은 0점 처리됩니다.
2. 시스템(PC작동여부, 네트워크 상태 등)의 이상여부를 반드시 확인하여야 하며, 시스템 이상이 있을 시 감독위원에게 조치를 받으셔야 합니다.
3. 시험 중 부주의 또는 고의로 시스템을 파손한 경우는 수검자 부담으로 합니다.
4. 답안전송 프로그램을 통해 파일을 다운로드하여 답안 파일을 작성하시기 바랍니다.
5. 작성한 답안 파일은 답안전송 프로그램을 통하여 전송됩니다. 감독위원의 지시에 따라 주시기 바랍니다.
6. 다음 사항의 경우 실격(0점) 혹은 부정행위 처리됩니다.
    1) 답안 파일을 저장하지 않았거나, 저장한 파일이 손상되었을 경우
    2) 답안 파일을 지정된 폴더(바탕화면 - "KAIT"폴더)에 저장하지 않았을 경우
        ※ 답안 전송 프로그램 로그인 시 바탕화면에 자동 생성됨
    3) 답안 파일을 다른 보조기억장치(USB) 혹은 네트워크(메신저, 게시판 등)로 전송할 경우
    4) 휴대용 전화기 등 통신기기를 사용할 경우
7. **시험지에 제시된 글꼴이 응시 프로그램에 없는 경우, 반드시 감독위원에게 해당 내용을 통보한 뒤 조치를 받아야 합니다.**
8. 시험의 완료는 작성이 완료된 답안을 저장하고, 답안 전송이 완료된 상태를 확인한 것으로 합니다. 답안 전송 확인 후 문제지는 감독위원에게 제출한 후 퇴실하여야 합니다.
9. 답안전송이 완료된 경우에는 수정 또는 정정이 불가능합니다.
10. 시험 시행 후 합격자 발표는 홈페이지(www.ihd.or.kr)에서 확인하시기 바랍니다.
    ※ 합격자 발표 : 20XX. XX. XX.(X)
    ※ 시험지 공개 : 20XX. XX. XX.(X)

## 디지털정보활용능력 - 한글  시험시간 : 40분

【문제】 첨부된 문제를 다음의 조건을 적용하여 문서를 작성하시오.

① 문서는 A4(210mm×297mm) 크기, 세로 용지 방향으로 작성한다.

② 페이지 여백은 아래와 같이 설정한다.

| 왼쪽 | 오른쪽 | 위쪽 | 아래쪽 | 머리말 | 꼬리말 | 제본 |
|---|---|---|---|---|---|---|
| 20mm | 20mm | 20mm | 20mm | 10mm | 10mm | 0mm |

③ 아래와 같이 "자동 글머리 기호 넣기"와 "자동 번호 매기기" 기능을 해제한다.

도구 → 빠른 교정 → 빠른 교정 내용 → 입력 자동 서식 ⇒ 자동 글머리 기호 넣기(해제) 자동 번호 매기기(해제)

※ 만약 입력자동서식 메뉴가 없는 경우에는, "자동 글머리 기호 넣기"와 "자동 번호 매기기" 기능이 설정되어 있지 않은 것이므로 별도의 기능 해제 없이 그대로 시험에 응시하시면 됩니다.

④ 글자는 별도의 지시사항이 없는 한 **바탕**, **10pt**, **양쪽정렬**, **줄간격 160%**로 작성한다.

⑤ 영문, 숫자 등은 별도의 지시가 없는 한 반각(1byte) 문자를 사용한다.

⑥ 특수문자는 문자표(전각 기호)를 이용하여 작성한다.

⑦ 교정부호 및 화살표로 기재된 지시사항대로 처리하되, ⬚→은 지시사항이므로 작성하지 않는다.

⑧ 1페이지에 [문제1]을 작성하고, 구역을 나누어 2페이지에 [문제2]를 작성한다.

※ 해당 페이지에 작성하지 않거나 의도적으로 텍스트 작성을 하지 않은 경우 0점 처리

⑨ [문제2]는 문제지와 같이 2단으로 다단을 나누어 작성한다.

⑩ '그림 삽입' 시에는 반드시 "KAIT 수검프로그램"을 통해 다운로드 한 그림 파일을 사용한다.

⑪ 총점 : 200점

[공통사항1(기본설정, 용지설정)] : 8점, [공통사항2(오탈자)] : 40점

[문제1] : 46점, [문제2] : 106점

⑫ 기타 특별히 지시되어 있지 않은 사항은 문제지에 준하여 작성한다.

# 전주세계소리축제

전주세계소리축제는 함께하는 소리의 판으로 *소리와 사람이 함께 어우러지는 신명 나는 축제*입니다. 우리 전통음악인 판소리에 근간을 두고 세계음악과 벽을 허무는 전주세계소리축제는 특정 음악 장르에 치우치지 않고 각 분야별 세계적인 명성을 얻고 있는 마스터급 아티스트 공연까지 다양한 공연을 한자리에서 느낄 수 있는 고품격 세계음악 예술제입니다. 판소리 K-Pop과 전통음악의 만남, 산조, 월드뮤직에 이르기까지 듣고 감상하고 체험하는 시간이 마련되어 가족, 연인이 골라볼 수 있는 다채로운 공연 프로그램도 운영할 예정이오니 많은 관심과 참여 바랍니다.

### ★ 축제일정 ★

1. 축제일시 : 2026년 03월 04일(수) ~ 03월 08일(일) 5일간
2. 축제장소 : 한국소리문화의전당, 전주한옥마을
3. 축제내용 : *판소리를 중심으로 한 국제음악축제*
4. 주    최 : 전라북도
5. 후    원 : 문화체육관광부, 전북문화누리사업단

※ 기타사항

- 주변이 다소 혼잡할 수 있으므로 가급적 대중교통을 이용해주시기 바랍니다.
- 축제 시간표 및 공연장, 부대행사에 대한 자세한 정보는 홈페이지(http://www.ihd.or.kr)에서 확인할 수 있으며 우천 시에도 행사는 진행합니다.
- 기타 자세한 내용은 행사 담당자(02-123-4567)에게 문의하시기 바랍니다.

2026. 02. 10.

## 전통공연예술진흥재단

# 동편제 마을

## 1. 마을의 유래

조선조 숙종 초에 운봉읍 밀양 박씨가 황산대첩비 옆 북천 천변(川邊)에 낚시를 하다가 대첩비 입구의 소나무 숲이 우거져 아름다운 충치에 이끌리어 이곳으로 옮겨 살게 된 것이 전촌마을의 시초이다. 운봉(雲峰)에 사는 밀양 박씨들은 숫자가 많이 번창하자 혼잡을 피하기 위해 동박과 서박으로 나누어졌는데 이때 전촌리에 들어온 박씨는 그중 동박에 속한 사람이다. 황산대첩비가 새워져 있는 앞마을이므로 앞마을이라 칭하였는데 지명(地名)을 한자로 바꾸면서 전촌리라 표기하게 되었다. 태조 이성계의 대첩 비각(碑刻)이 있는 사적지에 인접해 있는 관계로 항상 수려한 환경(Environment)을 유지하여 전촌도 그 영향을 받아 깨끗한 아름답고 마을로 알려져 있다.

## 2. 판소리의 고장

판소리(Pansori)는 우리 민족의 정서와 멋과 풍류가 어우러진 민중(Populace) 음악(Music)이다. 판소리는 위로는 임금에서부터 아래로는 민중들까지 즐겨 들으며 함께 울고 웃었다. 판소리의 양대 산맥은 동편제와 서편제다. 남원은 바로 동편제 판소리의 탯자리다. 동편제(東便制)는 섬진강을 중심으로 동쪽지역에 있는 지방 남원, 운봉, 구례, 순창, 흥덕에서 불리어진 판소리이다. 소리의 특징은 특별한 기교를 부리지 않고 그저 '목으로 우리는 소리'이다. 동편제 소리에서는 소리꾼①의 풍부한 설양이 중요하게 여겨진다. 기교가 적게 들어가는 대신 쭉쭉 뻗는 우렁찬 소리와 매 구절마다 끝마침이 명확하여 시원함이 느껴진다.

---

① 판소리나 잡가, 민요 따위를 부르는 일을 하는 사람

### 소리축제 관객수

| 년도 | 관객집계(만명) |
|---|---|
| 2018 | 28 |
| 2019 | 22 |
| 2020 | 21 |
| 2021 | 26 |
| 2022 | 40 |
| 합계 | 137 |

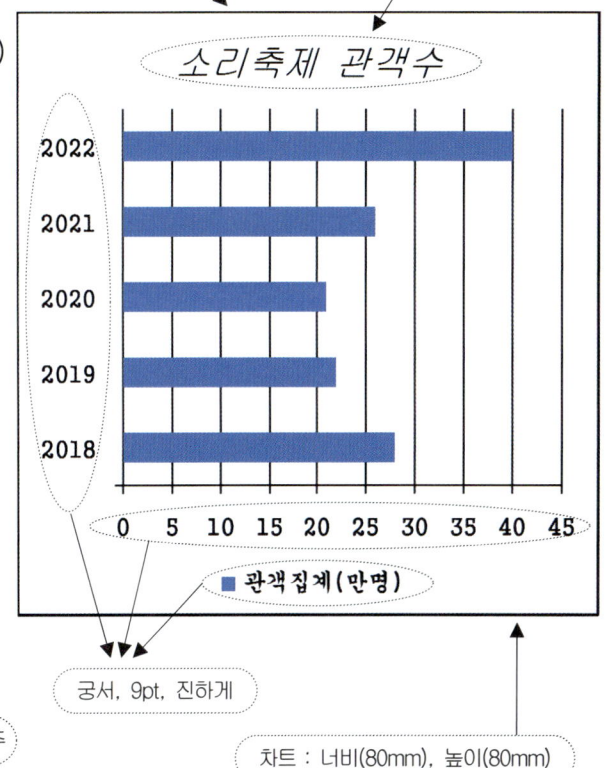

# 제20회 실전모의고사

한컴오피스 한글 2022 버전용

◎ 시험과목 : 워드프로세서(한글)
◎ 시험일자 : 20○○. ○○. ○○.(X)
◎ 응시자 기재사항 및 감독위원 확인

E

| 수검번호 | DIW - 0000 - | 감독위원 확인 |
|---|---|---|
| 성 명 | | |

## 응시자 유의사항

1. 응시자는 신분증을 지참하여야 시험에 응시할 수 있으며, 시험이 종료될 때까지 신분증을 제시하지 못 할 경우 해당 시험은 0점 처리됩니다.
2. 시스템(PC작동여부, 네트워크 상태 등)의 이상여부를 반드시 확인하여야 하며, 시스템 이상이 있을 시 감독위원에게 조치를 받으셔야 합니다.
3. 시험 중 부주의 또는 고의로 시스템을 파손한 경우는 수검자 부담으로 합니다.
4. 답안전송 프로그램을 통해 파일을 다운로드하여 답안 파일을 작성하시기 바랍니다.
5. 작성한 답안 파일은 답안전송 프로그램을 통하여 전송됩니다. 감독위원의 지시에 따라 주시기 바랍니다.
6. 다음 사항의 경우 실격(0점) 혹은 부정행위 처리됩니다.
    1) 답안 파일을 저장하지 않았거나, 저장한 파일이 손상되었을 경우
    2) 답안 파일을 지정된 폴더(바탕화면 – "KAIT" 폴더)에 저장하지 않았을 경우
        ※ 답안 전송 프로그램 로그인 시 바탕화면에 자동 생성됨
    3) 답안 파일을 다른 보조기억장치(USB) 혹은 네트워크(메신저, 게시판 등)로 전송할 경우
    4) 휴대용 전화기 등 통신기기를 사용할 경우
7. **시험지에 제시된 글꼴이 응시 프로그램에 없는 경우, 반드시 감독위원에게 해당 내용을 통보한 뒤 조치를 받아야 합니다.**
8. 시험의 완료는 작성이 완료된 답안을 저장하고, 답안 전송이 완료된 상태를 확인한 것으로 합니다. 답안 전송 확인 후 문제지는 감독위원에게 제출한 후 퇴실하여야 합니다.
9. 답안전송이 완료된 경우에는 수정 또는 정정이 불가능합니다.
10. 시험 시행 후 합격자 발표는 홈페이지(www.ihd.or.kr)에서 확인하시기 바랍니다.
    ※ 합격자 발표 : 20XX. XX. XX.(X)
    ※ 시험지 공개 : 20XX. XX. XX.(X)

식별CODE

# 디지털정보활용능력 – 한글    시험시간 : 40분

**【문제】** 첨부된 문제를 다음의 조건을 적용하여 문서를 작성하시오.

① 문서는 A4(210mm×297mm) 크기, 세로 용지 방향으로 작성한다.

② 페이지 여백은 아래와 같이 설정한다.

| 왼쪽 | 오른쪽 | 위쪽 | 아래쪽 | 머리말 | 꼬리말 | 제본 |
|---|---|---|---|---|---|---|
| 20mm | 20mm | 20mm | 20mm | 10mm | 10mm | 0mm |

③ 아래와 같이 "자동 글머리 기호 넣기"와 "자동 번호 매기기" 기능을 해제한다.

> 도구 → 빠른 교정 → 빠른 교정 내용 → 입력 자동 서식 ⇒ 자동 글머리 기호 넣기(해제)
> 자동 번호 매기기(해제)

※ 만약 입력자동서식 메뉴가 없는 경우에는, "자동 글머리 기호 넣기"와 "자동 번호 매기기" 기능이 설정되어 있지 않은 것이므로 별도의 기능 해제 없이 그대로 시험에 응시하시면 됩니다.

④ 글자는 별도의 지시사항이 없는 한 **바탕, 10pt, 양쪽정렬, 줄간격 160%**로 작성한다.

⑤ 영문, 숫자 등은 별도의 지시가 없는 한 반각(1byte) 문자를 사용한다.

⑥ 특수문자는 문자표(전각 기호)를 이용하여 작성한다.

⑦ 교정부호 및 화살표로 기재된 지시사항대로 처리하되, ⬭→은 지시사항이므로 작성하지 않는다.

⑧ 1페이지에 [문제1]을 작성하고, 구역을 나누어 2페이지에 [문제2]를 작성한다.

※ 해당 페이지에 작성하지 않거나 의도적으로 텍스트 작성을 하지 않은 경우 0점 처리

⑨ [문제2]는 문제지와 같이 2단으로 다단을 나누어 작성한다.

⑩ '그림 삽입' 시에는 반드시 "KAIT 수검프로그램"을 통해 다운로드 한 그림 파일을 사용한다.

⑪ 총점 : 200점

[공통사항1(기본설정, 용지설정)] : 8점, [공통사항2(오탈자)] : 40점

[문제1] : 46점, [문제2] : 106점

⑫ 기타 특별히 지시되어 있지 않은 사항은 문제지에 준하여 작성한다.

# 부산와인박람회

부산와인박람회는 국내 유일의 와인산업을 대표하는 전시회로서 지난 20년 동안 한국 와인산업의 성장과 함께 해왔습니다. 또한, 국내 소비자가 좋아할 만한 와인과 세계 각국의 프리미엄 와인을 한 자리에서 즐길 수 있는 행사입니다. 참가업체에게는 제품홍보와 비즈니스 파트너 발굴의 기회를 제공하고, 구매자에게는 와인품평회 및 와인도전 등과 같은 다양한 체험 이벤트를 선보입니다. 부산와인박람회는 참가업체와 소비자 모두에게 다양한 선택의 기회를 제공하고, 대한민국의 올바른 와인문화를 선도하는 역할을 다할 것입니다. 와인을 즐기고 좋아하시는 분들의 많은 참여 바랍니다.

★ 행사안내 ★

1. 행사일시 : 2025. 11. 28.(금)~2025. 11. 30.(일), 11:00~21:00
2. 행사장소 : 부산 벡스코
3. 사전등록 : *2025. 11. 16.(일) 18:00까지 온라인으로 등록*
4. 행사주관 : 한국소믈리에협회, 한국와인협회

※ 기타사항
- 다양한 국가의 와인업체와 상담을 원하는 바이어(수입업체)는 협회 홈페이지(http://www.ihd.or.kr) 방문 후 등록하시기 바랍니다.
- 박람회 참가비 : 1인당 20,000원(미성년자는 참여할 수 없음)
- 기념품 : 온라인으로 사전 등록한 분들에 한해 와인 오프너 증정

2025. 10. 29.

## 한국와인협회

# 와인의 종류

## 1. 레드 와인

레드 와인(red wine)의 경우 포도즙과 껍질이 함께 발효(醱酵)되기 때문에 타닌(tannin)과 안토시아닌(anthocyanin)양이 많아지며 이것이 와인에 떫은맛과 붉은 자줏빛을 부여한다. 특히 타닌은 와인의 구조와 골격을 형성하며 천연방부제 역할을 하기 때문에, 타닌이 들어 있는 레드 와인은 화이트 와인보다 보존기간이 훨씬 길다. 그렇지만 모든 적포도 품종(品種)이 동일한 양의 타닌을 함유하는 것은 아니다. 레드 와인은 보통 두 가지 스타일로 나뉜다. 하나는 부담 없이 마시기 좋은 과일 맛이 많은 레드 와인, 또 다른 하나는 몇 개월에서 몇 년 동안 오크통에서 숙성시키는 레드 와인이다. 오크통 내에서 화학적 복잡한 상호작용(相互作用)이 일어나며, 이 과정에서 와인의 향, 풍미, 질감이 조금씩 미묘하게 변한다.

## 2. 화이트 와인

화이트 와인(white wine)은 발효가 시작되기 전에 포도즙과 껍질을 분리한다. 화이트 와인은 과일의 신선함과 섬세함을 보존하는 것에 중점을 둔다. 이러한 점 때문에 온도 조절형 스테인리스(stainless) 발효조로 서서히 낮은 온도에서 발효가 일어나도록 하여 과일 향과 섬세함이 느껴지는 화이트 와인을 만든다. 20세기 후반 스테인리스 발효조가 개발(開發)되기 전까지만 해도, 화이트 와인은 약간 산화(酸化)된 맛이 나고 무미건조했다. 레드 와인과 달리 화이트 와인은 통상적으로 유산발효ⓐ를 거치지 않는데 그 이유는 화이트 와인에서는 신선한 산도가 중요하기 때문이다.

---

ⓐ 사과산이 젖산으로 변하는 과정

### 국내 와인 수입금액(단위:만달러)

| 년도 | 레드 | 화이트 |
|---|---|---|
| 2021년 | 14,527 | 3,550 |
| 2022년 | 18,562 | 4,908 |
| 2023년 | 32,100 | 9,211 |
| 2024년 | 45,123 | 10,510 |
| 합계 | 110,312 | 28,179 |

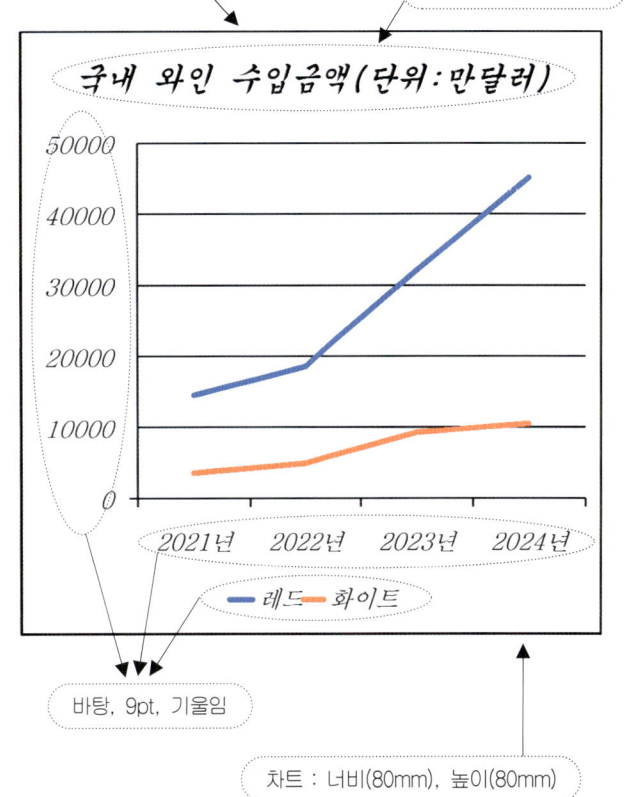

Memo

# PART 03

## 최신기출유형

제 **01** 회 최신기출유형
제 **02** 회 최신기출유형
제 **03** 회 최신기출유형
제 **04** 회 최신기출유형
제 **05** 회 최신기출유형

제.**06** 회 최신기출유형
제 **07** 회 최신기출유형
제 **08** 회 최신기출유형
제 **09** 회 최신기출유형
제 **10** 회 최신기출유형

# 제01회 최신기출유형

한컴오피스 한글 2022 버전용

◎ 시험과목 : 워드프로세서(한글)
◎ 시험일자 : 20○○. ○○. ○○.(X)
◎ 응시자 기재사항 및 감독위원 확인

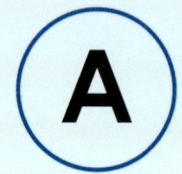

| 수검번호 | DIW - 0000 - | 감독위원 확인 |
|---|---|---|
| 성 명 | | |

## 응시자 유의사항

1. 응시자는 신분증을 지참하여야 시험에 응시할 수 있으며, 시험이 종료될 때까지 신분증을 제시하지 못 할 경우 해당 시험은 0점 처리됩니다.
2. 시스템(PC작동여부, 네트워크 상태 등)의 이상여부를 반드시 확인하여야 하며, 시스템 이상이 있을 시 감독위원에게 조치를 받으셔야 합니다.
3. 시험 중 부주의 또는 고의로 시스템을 파손한 경우는 수검자 부담으로 합니다.
4. 답안전송 프로그램을 통해 파일을 다운로드하여 답안 파일을 작성하시기 바랍니다.
5. 작성한 답안 파일은 답안전송 프로그램을 통하여 전송됩니다. 감독위원의 지시에 따라 주시기 바랍니다.
6. 다음 사항의 경우 실격(0점) 혹은 부정행위 처리됩니다.
   1) 답안 파일을 저장하지 않았거나, 저장한 파일이 손상되었을 경우
   2) 답안 파일을 지정된 폴더(바탕화면 - "KAIT" 폴더)에 저장하지 않았을 경우
      ※ 답안 전송 프로그램 로그인 시 바탕화면에 자동 생성됨
   3) 답안 파일을 다른 보조기억장치(USB) 혹은 네트워크(메신저, 게시판 등)로 전송할 경우
   4) 휴대용 전화기 등 통신기기를 사용할 경우
7. **시험지에 제시된 글꼴이 응시 프로그램에 없는 경우, 반드시 감독위원에게 해당 내용을 통보한 뒤 조치를 받아야 합니다.**
8. 시험의 완료는 작성이 완료된 답안을 저장하고, 답안 전송이 완료된 상태를 확인한 것으로 합니다. 답안 전송 확인 후 문제지는 감독위원에게 제출한 후 퇴실하여야 합니다.
9. 답안전송이 완료된 경우에는 수정 또는 정정이 불가능합니다.
10. 시험 시행 후 합격자 발표는 홈페이지(www.ihd.or.kr)에서 확인하시기 바랍니다.
    ※ 합격자 발표 : 20XX. XX. XX.(X)
    ※ 시험지 공개 : 20XX. XX. XX.(X)

식별CODE

## 디지털정보활용능력 – 한글    시험시간 : 40분

**【문제】** 첨부된 문제를 다음의 조건을 적용하여 문서를 작성하시오.

① 문서는 A4(210mm×297mm) 크기, 세로 용지 방향으로 작성한다.

② 페이지 여백은 아래와 같이 설정한다.

| 왼쪽 | 오른쪽 | 위쪽 | 아래쪽 | 머리말 | 꼬리말 | 제본 |
|---|---|---|---|---|---|---|
| 20mm | 20mm | 20mm | 20mm | 10mm | 10mm | 0mm |

③ 아래와 같이 "자동 글머리 기호 넣기"와 "자동 번호 매기기" 기능을 해제한다.

> 도구 → 빠른 교정 → 빠른 교정 내용 → 입력 자동 서식 ⇒ 자동 글머리 기호 넣기(해제)
> 자동 번호 매기기(해제)

※ 만약 입력자동서식 메뉴가 없는 경우에는, "자동 글머리 기호 넣기"와 "자동 번호 매기기" 기능이 설정되어 있지 않은 것이므로 별도의 기능 해제 없이 그대로 시험에 응시하시면 됩니다.

④ 글자는 별도의 지시사항이 없는 한 **바탕**, **10pt**, **양쪽정렬**, **줄간격 160%**로 작성한다.

⑤ 영문, 숫자 등은 별도의 지시가 없는 한 반각(1byte) 문자를 사용한다.

⑥ 특수문자는 문자표(전각 기호)를 이용하여 작성한다.

⑦ 교정부호 및 화살표로 기재된 지시사항대로 처리하되, ⬚→은 지시사항이므로 작성하지 않는다.

⑧ 1페이지에 [문제1]을 작성하고, 구역을 나누어 2페이지에 [문제2]를 작성한다.

※ 해당 페이지에 작성하지 않거나 의도적으로 텍스트 작성을 하지 않은 경우 0점 처리

⑨ [문제2]는 문제지와 같이 2단으로 다단을 나누어 작성한다.

⑩ '그림 삽입' 시에는 반드시 "KAIT 수검프로그램"을 통해 다운로드 한 그림 파일을 사용한다.

⑪ 총점 : 200점

[공통사항1(기본설정, 용지설정)] : 8점, [공통사항2(오탈자)] : 40점

[문제1] : 46점, [문제2] : 106점

⑫ 기타 특별히 지시되어 있지 않은 사항은 문제지에 준하여 작성한다.

# 2025년인공지능학술대회

**인**공지능은 이제 한 분야의 학문으로 정립된 지 70여 년이 되어가고 있습니다. 작년 학술대회는 다양한 분야에 적용 가능한 관련 논문과 각 분야의 전문가께서 연사로 참여해 주셔서 성공리에 마무리될 수 있었습니다. 2025년 학술대회에서는 **최근 인공지능기술과 4차 산업혁명**이 앞으로 사회적 그리고 경제적으로 우리 인류에게 어떤 영향을 미칠지 되짚어 볼 수 있는 소중하고 의미 있는 시간이 되리라 생각합니다. 많은 관심과 참석 바랍니다.

▶ 행사안내 ◀

1. 행사일시 : 2025년 7월 4일(토), 09:00 ~ 18:00
2. 행사장소 : 한국대학교 중앙캠퍼스 미래관
3. 행사주관 : 인공지능학회
4. 참여방법 : ***학회 홈페이지 (http://www.ihd.or.kr)***

※ 기타사항
- 학회 참가 신청은 선착순으로 진행되며 프로그램별 100명입니다.
- 자세한 내용은 학회 홈페이지에서 확인할 수 있으며 사전등록 및 교통 안내, 해외참가자의 출입국 관련 사무의 경우 학회사무국(02-123-4567)으로 문의 바랍니다.

2025. 05. 30.

## 인공지능학회

- 가 -

# 4차 산업혁명

## 1. 인공지능

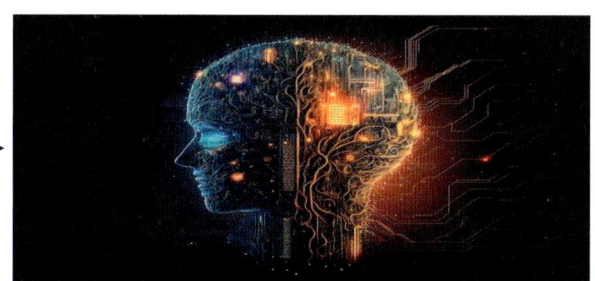

구글(Google)의 알파고는 세계의 여러 전문 바둑 기사와 대국에서 완벽에 가까운 승리를 거두면서 전 세계 사람에게 인공지능에 대한 관심을 불러 일으켰다. 인공지능은 인간의 학습 능력, 추론 능력, 지각 능력을 구현해서 인공적으로 문제를 해결하려는 과학 기술 분야를 의미한다. 인공지능을 크게 특정한 문제를 스스로 해결하는 '약인공지능'과 인간처럼 사고(思考)하여 문제를 해결할 수 있는 '강인공지능'으로 나뉜다. 현재의 인공지능은 기존의 컴퓨터 시스템에서 처리하기 어려웠던 특정(特定) 사진에서 목적한 것을 구분해 내는 것과 같이 현실적이고 실용적인 기능을 목표로 개발 중인 '약인공지능'이 대부분이다.

## 2. 4차산업

일반적으로 농경사회에서 증기 시스템을 이용해 방적기, 방직기가 도입된 인류 최초의 산업혁명을 1차 산업혁명이라 하고 전기, 내연기관을 주축으로 하는 2차 산업혁명을 거쳐 1970년대 시작한 디지털 기술이 접목된 시기를 3차 산업혁명이라 정의하고 있다. 4차 산업혁명이란 정의는 2016년 세계경제포럼에서 의장인 '슈바프'의 주창(主唱)에 의해 화두(話頭)가 되었다. 현재 로봇공학, 인공지능, 생명공학, 자율주행차량 등 기술혁신이 나타나고 있는 최근의 시기를 의미하며 모든 사물의 연결, 탈중앙화, 개방 등이 대표적 형태이다. 요소(要素)기술 및 산업 분야로는 블록체인, 빅데이터, 인공지능, 로봇공학, 양자암호, 사물인터넷, 첨단 헬스케어[1]가 대표적이다.

---

1) 의료 관련 기관의 전반적인 서비스를 총칭

### 4차산업 특허 동향

| 구분 | 인공지능 | 지능형로봇 |
|---|---|---|
| 2021 | 1,150 | 563 |
| 2022 | 2,367 | 1,002 |
| 2023 | 3,668 | 1,595 |
| 2024 | 4,174 | 2,341 |
| 합계 | 11,359 | 5,501 |

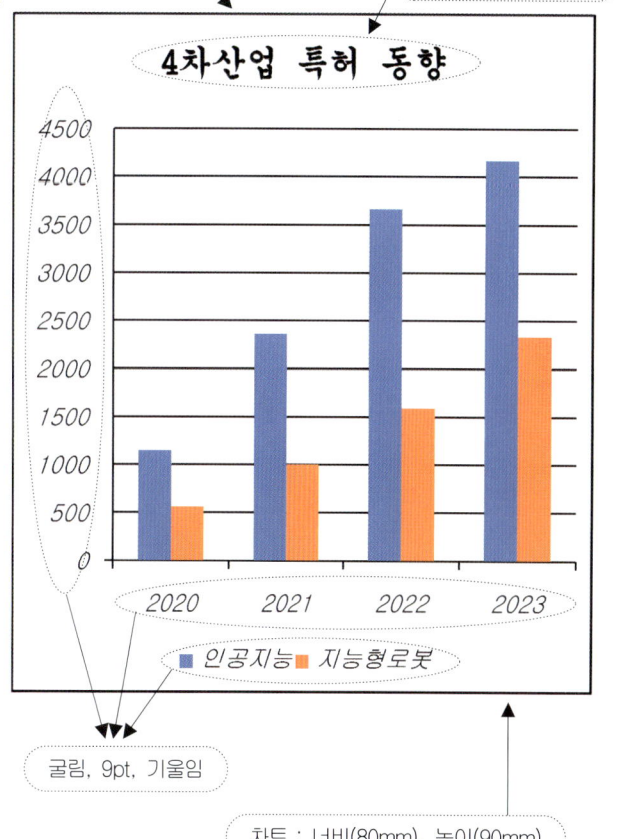

# 제02회 최신기출유형

한컴오피스 한글 2022 버전용

◎ 시험과목 : 워드프로세서(한글)
◎ 시험일자 : 20○○. ○○. ○○.(X)
◎ 응시자 기재사항 및 감독위원 확인

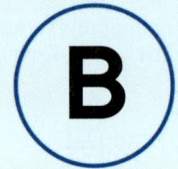

| 수검번호 | DIW - 0000 - | 감독위원 확인 |
|---|---|---|
| 성 명 | | |

## 응시자 유의사항

1. 응시자는 신분증을 지참하여야 시험에 응시할 수 있으며, 시험이 종료될 때까지 신분증을 제시하지 못 할 경우 해당 시험은 0점 처리됩니다.
2. 시스템(PC작동여부, 네트워크 상태 등)의 이상여부를 반드시 확인하여야 하며, 시스템 이상이 있을 시 감독위원에게 조치를 받으셔야 합니다.
3. 시험 중 부주의 또는 고의로 시스템을 파손한 경우는 수검자 부담으로 합니다.
4. 답안전송 프로그램을 통해 파일을 다운로드하여 답안 파일을 작성하시기 바랍니다.
5. 작성한 답안 파일은 답안전송 프로그램을 통하여 전송됩니다. 감독위원의 지시에 따라 주시기 바랍니다.
6. 다음 사항의 경우 실격(0점) 혹은 부정행위 처리됩니다.
   1) 답안 파일을 저장하지 않았거나, 저장한 파일이 손상되었을 경우
   2) 답안 파일을 지정된 폴더(바탕화면 - "KAIT"폴더)에 저장하지 않았을 경우
      ※ 답안 전송 프로그램 로그인 시 바탕화면에 자동 생성됨
   3) 답안 파일을 다른 보조기억장치(USB) 혹은 네트워크(메신저, 게시판 등)로 전송할 경우
   4) 휴대용 전화기 등 통신기기를 사용할 경우
7. **시험지에 제시된 글꼴이 응시 프로그램에 없는 경우, 반드시 감독위원에게 해당 내용을 통보한 뒤 조치를 받아야 합니다.**
8. 시험의 완료는 작성이 완료된 답안을 저장하고, 답안 전송이 완료된 상태를 확인한 것으로 합니다. 답안 전송 확인 후 문제지는 감독위원에게 제출한 후 퇴실하여야 합니다.
9. 답안전송이 완료된 경우에는 수정 또는 정정이 불가능합니다.
10. 시험 시행 후 합격자 발표는 홈페이지(www.ihd.or.kr)에서 확인하시기 바랍니다.
    ※ 합격자 발표 : 20XX. XX. XX.(X)
    ※ 시험지 공개 : 20XX. XX. XX.(X)

# 디지털정보활용능력 – 한글    시험시간 : 40분

【문제】 첨부된 문제를 다음의 조건을 적용하여 문서를 작성하시오.

① 문서는 A4(210mm×297mm) 크기, 세로 용지 방향으로 작성한다.

② 페이지 여백은 아래와 같이 설정한다.

| 왼쪽 | 오른쪽 | 위쪽 | 아래쪽 | 머리말 | 꼬리말 | 제본 |
|---|---|---|---|---|---|---|
| 20mm | 20mm | 20mm | 20mm | 10mm | 10mm | 0mm |

③ 아래와 같이 "자동 글머리 기호 넣기"와 "자동 번호 매기기" 기능을 해제한다.

> 도구 → 빠른 교정 → 빠른 교정 내용 → 입력 자동 서식 ⇒ 자동 글머리 기호 넣기(해제)
> 자동 번호 매기기(해제)

※ 만약 입력자동서식 메뉴가 없는 경우에는, "자동 글머리 기호 넣기"와 "자동 번호 매기기" 기능이 설정되어 있지 않은 것이므로 별도의 기능 해제 없이 그대로 시험에 응시하시면 됩니다.

④ 글자는 별도의 지시사항이 없는 한 **바탕, 10pt, 양쪽정렬, 줄간격 160%**로 작성한다.

⑤ 영문, 숫자 등은 별도의 지시가 없는 한 반각(1byte) 문자를 사용한다.

⑥ 특수문자는 문자표(전각 기호)를 이용하여 작성한다.

⑦ 교정부호 및 화살표로 기재된 지시사항대로 처리하되, ⎯⎯⎯→은 지시사항이므로 작성하지 않는다.

⑧ 1페이지에 [문제1]을 작성하고, 구역을 나누어 2페이지에 [문제2]를 작성한다.

※ 해당 페이지에 작성하지 않거나 의도적으로 텍스트 작성을 하지 않은 경우 0점 처리

⑨ [문제2]는 문제지와 같이 2단으로 다단을 나누어 작성한다.

⑩ '그림 삽입' 시에는 반드시 "KAIT 수검프로그램"을 통해 다운로드 한 그림 파일을 사용한다.

⑪ 총점 : 200점

[공통사항1(기본설정, 용지설정)] : 8점, [공통사항2(오탈자)] : 40점

[문제1] : 46점, [문제2] : 106점

⑫ 기타 특별히 지시되어 있지 않은 사항은 문제지에 준하여 작성한다.

# 세종대왕박물관페스타

올해 10월 9일에 세종대왕박물관에서는 *세종대왕께서 한글을 창제하고 반포하신 것*을 기념하고, 또한 한글 창제의 깊은 뜻을 알리려 합니다. 국내외에서 한국어를 공부하고 있는 모든 이에게 한글과 관련된 박물관에서 소장하고 있는 관련 그림과 문헌자료 외에도 외부 박물관 및 개인 소장품의 전시가 계획되어 있습니다. 이번 전시행사를 통해 한글에 대하여 보다 깊은 이해뿐 아니라 교육생과 교육자의 친목 및 의견교환을 할 수 있는 소중한 시간이 되리라 생각합니다.

◇ 행사안내 ◇

1. 행사시간 : 2025. 10. 9.(목), 10:00 ~ 18:00
2. 행사장소 : *자세한 내용은 홈페이지(http://www.ihd.or.kr)에서 확인*
3. 행사후원 : 문화부, 체육부, 관광부
4. 참가비용 : 어른-10,000원 / 학생-5,000원 / 6세 미만 어린이 무료

※ 기타사항
- 국가유공자, 장애인 및 문화소외계층은 해당 법률 및 자치단체 조례에 따라 관람료 면제되며, 단체 관람은 20% 할인되니 자세한 내용은 홈페이지를 참고하시기 바랍니다.
- 이용 안내 및 기타사항 안내는 담당 부서(전화:02-200-0001)로 문의하시기 바랍니다.

2025. 09. 10.

우리말쓰기연구회

# 세종대왕과 한글

## 1. 세종대왕

세종은 익히 한글을 창제(創製)하고 반포(頒布)한 조선의 제4대 왕으로 역사학자들은 이때가 조선은 가장 찬란한 시기로도 기록하고 있다. 이 시기에 집현전을 통해 우수한 인재가 양성되었을 뿐 아니라 유교 정치에 관련된 제도가 정비되었고 농업뿐만 아니라 과학, 음악, 법제가 정비되었다. 세종이 즉위한 후 10여 년부터 편찬 사업이 활발하게 진행되었는데 즉위하는 문종이 세종 30년까지 거의 매해 1권 이상 총 20여 종의 편찬물이 만들어졌다. 그 중 훈민정음은 세종 즉위 28년이 되는 해였다. 세종은 묘호(廟號)Ⓐ이며, 능호(陵號)는 '영릉(英陵)'이다. 현 경기도 여주시 능서면 영릉로에 소헌왕후와 합장되어 있다.

## 2. 한글의 세계화

최근 한국의 문화 콘텐츠(Contents)가 해외에서 다양한 분야에서 활성화되고 또한 경제 규모가 세계 10위권으로 성장하면서 한글의 세계화를 견인하고 있다. 다양한 국적의 외국인들이 학습하면서 점차 사용 인구가 많아지는 추세를 보이고 있고 프랑스, 독일 등 일부 국가에서는 제2외국어로 선정되고 있다. 특히 베트남은 2021년 제1외국어로 선정된 상태이다. 한국어교육에 앞장서고 있는 '세종학당재단'의 경우 2007년에는 13개소에서 운영하던 교육기관이 2021년에는 전 세계 234개소를 운영하고 있으며, 수강생 수도 740명에서 8만여 명으로 증가했다. 이 재단이 운영하는 '세종학당'의 15년간 수강생은 온라인 오프라인 합계 무려 58만여 명이다.

### 교육기관 증감

| 연도 | 국내 | 해외 |
|------|------|------|
| 2024 | 7 | 30 |
| 2023 | 6 | 20 |
| 2022 | 5 | 10 |
| 2021 | 4 | 9 |
| 합계 | 22 | 69 |

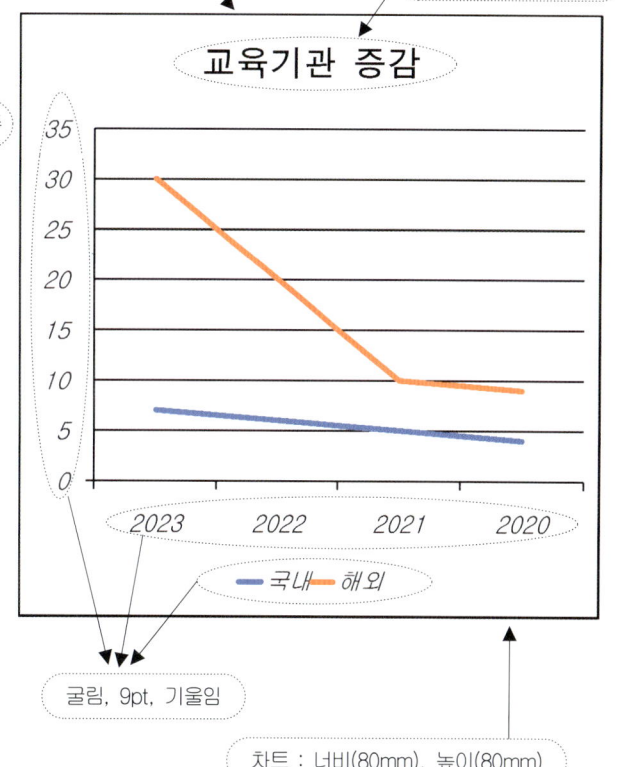

Ⓐ 왕이 죽은 뒤에 종묘에 신위를 모실 때 붙이는 호

# 제03회 최신기출유형

한컴오피스 한글 2022 버전용

◎ 시험과목 : 워드프로세서(한글)
◎ 시험일자 : 20○○. ○○. ○○.(X)
◎ 응시자 기재사항 및 감독위원 확인

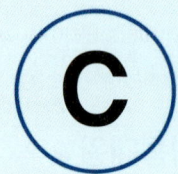

| 수검번호 | DIW - 0000 - | 감독위원 확인 |
|---|---|---|
| 성  명 | | |

## 응시자 유의사항

1. 응시자는 신분증을 지참하여야 시험에 응시할 수 있으며, 시험이 종료될 때까지 신분증을 제시하지 못 할 경우 해당 시험은 0점 처리됩니다.
2. 시스템(PC작동여부, 네트워크 상태 등)의 이상여부를 반드시 확인하여야 하며, 시스템 이상이 있을 시 감독위원에게 조치를 받으셔야 합니다.
3. 시험 중 부주의 또는 고의로 시스템을 파손한 경우는 수검자 부담으로 합니다.
4. 답안전송 프로그램을 통해 파일을 다운로드하여 답안 파일을 작성하시기 바랍니다.
5. 작성한 답안 파일은 답안전송 프로그램을 통하여 전송됩니다. 감독위원의 지시에 따라 주시기 바랍니다.
6. 다음 사항의 경우 실격(0점) 혹은 부정행위 처리됩니다.
    1) 답안 파일을 저장하지 않았거나, 저장한 파일이 손상되었을 경우
    2) 답안 파일을 지정된 폴더(바탕화면 - "KAIT" 폴더)에 저장하지 않았을 경우
        ※ 답안 전송 프로그램 로그인 시 바탕화면에 자동 생성됨
    3) 답안 파일을 다른 보조기억장치(USB) 혹은 네트워크(메신저, 게시판 등)로 전송할 경우
    4) 휴대용 전화기 등 통신기기를 사용할 경우
7. **시험지에 제시된 글꼴이 응시 프로그램에 없는 경우, 반드시 감독위원에게 해당 내용을 통보한 뒤 조치를 받아야 합니다.**
8. 시험의 완료는 작성이 완료된 답안을 저장하고, 답안 전송이 완료된 상태를 확인한 것으로 합니다. 답안 전송 확인 후 문제지는 감독위원에게 제출한 후 퇴실하여야 합니다.
9. 답안전송이 완료된 경우에는 수정 또는 정정이 불가능합니다.
10. 시험 시행 후 합격자 발표는 홈페이지(www.ihd.or.kr)에서 확인하시기 바랍니다.
    ※ 합격자 발표 : 20XX. XX. XX.(X)
    ※ 시험지 공개 : 20XX. XX. XX.(X)

# 디지털정보활용능력 – 한글　　시험시간 : 40분

**【문제】** 첨부된 문제를 다음의 조건을 적용하여 문서를 작성하시오.

① 문서는 A4(210mm×297mm) 크기, 세로 용지 방향으로 작성한다.

② 페이지 여백은 아래와 같이 설정한다.

| 왼쪽 | 오른쪽 | 위쪽 | 아래쪽 | 머리말 | 꼬리말 | 제본 |
|---|---|---|---|---|---|---|
| 20mm | 20mm | 20mm | 20mm | 10mm | 10mm | 0mm |

③ 아래와 같이 "자동 글머리 기호 넣기"와 "자동 번호 매기기" 기능을 해제한다.

> 도구 → 빠른 교정 → 빠른 교정 내용 → 입력 자동 서식 ⇒ 자동 글머리 기호 넣기(해제)
> 자동 번호 매기기(해제)

　※ 만약 입력자동서식 메뉴가 없는 경우에는, "자동 글머리 기호 넣기"와 "자동 번호 매기기" 기능이 설정되어 있지 않은 것이므로 별도의 기능 해제 없이 그대로 시험에 응시하시면 됩니다.

④ 글자는 별도의 지시사항이 없는 한 **바탕**, 10pt, **양쪽정렬**, 줄간격 160%로 작성한다.

⑤ 영문, 숫자 등은 별도의 지시가 없는 한 반각(1byte) 문자를 사용한다.

⑥ 특수문자는 문자표(전각 기호)를 이용하여 작성한다.

⑦ 교정부호 및 화살표로 기재된 지시사항대로 처리하되, ⟨⎯⎯⎯⎯⟩→은 지시사항이므로 작성하지 않는다.

⑧ 1페이지에 [문제1]을 작성하고, 구역을 나누어 2페이지에 [문제2]를 작성한다.

　※ 해당 페이지에 작성하지 않거나 의도적으로 텍스트 작성을 하지 않은 경우 0점 처리

⑨ [문제2]는 문제지와 같이 2단으로 다단을 나누어 작성한다.

⑩ '그림 삽입' 시에는 반드시 "KAIT 수검프로그램"을 통해 다운로드 한 그림 파일을 사용한다.

⑪ 총점 : 200점

　[공통사항1(기본설정, 용지설정)] : 8점, [공통사항2(오탈자)] : 40점

　[문제1] : 46점, [문제2] : 106점

⑫ 기타 특별히 지시되어 있지 않은 사항은 문제지에 준하여 작성한다.

# 우리나라한식을세계로!

한국토종음식연구회에서는 인기 있는 한국의 전통음식을 전 세계에 알리기 위하여 지속적인 연구와 박람회를 개최해 오고 있습니다. 올해도 한식의 다양한 변화와 함께 돌아온 코리아푸드박람회에서는 기존의 한국 고유의 음식 외에 *스낵류나 비건을 강조한 제품 다수를 선보일 예정*입니다. 가볍고 간단하지만 한 끼를 대신할 수 있는 고영양의 간식들도 취향에 따라 골라 맛볼 수 있는 무료 시식 코너도 준비되어 있으니 여러분들의 많은 관심과 참여 바랍니다.

◎ 참여안내 ◎

1. 행사기간 : 2025년 9월 5일(금) ~ 9월 7일(일)
2. 행사장소 : 부산국제공연센터 센트럴홀
3. 행사주관 : 한국토종음식연구회 본원, 부산시청
4. 사전등록 : **홈페이지(http://www.ihd.or.kr)에서 등록 가능**

※ 기타사항

- 박람회 중에 안내되는 모든 체험과 시식은 무료입니다.
- 10인 이상의 단체 참여를 원하시는 경우 체험일 기준으로 1일 전까지 사전등록 해주시기 바라며, 기타 자세한 사항은 담당자(02-123-4567)에게 문의하시기 바랍니다.

2025. 8. 20.

## 한국토종음식연구회

# 한식에 대한 연구

## 1. 한식의 특징

한식은 한국의 전통음식을 일컫는 말로 수세기 동안 발전된 요리의 전통과 풍미(風味)를 음식으로 구현한다. 특히 김치, 된장이나 고추장 등과 같이 발효(Fermentation)된 재료(材料)를 많이 사용하고 다양한 재료와 조화로운 맛뿐만 아니라 영양학적 균형과 건강을 중시하는 것이 특징이다. 쌀과 채소, 고기는 한식의 기본을 이루는데, 일반적인 한국 식단 메뉴는 다양한 종류의 야채와 양념된 요리로 구성된 반찬으로 구성된다. 이처럼 한국 음식은 건강(健康)과 웰빙에 중점을 두어 필수 영양소와 섬유질을 제공(Provision)하여 장 건강과 소화 촉진에 도움이 된다.

## 2. 한식의 세계화

2017년 글로벌 한식당 현황조사에 따르면 90개국에 3만 3천여 개의 한식당이 영업하는 것으로 조사되었다. 이미 한식은 여러 나라에 분포(分布)되어 있을 정도로 인기가 높은 편이라는 것을 짐작할 수 있다. 2023년 미국에서 떡볶이에 사용되는 떡 판매량이 전년 대비 450%나 증가하였고 뉴욕(New York)을 중심으로 한국 드라마①의 인기와 더불어 한국 대표 메뉴인 김밥은 다양한 국가에서 호평을 받으며 지금까지도 인기를 끌고 있다. 한국식 프라이드 치킨(fried chicken) 또한 많은 사랑을 받는 음식(飮食) 중 하나이다. 흥미롭게도 네덜란드에서는 다양한 종류의 매콤한 한국 요리가 젊은 글로벌(global) 소비자들 사이에서 크게 각광을 받아 고추장을 비롯해 관련된 소비가 함께 늘어나고 있다.

---

① 2022년 방영된 드라마 이상한 변호사 우영우

### 글로벌 한식당 현황표

| 국가 | 점포 수 |
|---|---|
| 미국 | 1,560 |
| 영국 | 892 |
| 프랑스 | 911 |
| 일본 | 590 |
| 그 외 | 2,278 |
| 합계 | 6,231 |

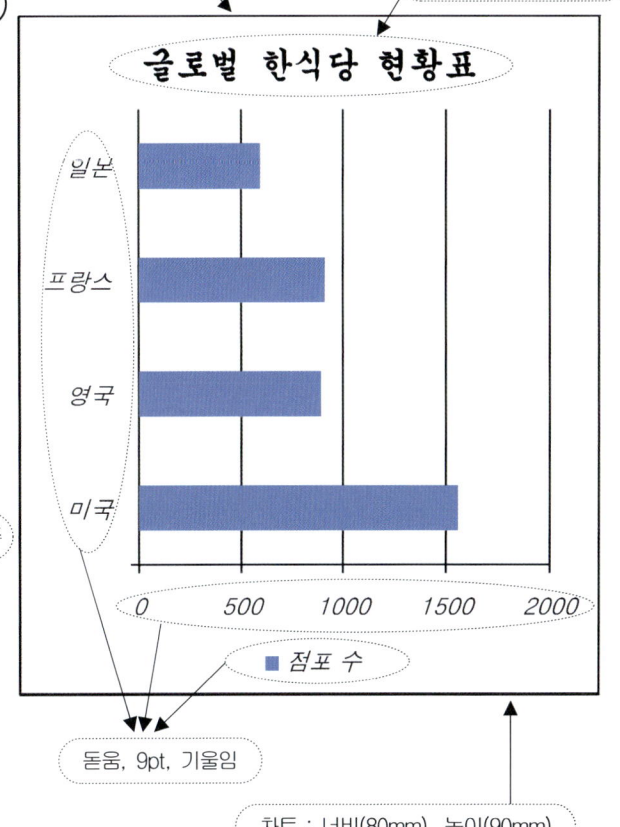

# 제04회 최신기출유형

한컴오피스 한글 2022 버전용

◎ 시험과목 : 워드프로세서(한글)
◎ 시험일자 : 20○○. ○○. ○○.(X)
◎ 응시자 기재사항 및 감독위원 확인

D

| 수검번호 | DIW - 0000 - | 감독위원 확인 |
|---|---|---|
| 성 명 | | |

## 응시자 유의사항

1. 응시자는 신분증을 지참하여야 시험에 응시할 수 있으며, 시험이 종료될 때까지 신분증을 제시하지 못 할 경우 해당 시험은 0점 처리됩니다.
2. 시스템(PC작동여부, 네트워크 상태 등)의 이상여부를 반드시 확인하여야 하며, 시스템 이상이 있을 시 감독위원에게 조치를 받으셔야 합니다.
3. 시험 중 부주의 또는 고의로 시스템을 파손한 경우는 수검자 부담으로 합니다.
4. 답안전송 프로그램을 통해 파일을 다운로드하여 답안 파일을 작성하시기 바랍니다.
5. 작성한 답안 파일은 답안전송 프로그램을 통하여 전송됩니다. 감독위원의 지시에 따라 주시기 바랍니다.
6. 다음 사항의 경우 실격(0점) 혹은 부정행위 처리됩니다.
    1) 답안 파일을 저장하지 않았거나, 저장한 파일이 손상되었을 경우
    2) 답안 파일을 지정된 폴더(바탕화면 – "KAIT" 폴더)에 저장하지 않았을 경우
        ※ 답안 전송 프로그램 로그인 시 바탕화면에 자동 생성됨
    3) 답안 파일을 다른 보조기억장치(USB) 혹은 네트워크(메신저, 게시판 등)로 전송할 경우
    4) 휴대용 전화기 등 통신기기를 사용할 경우
7. **시험지에 제시된 글꼴이 응시 프로그램에 없는 경우, 반드시 감독위원에게 해당 내용을 통보한 뒤 조치를 받아야 합니다.**
8. 시험의 완료는 작성이 완료된 답안을 저장하고, 답안 전송이 완료된 상태를 확인한 것으로 합니다. 답안 전송 확인 후 문제지는 감독위원에게 제출한 후 퇴실하여야 합니다.
9. 답안전송이 완료된 경우에는 수정 또는 정정이 불가능합니다.
10. 시험 시행 후 합격자 발표는 홈페이지(www.ihd.or.kr)에서 확인하시기 바랍니다.
    ※ 합격자 발표 : 20XX. XX. XX.(X)
    ※ 시험지 공개 : 20XX. XX. XX.(X)

식별CODE

# 디지털정보활용능력 - 한글    시험시간 : 40분

**【문제】** 첨부된 문제를 다음의 조건을 적용하여 문서를 작성하시오.

① 문서는 A4(210mm×297mm) 크기, 세로 용지 방향으로 작성한다.

② 페이지 여백은 아래와 같이 설정한다.

| 왼쪽 | 오른쪽 | 위쪽 | 아래쪽 | 머리말 | 꼬리말 | 제본 |
|---|---|---|---|---|---|---|
| 20mm | 20mm | 20mm | 20mm | 10mm | 10mm | 0mm |

③ 아래와 같이 "자동 글머리 기호 넣기"와 "자동 번호 매기기" 기능을 해제한다.

> 도구 → 빠른 교정 → 빠른 교정 내용 → 입력 자동 서식 ⇒ 자동 글머리 기호 넣기(해제)
> 자동 번호 매기기(해제)

※ 만약 입력자동서식 메뉴가 없는 경우에는, "자동 글머리 기호 넣기"와 "자동 번호 매기기" 기능이 설정되어 있지 않은 것이므로 별도의 기능 해제 없이 그대로 시험에 응시하시면 됩니다.

④ 글자는 별도의 지시사항이 없는 한 **바탕**, **10pt**, **양쪽정렬**, **줄간격 160%**로 작성한다.

⑤ 영문, 숫자 등은 별도의 지시가 없는 한 반각(1byte) 문자를 사용한다.

⑥ 특수문자는 문자표(전각 기호)를 이용하여 작성한다.

⑦ 교정부호 및 화살표로 기재된 지시사항대로 처리하되, ⬚→은 지시사항이므로 작성하지 않는다.

⑧ 1페이지에 [문제1]을 작성하고, 구역을 나누어 2페이지에 [문제2]를 작성한다.

※ 해당 페이지에 작성하지 않거나 의도적으로 텍스트 작성을 하지 않은 경우 0점 처리

⑨ [문제2]는 문제지와 같이 2단으로 다단을 나누어 작성한다.

⑩ '그림 삽입' 시에는 반드시 "KAIT 수검프로그램"을 통해 다운로드 한 그림 파일을 사용한다.

⑪ 총점 : 200점

[공통사항1(기본설정, 용지설정)] : 8점, [공통사항2(오탈자)] : 40점

[문제1] : 46점, [문제2] : 106점

⑫ 기타 특별히 지시되어 있지 않은 사항은 문제지에 준하여 작성한다.

# 교통문화캠페인자원봉사자모집

도로에서 보행자와 운전자의 안전과 올바른 교통 문화를 정립하기 위해서는 **매년 변경되는 도로교통법에 대하여** 반드시 이해해야 합니다. 운전자가 미처 인지하지 못하는 다양한 돌발 상황의 발생 가능성을 최대한 낮추고, 도로에서 발생할 수 있는 분쟁을 보다 합리적으로 대처할 수 있는 환경을 함께 만들어가야 할 것입니다. 이에 '제2회 우리교통문화 캠페인'의 원활한 진행을 위해 적극적으로 활동해 주실 자원봉사자를 모집하오니 많은 관심과 지원을 부탁드립니다.

◈ 지원방법 ◈

1. 행사일시 : 2025. 9. 20.(토) 13:00
2. 지원대상 : 봉사 정신이 투철하신 내외국인(만 15세 이상)
3. 신청방법 : 홈페이지 신청(현장 신청은 불가)
4. 세부내용 : *우리교통문화재단 홈페이지(http://www.ihd.or.kr) 참조*

※ 기타사항

- 행사 시작 1시간 전까지 행사장으로 도착해 주시기 바라며, 각 파트별 자원봉사자를 확정하여 개별 연락을 드릴 예정이오니 참고하시기 바랍니다.
- 행사 당일 참석 시 신분증(학생증)을 지참하시기 바랍니다.

2025. 8. 25.

우리교통문화재단

## 도로교통법

### 1. 도로교통법이란?

도로교통법(道路交通法)은 도로에서 일어나는 교통상의 모든 위험(hazard)과 장해를 방지하고 제거하여 안전하고 원활한 교통을 확보하기 위해 제정되었다. 1962년 1월 20일부터 전면 시행된 도로교통법은 도로교통에 관련된 내용을 규정한 법으로, 도로의 사용, 도로 사용자의 권리와 의무, 자동차 운전면허 제도에 관한 전반적인 내용이 규정하고 있다. 일반적으로 권한 설정 및 집행 절차, 도로 규칙(規則) 설명 및 기타 안전(safety)과 관련된 조항을 포함하는 법률이다. 운전 면허증, 차량 소유 및 등록, 보험(insurance), 차량 안전 검사 및 위반에 주차 대한 행정(行政) 규정에 대한 과태료 위반(違反) 등도 포함된다.

### 2. 도로교통법 개정

교통법규는 수시로 변경되는 도로(thoroughfare) 상황에 맞춰 매년 일부 변경되고 있다. 고속도로(expressway) 지정차로에서는 앞차의 좌측 차로로만 앞지르기할 수 있으며 추월(追越) 후에는 기존 주행 차로로 돌아가야 하는 사항이 추가되었다. 음주운전 단속 시 2회 이상 측정을 거부하면 가중 처벌을 하거나 5년 이내 2회 적발된 상습 음주 운전자는 결격 기간 종료 후 면허 취득 시 조건부로 차 안에 음주운전 방지 장치를 부착하는 것이 의무화되었다. 또한 우회전 신호ⓐ를 설치하여 운전자의 보행자 보호 의무를 강화하며, 운전자가 운행 중 과속 단속카메라가 있는 곳에서만 속력을 줄이는 것을 막기 위해 양방향 단속 카메라를 설치하는 곳도 늘어나고 있다.

---
ⓐ 기존에는 대부분 비보호 우회전이 가능했다.

### 도로교통법 단속 비율(단위:%)

| 항목 | 서울 | 부산 |
|---|---|---|
| 신호위반 | 45.1 | 50.2 |
| 음주운전 | 38.6 | 29.2 |
| 통행방해 | 6.3 | 4.5 |
| 기타 | 11.4 | 15.1 |
| 평균 | 25.35 | 24.75 |

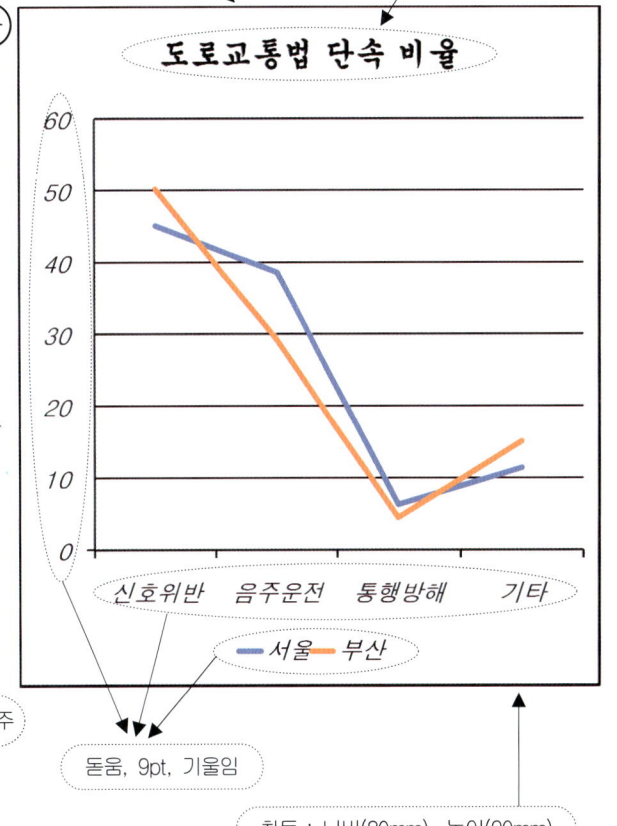

# 제 05 회 최신기출유형

한컴오피스 한글 2022 버전용

◎ 시험과목 : 워드프로세서(한글)
◎ 시험일자 : 20○○. ○○. ○○.(X)
◎ 응시자 기재사항 및 감독위원 확인

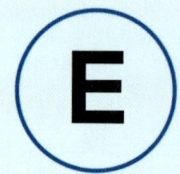

| 수검번호 | DIW - 0000 - | 감독위원 확인 |
|---|---|---|
| 성  명 | | |

## 응시자 유의사항

1. 응시자는 신분증을 지참하여야 시험에 응시할 수 있으며, 시험이 종료될 때까지 신분증을 제시하지 못 할 경우 해당 시험은 0점 처리됩니다.
2. 시스템(PC작동여부, 네트워크 상태 등)의 이상여부를 반드시 확인하여야 하며, 시스템 이상이 있을 시 감독위원에게 조치를 받으셔야 합니다.
3. 시험 중 부주의 또는 고의로 시스템을 파손한 경우는 수검자 부담으로 합니다.
4. 답안전송 프로그램을 통해 파일을 다운로드하여 답안 파일을 작성하시기 바랍니다.
5. 작성한 답안 파일은 답안전송 프로그램을 통하여 전송됩니다. 감독위원의 지시에 따라 주시기 바랍니다.
6. 다음 사항의 경우 실격(0점) 혹은 부정행위 처리됩니다.
    1) 답안 파일을 저장하지 않았거나, 저장한 파일이 손상되었을 경우
    2) 답안 파일을 지정된 폴더(바탕화면 - "KAIT" 폴더)에 저장하지 않았을 경우
        ※ 답안 전송 프로그램 로그인 시 바탕화면에 자동 생성됨
    3) 답안 파일을 다른 보조기억장치(USB) 혹은 네트워크(메신저, 게시판 등)로 전송할 경우
    4) 휴대용 전화기 등 통신기기를 사용할 경우
7. **시험지에 제시된 글꼴이 응시 프로그램에 없는 경우, 반드시 감독위원에게 해당 내용을 통보한 뒤 조치를 받아야 합니다.**
8. 시험의 완료는 작성이 완료된 답안을 저장하고, 답안 전송이 완료된 상태를 확인한 것으로 합니다. 답안 전송 확인 후 문제지는 감독위원에게 제출한 후 퇴실하여야 합니다.
9. 답안전송이 완료된 경우에는 수정 또는 정정이 불가능합니다.
10. 시험 시행 후 합격자 발표는 홈페이지(www.ihd.or.kr)에서 확인하시기 바랍니다.
    ※ 합격자 발표 : 20XX. XX. XX.(X)
    ※ 시험지 공개 : 20XX. XX. XX.(X)

## 디지털정보활용능력 – 한글    시험시간 : 40분

**【문제】** 첨부된 문제를 다음의 조건을 적용하여 문서를 작성하시오.

① 문서는 A4(210mm×297mm) 크기, 세로 용지 방향으로 작성한다.

② 페이지 여백은 아래와 같이 설정한다.

| 왼쪽 | 오른쪽 | 위쪽 | 아래쪽 | 머리말 | 꼬리말 | 제본 |
|---|---|---|---|---|---|---|
| 20mm | 20mm | 20mm | 20mm | 10mm | 10mm | 0mm |

③ 아래와 같이 "자동 글머리 기호 넣기"와 "자동 번호 매기기" 기능을 해제한다.

도구 → 빠른 교정 → 빠른 교정 내용 → 입력 자동 서식 ⇒ 자동 글머리 기호 넣기(해제)
자동 번호 매기기(해제)

※ 만약 입력자동서식 메뉴가 없는 경우에는, "자동 글머리 기호 넣기"와 "자동 번호 매기기" 기능이 설정되어 있지 않은 것이므로 별도의 기능 해제 없이 그대로 시험에 응시하시면 됩니다.

④ 글자는 별도의 지시사항이 없는 한 **바탕**, 10pt, **양쪽정렬**, 줄간격 160%로 작성한다.

⑤ 영문, 숫자 등은 별도의 지시가 없는 한 반각(1byte) 문자를 사용한다.

⑥ 특수문자는 문자표(전각 기호)를 이용하여 작성한다.

⑦ 교정부호 및 화살표로 기재된 지시사항대로 처리하되, ( )→은 지시사항이므로 작성하지 않는다.

⑧ 1페이지에 [문제1]을 작성하고, 구역을 나누어 2페이지에 [문제2]를 작성한다.

※ 해당 페이지에 작성하지 않거나 의도적으로 텍스트 작성을 하지 않은 경우 0점 처리

⑨ [문제2]는 문제지와 같이 2단으로 다단을 나누어 작성한다.

⑩ '그림 삽입' 시에는 반드시 "KAIT 수검프로그램"을 통해 다운로드 한 그림 파일을 사용한다.

⑪ 총점 : 200점

[공통사항1(기본설정, 용지설정)] : 8점, [공통사항2(오탈자)] : 40점

[문제1] : 46점, [문제2] : 106점

⑫ 기타 특별히 지시되어 있지 않은 사항은 문제지에 준하여 작성한다.

# 휴머노이드로봇박람회

휴머노이드 로봇의 상용화 시대가 다가오고 있습니다. 교육용 로봇으로서의 휴머노이드 사용 증가와 가정에서 개인 보조용으로 **휴머노이드 로봇에 대한 수요가 급증**하는 등 로봇 시장은 2028년까지 138억 달러 규모로 성장할 것으로 전망되고 있습니다. 이번 박람회에서는 로봇과 관련한 여러 분야에 걸쳐 로봇공학 기술의 발전을 한눈에 볼 수 있으며 국내외 로봇 산업 회사들의 고품격 프레젠테이션과 로봇 제품을 모두 만나실 수 있습니다. 관계자 여러분들의 많은 참여 바랍니다.

◎ 행사안내 ◎

1. 행 사 명 : 휴머노이드 로봇 - 현재와 미래
2. 행사일자 : 2025년 11월 22일
3. 행사장소 : 서울시 강남구 코엑스 3층 연회장
4. 등    록 : 체험 당일 현장 등록 _(10인 이상 단체는 홈페이지를 통해 가능합니다.)_

※ 기타사항
- 로봇 달리기와 로봇 댄스 등의 흥미로운 이벤트도 준비되어 있습니다.
- 단체 참여를 원하시면 홈페이지(http://www.ihd.or.kr)로 사전 등록해 주시기 바라며, 기타 문의사항은 본 협회로 연락(02-1234-1234) 바랍니다.

2025. 10. 20.

# 한국로봇공동제작협회

- 가 -

# 휴머노이드 로봇

## 1. 로봇의 발전

1973년 일본 와세다대학교에서 최초로 개발된 휴머노이드 로봇(Humanoid robot)은 인간의 신체 형태를 닮은 로봇이다. 도구 및 주변 환경과 상호 작용 등 기능적 목적을 염두(念頭)에 두고 일반적으로 휴머노이드 로봇은 몸통, 머리, 두 개의 팔, 두 개의 다리로 구성되어 있다. 휴머노이드 로봇이 주목받는 가장 큰 이유는 노동력(勞動力) 부족이다. 휴머노이드 로봇은 인간과 유사한 모습이 하고 있어 인간을 위해 설계(Design)된 환경에서 작동하고 인간과 함께 일할 수 있다는 장점이 있다. 이러한 이유로 전 세계적으로 여러 기업이 휴머노이드 로봇 상용화를 위해 경쟁(競爭) 중이다.

## 2. 세계의 로봇

2023년 중국의 로봇 스타트업 기업 푸리에인텔리전스는 GR-1 로봇을 발표하였다. 로봇 개발의 주 목적은 중국의 고령화(Aging) 인구가 늘어남에 따라 생기는 노동력 부족 현상에 대한 노동력 충족(充足)이다. 푸리에 대표는 인간에게 로봇이 간병인[1] 혹은 치료 도우미가 될 수도 있고, 혼자 지내는 노인의 동반자(同伴者)가 될 수도 있다고 전하며 결국 환자들은 그들과 상호 작용하는 자율 로봇을 갖게 될 것이라고 발표하였다. 테슬라(Tesla) 역시 옵티머스 로봇을 선보였으며 테슬라 자동차 공장에서 부품(Section) 운반용으로 활용되고 있다. 옵티머스는 비슷한 인간과 체격과 형태를 갖춘 인간형 로봇으로 시속 8km로 움직이며 20kg의 물건을 들어 올릴 수 있어, 다양한 환경에서 즉시 업무에 투입될 수 있다.

---

[1] 환자가 있을 때 보호자를 대신해 간병을 하는 사람

### 국가별 휴머노이드 로봇 개발

| 국가 | 건수 |
|---|---|
| 한국 | 175 |
| 미국 | 251 |
| 중국 | 140 |
| 인도 | 223 |
| 기타 | 853 |
| 합계 | 1,642 |

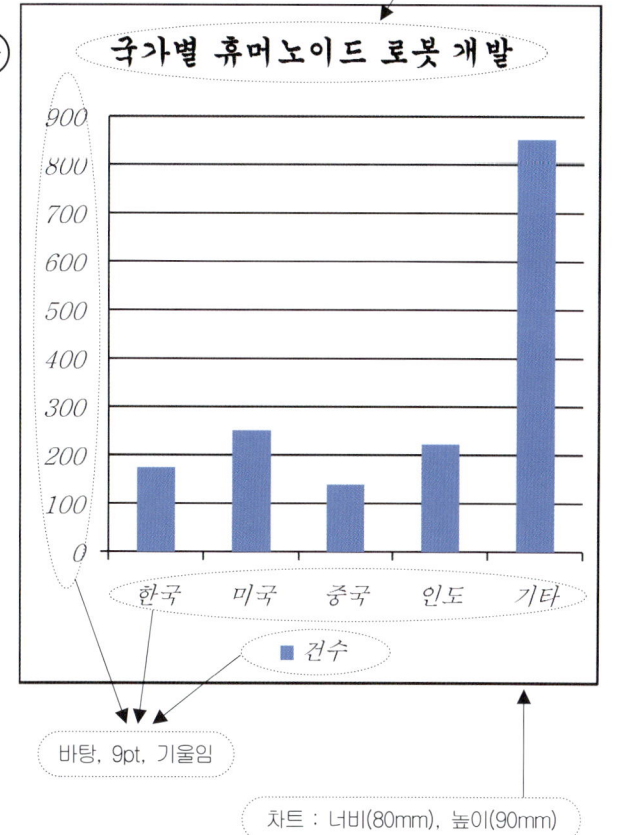

# 제06회 최신기출유형

한컴오피스 한글 2022 버전용

◎ 시험과목 : 워드프로세서(한글)
◎ 시험일자 : 20○○. ○○. ○○.(X)
◎ 응시자 기재사항 및 감독위원 확인

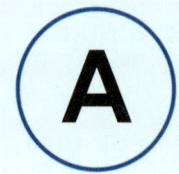

| 수검번호 | DIW - 0000 - | 감독위원 확인 |
|---|---|---|
| 성 명 | | |

## 응시자 유의사항

1. 응시자는 신분증을 지참하여야 시험에 응시할 수 있으며, 시험이 종료될 때까지 신분증을 제시하지 못 할 경우 해당 시험은 0점 처리됩니다.
2. 시스템(PC작동여부, 네트워크 상태 등)의 이상여부를 반드시 확인하여야 하며, 시스템 이상이 있을 시 감독위원에게 조치를 받으셔야 합니다.
3. 시험 중 부주의 또는 고의로 시스템을 파손한 경우는 수검자 부담으로 합니다.
4. 답안전송 프로그램을 통해 파일을 다운로드하여 답안 파일을 작성하시기 바랍니다.
5. 작성한 답안 파일은 답안전송 프로그램을 통하여 전송됩니다. 감독위원의 지시에 따라 주시기 바랍니다.
6. 다음 사항의 경우 실격(0점) 혹은 부정행위 처리됩니다.
    1) 답안 파일을 저장하지 않았거나, 저장한 파일이 손상되었을 경우
    2) 답안 파일을 지정된 폴더(바탕화면 - "KAIT" 폴더)에 저장하지 않았을 경우
        ※ 답안 전송 프로그램 로그인 시 바탕화면에 자동 생성됨
    3) 답안 파일을 다른 보조기억장치(USB) 혹은 네트워크(메신저, 게시판 등)로 전송할 경우
    4) 휴대용 전화기 등 통신기기를 사용할 경우
7. **시험지에 제시된 글꼴이 응시 프로그램에 없는 경우, 반드시 감독위원에게 해당 내용을 통보한 뒤 조치를 받아야 합니다.**
8. 시험의 완료는 작성이 완료된 답안을 저장하고, 답안 전송이 완료된 상태를 확인한 것으로 합니다. 답안 전송 확인 후 문제지는 감독위원에게 제출한 후 퇴실하여야 합니다.
9. 답안전송이 완료된 경우에는 수정 또는 정정이 불가능합니다.
10. 시험 시행 후 합격자 발표는 홈페이지(www.ihd.or.kr)에서 확인하시기 바랍니다.
    ※ 합격자 발표 : 20XX. XX. XX.(X)
    ※ 시험지 공개 : 20XX. XX. XX.(X)

## 디지털정보활용능력 – 한글  시험시간 : 40분

**【문제】** 첨부된 문제를 다음의 조건을 적용하여 문서를 작성하시오.

① 문서는 A4(210mm×297mm) 크기, 세로 용지 방향으로 작성한다.

② 페이지 여백은 아래와 같이 설정한다.

| 왼쪽 | 오른쪽 | 위쪽 | 아래쪽 | 머리말 | 꼬리말 | 제본 |
|---|---|---|---|---|---|---|
| 20mm | 20mm | 20mm | 20mm | 10mm | 10mm | 0mm |

③ 아래와 같이 "자동 글머리 기호 넣기"와 "자동 번호 매기기" 기능을 해제한다.

> 도구 → 빠른 교정 → 빠른 교정 내용 → 입력 자동 서식 ⇒ 자동 글머리 기호 넣기(해제)
> 자동 번호 매기기(해제)

※ 만약 입력자동서식 메뉴가 없는 경우에는, "자동 글머리 기호 넣기"와 "자동 번호 매기기" 기능이 설정되어 있지 않은 것이므로 별도의 기능 해제 없이 그대로 시험에 응시하시면 됩니다.

④ 글자는 별도의 지시사항이 없는 한 **바탕**, **10pt**, **양쪽정렬**, **줄간격 160%**로 작성한다.

⑤ 영문, 숫자 등은 별도의 지시가 없는 한 반각(1byte) 문자를 사용한다.

⑥ 특수문자는 문자표(전각 기호)를 이용하여 작성한다.

⑦ 교정부호 및 화살표로 기재된 지시사항대로 처리하되, ( )→은 지시사항이므로 작성하지 않는다.

⑧ 1페이지에 [문제1]을 작성하고, 구역을 나누어 2페이지에 [문제2]를 작성한다.

※ 해당 페이지에 작성하지 않거나 의도적으로 텍스트 작성을 하지 않은 경우 0점 처리

⑨ [문제2]는 문제지와 같이 2단으로 다단을 나누어 작성한다.

⑩ '그림 삽입' 시에는 반드시 "KAIT 수검프로그램"을 통해 다운로드 한 그림 파일을 사용한다.

⑪ 총점 : 200점

[공통사항1(기본설정, 용지설정)] : 8점, [공통사항2(오탈자)] : 40점

[문제1] : 46점, [문제2] : 106점

⑫ 기타 특별히 지시되어 있지 않은 사항은 문제지에 준하여 작성한다.

# 디지털윤리강사양성과정모집

디지털은 우리 삶을 편리하게 만들어주지만 동시에 허위정보 확산과 같은 부작용도 동반하고 있습니다. 디지털 역기능을 스스로 인식하고 대응하기 위해 디지털 윤리 역량을 높이는 것은 매우 중요한 사항입니다. 특히, 유아, 청소년, 그리고 학부모들은 이러한 **디지털 환경에서 올바른 윤리 의식을 가지는 것이 필수**입니다. 이에 디지털 윤리 강사 양성 과정을 개설하여 이들의 디지털 윤리 역량을 강화하고자 합니다. 관심 있는 분들의 많은 교육 참가를 바랍니다.

● 교육안내 ●

1. 교육기간 : 2025. 12. 08.(월) ~ 12. 19.(금) 10:00~17:00
2. 교육주관 : 디지털지능정보협회
3. 교육혜택 : *교육콘텐츠 제공 및 상/하반기 교육 강사로 파견 예정*
4. 문 의 처 : 홈페이지(http://www.ihd.or.kr) 참조

※ 기타사항

- 주요 교육 내용 : 올바른 디지털 사용 습관 정립 및 정보판별 교육, 디지털 교구 활용 교육, 학생 스스로 자연스럽게 익히는 디지털 윤리 실천 교육
- 교육 신청 후 교육 자료실에서 수업 교안을 다운로드하고 교육에 참여해 주시기 바랍니다.

2025. 11. 17.

## 디지털지능정보협회

# 디지털 윤리

## 1. 디지털 윤리란?

디지털 윤리는 디지털(Digital)을 활용할 때 자신의 감정을 조절하고 타인을 존중하며 상대방을 배려하는 긍정적인 사회관계를 형성할 수 있는 기본 소양을 의미한다. 기술의 사용에 개발과 관련된 윤리적 문제를 다루는 학문으로 디지털을 윤리적으로 사용하기 위한 원칙들을 제시한다. 원칙(原則) 중 첫 번째는 존중이다. 이는 다양성과 개인의 권리를 포용하고 인간적(人間的) 가치를 존중하는 것을 의미한다.

## 2. 디지털 윤리 교육의 필요성

첫째, 디지털 윤리를 지킴으로써 우리는 개인 프라이버시(Privacy)를 보호하고 일고리즘 및 인공지능 사용의 공정성을 촉진하며 디지털 상호 작용에 대한 신뢰를 높일 수 있다. 둘째, 알고리즘(Algorism)과 인공지능이 점점 더 우리의 디지털 경험을 형성함에 따라 공정성과 알고리즘 편향(偏向)에 대한 우려가 대두되고 있다. 셋째, 디지털 격차를 해소하고 디지털 포용을 촉진할 필요가 있다. 넷째, 사이버(Cyber) 보안 위협이 만연한 시대에 디지털 윤리 교육은 사이버 보안 조치의 중요성(重要性)으로 강조되고 있다. 다섯째, 인공지능, 블록체인(Blockchain)ⓐ 및 가상현실과 같은 신흥 기술의 급속한 발전(發展)은 또 다른 윤리적 문제를 제기하고 있다. 빠르게 진화하는 디지털 환경의 벼랑에 서 있는 지금, 디지털 윤리 교육을 통해 책임 있는 행동을 위한 안내를 제한하고 사이버 보안을 보장함으로써 개인의 권리를 보호하며 사회 정의를 촉진하고 신뢰를 구축하는 디지털 사회를 형성할 수 있게 될 것이다.

### 디지털 윤리 교육 인원

| 연도 | 청소년 | 성인 |
|------|--------|------|
| 2021 | 9,820 | 11,481 |
| 2022 | 43,499 | 8,549 |
| 2023 | 23,538 | 9,334 |
| 2024 | 16,198 | 10,283 |
| 합계 | 93,055 | 39,647 |

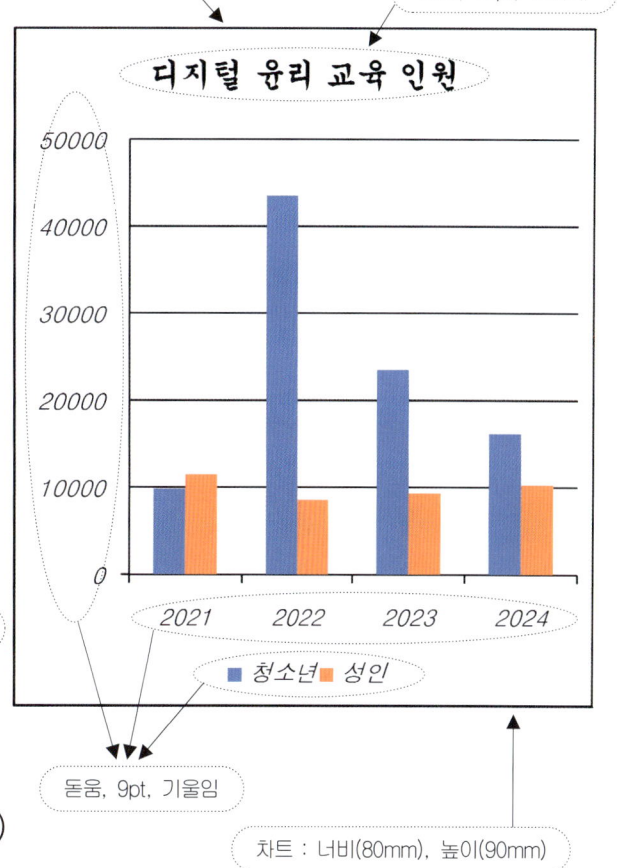

---

ⓐ 가상 화폐로 거래할 때 해킹을 막기 위한 기술

# 제 07 회 최신기출유형

한컴오피스한글 2022 버전용

◎ 시험과목 : 워드프로세서(한글)
◎ 시험일자 : 20○○. ○○. ○○.(X)
◎ 응시자 기재사항 및 감독위원 확인

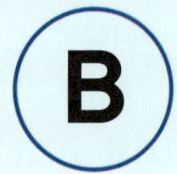

| 수검번호 | DIW - 0000 - | 감독위원 확인 |
|---|---|---|
| 성  명 | | |

## 응시자 유의사항

1. 응시자는 신분증을 지참하여야 시험에 응시할 수 있으며, 시험이 종료될 때까지 신분증을 제시하지 못 할 경우 해당 시험은 0점 처리됩니다.
2. 시스템(PC작동여부, 네트워크 상태 등)의 이상여부를 반드시 확인하여야 하며, 시스템 이상이 있을 시 감독위원에게 조치를 받으셔야 합니다.
3. 시험 중 부주의 또는 고의로 시스템을 파손한 경우는 수검자 부담으로 합니다.
4. 답안전송 프로그램을 통해 파일을 다운로드하여 답안 파일을 작성하시기 바랍니다.
5. 작성한 답안 파일은 답안전송 프로그램을 통하여 전송됩니다. 감독위원의 지시에 따라 주시기 바랍니다.
6. 다음 사항의 경우 실격(0점) 혹은 부정행위 처리됩니다.
    1) 답안 파일을 저장하지 않았거나, 저장한 파일이 손상되었을 경우
    2) 답안 파일을 지정된 폴더(바탕화면 - "KAIT" 폴더)에 저장하지 않았을 경우
        ※ 답안 전송 프로그램 로그인 시 바탕화면에 자동 생성됨
    3) 답안 파일을 다른 보조기억장치(USB) 혹은 네트워크(메신저, 게시판 등)로 전송할 경우
    4) 휴대용 전화기 등 통신기기를 사용할 경우
7. **시험지에 제시된 글꼴이 응시 프로그램에 없는 경우, 반드시 감독위원에게 해당 내용을 통보한 뒤 조치를 받아야 합니다.**
8. 시험의 완료는 작성이 완료된 답안을 저장하고, 답안 전송이 완료된 상태를 확인한 것으로 합니다. 답안 전송 확인 후 문제지는 감독위원에게 제출한 후 퇴실하여야 합니다.
9. 답안전송이 완료된 경우에는 수정 또는 정정이 불가능합니다.
10. 시험 시행 후 합격자 발표는 홈페이지(www.ihd.or.kr)에서 확인하시기 바랍니다.
    ※ 합격자 발표 : 20XX. XX. XX.(X)
    ※ 시험지 공개 : 20XX. XX. XX.(X)

식별CODE

## 디지털정보활용능력 – 한글    시험시간 : 40분

**【문제】** 첨부된 문제를 다음의 조건을 적용하여 문서를 작성하시오.

① 문서는 A4(210mm×297mm) 크기, 세로 용지 방향으로 작성한다.

② 페이지 여백은 아래와 같이 설정한다.

| 왼쪽 | 오른쪽 | 위쪽 | 아래쪽 | 머리말 | 꼬리말 | 제본 |
|---|---|---|---|---|---|---|
| 20mm | 20mm | 20mm | 20mm | 10mm | 10mm | 0mm |

③ 아래와 같이 "자동 글머리 기호 넣기"와 "자동 번호 매기기" 기능을 해제한다.

> 도구 → 빠른 교정 → 빠른 교정 내용 → 입력 자동 서식 ⇒   자동 글머리 기호 넣기(해제)
> 　　　　　　　　　　　　　　　　　　　　　　　　　　　　　자동 번호 매기기(해제)

　※ 만약 입력자동서식 메뉴가 없는 경우에는, "자동 글머리 기호 넣기"와 "자동 번호 매기기" 기능이 설정되어 있지 않은 것이므로 별도의 기능 해제 없이 그대로 시험에 응시하시면 됩니다.

④ 글자는 별도의 지시사항이 없는 한 바탕, 10pt, 양쪽정렬, 줄간격 160%로 작성한다.

⑤ 영문, 숫자 등은 별도의 지시가 없는 한 반각(1byte) 문자를 사용한다.

⑥ 특수문자는 문자표(전각 기호)를 이용하여 작성한다.

⑦ 교정부호 및 화살표로 기재된 지시사항대로 처리하되, ⟨　　　⟩→은 지시사항이므로 작성하지 않는다.

⑧ 1페이지에 [문제1]을 작성하고, 구역을 나누어 2페이지에 [문제2]를 작성한다.

　※ 해당 페이지에 작성하지 않거나 의도적으로 텍스트 작성을 하지 않은 경우 0점 처리

⑨ [문제2]는 문제지와 같이 2단으로 다단을 나누어 작성한다.

⑩ '그림 삽입' 시에는 반드시 "KAIT 수검프로그램"을 통해 다운로드 한 그림 파일을 사용한다.

⑪ 총점 : 200점

　[공통사항1(기본설정, 용지설정)] : 8점, [공통사항2(오탈자)] : 40점

　[문제1] : 46점, [문제2] : 106점

⑫ 기타 특별히 지시되어 있지 않은 사항은 문제지에 준하여 작성한다.

# 우리전통시장살리기

전통시장 국내 최대 행사인 '전통시장박람회'를 강화도에서 개최합니다. 올해 제11회를 맞는 전통시장박람회는 전국에 우수한 전통시장의 상품을 전시 및 판매하는 행사이며, 지난 2013년부터 해마다 개최하고 있는 전통시장 관련 최대 규모의 행사 중 하나입니다. 특히 각 지역의 특산품은 온라인보다 저렴하게 판매할 예정이며, 전통시장 역사박물관의 전시 등 볼거리와 먹거리로 방문객들의 만족도가 높을 것입니다. 여러분들의 많은 관심과 참여를 부탁드립니다.

◎ 행사안내 ◎

1. 행사일시 : 2025. 11. 15. ~ 11. 16.
2. 행사장소 : 강화공공체육관(강화도 읍천리 소재)
3. 행사주관 : 인천시청, 전통시장상생협회
4. 세부행사 : *강화도 특산물 무료 시식권 추첨, 방문자 전원에게 기념품 증정*

※ 기타사항

- 행사는 2일간 같은 프로그램으로 진행되므로 참고해 주시기 바랍니다.
- 오전에는 아이돌 공연과 오후에는 불꽃 퍼레이드가 준비되어 있습니다.
- 기타 자세한 사항은 인천시청 홈페이지의 게시판 또는 본 협회 홍보팀(070-1234-5678)으로 연락 바랍니다.

2025. 10. 24.

### 전통시장상생협회

# 전통시장에 대하여

## 1. 전통시장의 현재

전통시장은 재래시장(在來市場)이라고도 불리며 소상인들이 모여서 갖가지 품목의 물건들을 직접 판매(sell)하는 전통적 구조의 시장을 말한다. 3일장, 5일장 같이 사람들이 모여서 열리는 정기시장에서 출발하여 도시화(urbanization)가 진행되고 있는 최근(最近)에는 소상인들의 연합체 형태를 갖춘 상설시장이 많이 생기고 있다. 많은 시장을 현대화(現代化)를 꾀하였기 때문에 점점 현대화가 혼재된 구조로 변하고 있다. 대규모(Large scale) 시장뿐 아니라 특정 품목만을 취급하는 전문시장도 그 변화에 함께하고 있는데, 의류를 전문으로 판매하는 동대문(東大門) 시장을 비롯하여 노량진 수산시장, 마장동 축산물시장 등이 대표적이다.

## 2. 지역별 전통시장

전주를 대표하는 모래내시장은 1970년대부터 형성된 시장으로 청정 농산물이 직배송되기 적합한 지리적 위치 덕에 신선한 농산물을 구입할 수 있는 것이 특징(feature)이다. 충남 청양(靑陽)의 정산면에 있는 정산시장은 전국 오일장으로 유명하다. 청양군을 대표하는 시장답게 상가형 비가림 시설도 완벽하여 편하게 구경할 수 있는 것이 장점(advantage)이다. 청양은 서해와 가깝지만, 내륙 산간 지역으로 지역민들에게 수산물이 귀해서인지 장날에는 수산물 코너가 가장 인기가 좋다. 충청남도 금산ⓐ에는 전국 인삼(ginseng) 생산과 유통량의 약 80%를 차지한다는 금산 인삼시장이 유명하고, 금산 금빛시장은 청년몰이 조성되어 누구나 찾아오는 쉽게 시장으로 발돋움하고 있다.

---

ⓐ 행정구역은 1읍 9면으로 이루어져 있음.

### 전통시장 방문자 추이(백 명)

| 지역 | 2022년 | 2024년 |
|---|---|---|
| 서울 | 105 | 88 |
| 경기 | 64 | 92 |
| 부산 | 360 | 575 |
| 제주 | 437 | 683 |
| 합계 | 966 | 1,438 |

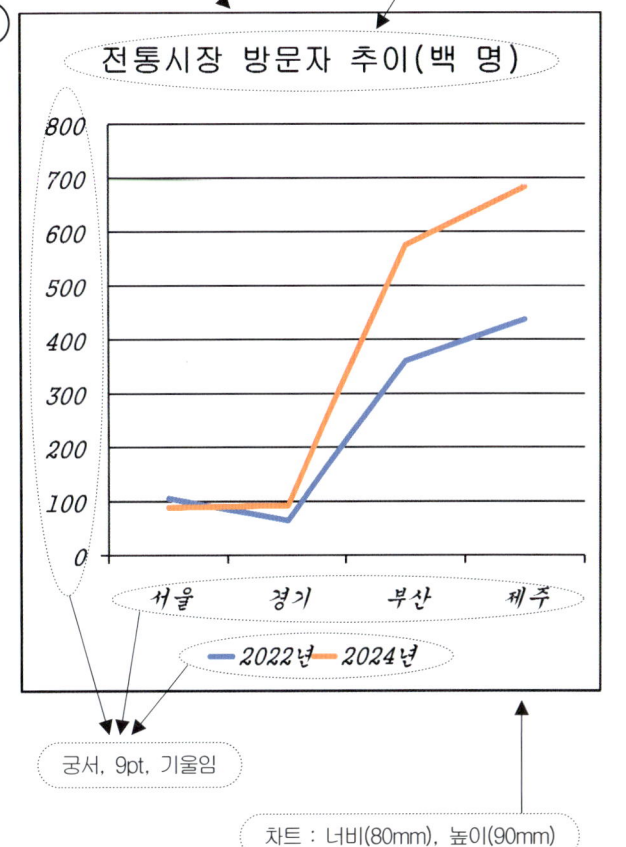

전통시장 방문자 추이(백 명)

# 제08회 최신기출유형

한컴오피스 한글 2022 버전용

◎ 시험과목 : 워드프로세서(한글)
◎ 시험일자 : 20○○. ○○. ○○.(X)
◎ 응시자 기재사항 및 감독위원 확인

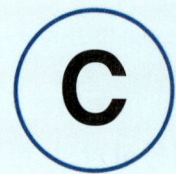

| 수검번호 | DIW - 0000 - | 감독위원 확인 |
|---|---|---|
| 성 명 | | |

## 응시자 유의사항

1. 응시자는 신분증을 지참하여야 시험에 응시할 수 있으며, 시험이 종료될 때까지 신분증을 제시하지 못 할 경우 해당 시험은 0점 처리됩니다.
2. 시스템(PC작동여부, 네트워크 상태 등)의 이상여부를 반드시 확인하여야 하며, 시스템 이상이 있을 시 감독위원에게 조치를 받으셔야 합니다.
3. 시험 중 부주의 또는 고의로 시스템을 파손한 경우는 수검자 부담으로 합니다.
4. 답안전송 프로그램을 통해 파일을 다운로드하여 답안 파일을 작성하시기 바랍니다.
5. 작성한 답안 파일은 답안전송 프로그램을 통하여 전송됩니다. 감독위원의 지시에 따라 주시기 바랍니다.
6. 다음 사항의 경우 실격(0점) 혹은 부정행위 처리됩니다.
   1) 답안 파일을 저장하지 않았거나, 저장한 파일이 손상되었을 경우
   2) 답안 파일을 지정된 폴더(바탕화면 - "KAIT" 폴더)에 저장하지 않았을 경우
      ※ 답안 전송 프로그램 로그인 시 바탕화면에 자동 생성됨
   3) 답안 파일을 다른 보조기억장치(USB) 혹은 네트워크(메신저, 게시판 등)로 전송할 경우
   4) 휴대용 전화기 등 통신기기를 사용할 경우
7. **시험지에 제시된 글꼴이 응시 프로그램에 없는 경우, 반드시 감독위원에게 해당 내용을 통보한 뒤 조치를 받아야 합니다.**
8. 시험의 완료는 작성이 완료된 답안을 저장하고, 답안 전송이 완료된 상태를 확인한 것으로 합니다. 답안 전송 확인 후 문제지는 감독위원에게 제출한 후 퇴실하여야 합니다.
9. 답안전송이 완료된 경우에는 수정 또는 정정이 불가능합니다.
10. 시험 시행 후 합격자 발표는 홈페이지(www.ihd.or.kr)에서 확인하시기 바랍니다.
    ※ 합격자 발표 : 20XX. XX. XX.(X)
    ※ 시험지 공개 : 20XX. XX. XX.(X)

| 디지털정보활용능력 - 한글 | 시험시간 : 40분 |

**【문제】 첨부된 문제를 다음의 조건을 적용하여 문서를 작성하시오.**

① 문서는 A4(210mm×297mm) 크기, 세로 용지 방향으로 작성한다.

② 페이지 여백은 아래와 같이 설정한다.

| 왼쪽 | 오른쪽 | 위쪽 | 아래쪽 | 머리말 | 꼬리말 | 제본 |
|------|--------|------|--------|--------|--------|------|
| 20mm | 20mm | 20mm | 20mm | 10mm | 10mm | 0mm |

③ 아래와 같이 "자동 글머리 기호 넣기"와 "자동 번호 매기기" 기능을 해제한다.

도구 → 빠른 교정 → 빠른 교정 내용 → 입력 자동 서식 ⇒ 자동 글머리 기호 넣기(해제)
자동 번호 매기기(해제)

　※ 만약 입력자동서식 메뉴가 없는 경우에는, "자동 글머리 기호 넣기"와 "자동 번호 매기기" 기능이 설정되어 있지 않은 것이므로 별도의 기능 해제 없이 그대로 시험에 응시하시면 됩니다.

④ 글자는 별도의 지시사항이 없는 한 **바탕**, **10pt**, **양쪽정렬**, **줄간격 160%**로 작성한다.

⑤ 영문, 숫자 등은 별도의 지시가 없는 한 반각(1byte) 문자를 사용한다.

⑥ 특수문자는 문자표(전각 기호)를 이용하여 작성한다.

⑦ 교정부호 및 화살표로 기재된 지시사항대로 처리하되, ⬭→은 지시사항이므로 작성하지 않는다.

⑧ 1페이지에 [문제1]을 작성하고, 구역을 나누어 2페이지에 [문제2]를 작성한다.

　※ 해당 페이지에 작성하지 않거나 의도적으로 텍스트 작성을 하지 않은 경우 0점 처리

⑨ [문제2]는 문제지와 같이 2단으로 다단을 나누어 작성한다.

⑩ '그림 삽입' 시에는 반드시 "KAIT 수검프로그램"을 통해 다운로드 한 그림 파일을 사용한다.

⑪ 총점 : 200점

　[공통사항1(기본설정, 용지설정)] : 8점, [공통사항2(오탈자)] : 40점

　[문제1] : 46점, [문제2] : 106점

⑫ 기타 특별히 지시되어 있지 않은 사항은 문제지에 준하여 작성한다.

DIAT

# 대한민국명화그림대회

명화갤러리에서는 청소년들이 꿈꾸는 세상을 만들고 재능을 뽐낼 수 있는 명화 따라 그리기 대회를 개최합니다. 미래의 주역이 될 우리 학생들의 성장 가능성을 제고하고 개인 역량 증진을 도모하면서 수상을 통해 자신감 향상에 목적을 두고 있습니다. 그동안 온라인으로 진행하였던 대회를 올해부터는 직접 만나서 그리고 시상도 하는 시간으로 진행됩니다. 상위 수상자는 **글로벌 본선 대회 진출 자격**을 얻을 수 있으니 개최되는 그림대회에 많은 관심과 참여 바랍니다.

♣ 안내사항 ♣

1. 대회일정 : 2025. 11. 19.(수) 10:00~ (3시간)
2. 대회장소 : 명화갤러리 1F 대강당
3. 참가대상 : 대한민국에 거주하고 있는 초,중,고등부 학생
4. 참가등록 : 본사 홈페이지 접수 ***http://www.ihd.or.kr***

※ 기타사항
- 시상은 학년별 대상 1명, 금상 1명, 은상 2명, 동상 3명, 장려상 10명으로 구성되며 입상자에게는 상장과 함께 소정의 선물이 증정됩니다. (참가자 모두 선물 증정)
- 기타 문의는 대회본부 운영실 담당자에게 문의 바랍니다. (089-123-5678)

2025. 10. 15.

## 명작갤러리관장

- 가 -

# 명화 이야기

## 1. 명화 '별이 빛나는 밤'

우리나라에서 가장 사랑받던 명화(名畵) 10점을 선정하였습니다. 고전 작품부터 현대에 이르기까지 국내외적으로 가장 유명한 명화 10점 외에도 많은 작품이 쏟아져 나왔었는데 국외 작품Ⓐ 중 가장 인기 작품은 있었던 바로 빈센트 반 고흐 작품의 '별이 빛나는 밤'입니다. 이 작품은 고갱(Gauguin)과 다툰 뒤 생레미의 요양원에서 지내면서 그린 그림(picture)입니다. 그는 병실(病室) 밖으로 내다보이는 밤 풍경을 상상하며 그렸는데 자연에 대한 주관적이고 내적인 표현을 구현하고 있습니다. 땅과 하늘을 수직으로 높이 연결하는 사이프러스(Cyprus)는 전통적으로 애도(哀悼)와 무덤이 관련된 나무이지만 반 고흐는 죽음을 불길하게 보지 않다고 합니다.

## 2. 초등학교의 놀라운 변화

제주도의 한 초등학교에서는 미술실을 미술관으로 탈바꿈하여 세간의 화제가 되고 있습니다. 지역사회뿐만 아니라 교사, 학생, 관광객까지 몰리고 있고 전교생을 대상으로 미술관 수업을 진행하여 흥미롭고 긍정적인 효과를 거두고 있다고 합니다. 이곳은 미술(美術) 전시업체 전문가의 도움을 받아 시설 개선에 나섰고 고흐, 고갱, 다빈치(da Vinci) 등이 창작한 인물화 20여 점을 전시했다고 합니다. 학교에서의 미술관 수업, 인성 교육, 학부모 공개수업, 지역주민들을 대상으로 초청 관람회 등으로 다양하게 미술관을 활용하고 있습니다. 전시구성과 도슨트(Docent) 교육(敎育)은 전문 업체를 통해 진행하고 있습니다.

Ⓐ 예술 창작 활동으로 얻어지는 제작물

### 학생들이 선호하는 명화 작가 비율(%)

| 작가명 | 초등학생 | 중고등학생 |
|---|---|---|
| 고흐 | 45 | 55 |
| 고갱 | 35 | 65 |
| 르누아르 | 27 | 73 |
| 다빈치 | 50 | 50 |
| 평균 | 39.25 | 60.75 |

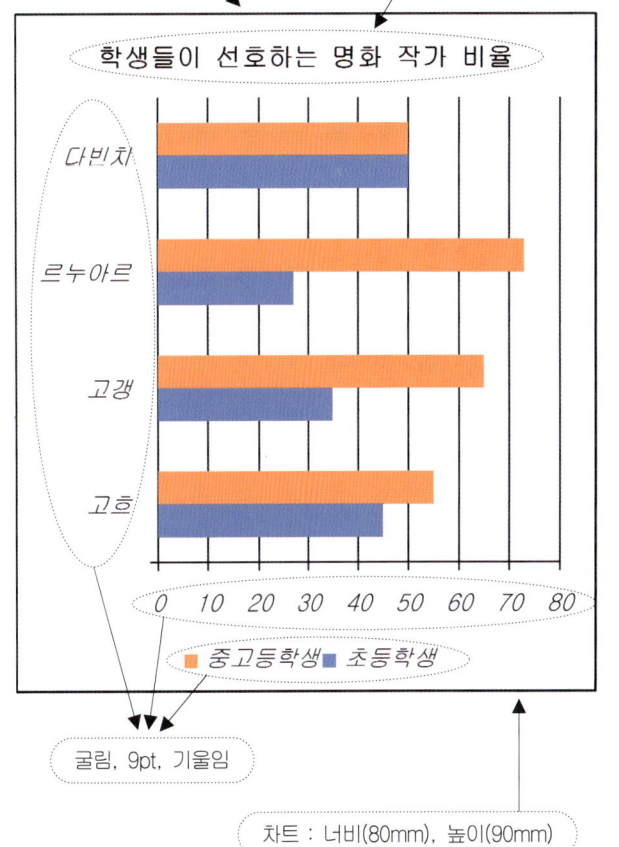

# 제09회 최신기출유형

한컴오피스 한글 2022 버전용

◎ 시험과목 : 워드프로세서(한글)
◎ 시험일자 : 20○○. ○○. ○○.(X)
◎ 응시자 기재사항 및 감독위원 확인

| 수검번호 | DIW - 0000 - | 감독위원 확인 |
|---|---|---|
| 성 명 | | |

## 응시자 유의사항

1. 응시자는 신분증을 지참하여야 시험에 응시할 수 있으며, 시험이 종료될 때까지 신분증을 제시하지 못 할 경우 해당 시험은 0점 처리됩니다.
2. 시스템(PC작동여부, 네트워크 상태 등)의 이상여부를 반드시 확인하여야 하며, 시스템 이상이 있을 시 감독위원에게 조치를 받으셔야 합니다.
3. 시험 중 부주의 또는 고의로 시스템을 파손한 경우는 수검자 부담으로 합니다.
4. 답안전송 프로그램을 통해 파일을 다운로드하여 답안 파일을 작성하시기 바랍니다.
5. 작성한 답안 파일은 답안전송 프로그램을 통하여 전송됩니다. 감독위원의 지시에 따라 주시기 바랍니다.
6. 다음 사항의 경우 실격(0점) 혹은 부정행위 처리됩니다.
    1) 답안 파일을 저장하지 않았거나, 저장한 파일이 손상되었을 경우
    2) 답안 파일을 지정된 폴더(바탕화면 - "KAIT" 폴더)에 저장하지 않았을 경우
        ※ 답안 전송 프로그램 로그인 시 바탕화면에 자동 생성됨
    3) 답안 파일을 다른 보조기억장치(USB) 혹은 네트워크(메신저, 게시판 등)로 전송할 경우
    4) 휴대용 전화기 등 통신기기를 사용할 경우
7. **시험지에 제시된 글꼴이 응시 프로그램에 없는 경우, 반드시 감독위원에게 해당 내용을 통보한 뒤 조치를 받아야 합니다.**
8. 시험의 완료는 작성이 완료된 답안을 저장하고, 답안 전송이 완료된 상태를 확인한 것으로 합니다. 답안 전송 확인 후 문제지는 감독위원에게 제출한 후 퇴실하여야 합니다.
9. 답안전송이 완료된 경우에는 수정 또는 정정이 불가능합니다.
10. 시험 시행 후 합격자 발표는 홈페이지(www.ihd.or.kr)에서 확인하시기 바랍니다.
    ※ 합격자 발표 : 20XX. XX. XX.(X)
    ※ 시험지 공개 : 20XX. XX. XX.(X)

# 디지털정보활용능력 - 한글　　시험시간 : 40분

**【문제】 첨부된 문제를 다음의 조건을 적용하여 문서를 작성하시오.**

① 문서는 A4(210mm×297mm) 크기, 세로 용지 방향으로 작성한다.

② 페이지 여백은 아래와 같이 설정한다.

| 왼쪽 | 오른쪽 | 위쪽 | 아래쪽 | 머리말 | 꼬리말 | 제본 |
|------|--------|------|--------|--------|--------|------|
| 20mm | 20mm | 20mm | 20mm | 10mm | 10mm | 0mm |

③ 아래와 같이 "자동 글머리 기호 넣기"와 "자동 번호 매기기" 기능을 해제한다.

> 도구 → 빠른 교정 → 빠른 교정 내용 → 입력 자동 서식 ⇒ 자동 글머리 기호 넣기(해제)
> 자동 번호 매기기(해제)

※ 만약 입력자동서식 메뉴가 없는 경우에는, "자동 글머리 기호 넣기"와 "자동 번호 매기기" 기능이 설정되어 있지 않은 것이므로 별도의 기능 해제 없이 그대로 시험에 응시하시면 됩니다.

④ 글자는 별도의 지시사항이 없는 한 **바탕, 10pt, 양쪽정렬, 줄간격 160%**로 작성한다.

⑤ 영문, 숫자 등은 별도의 지시가 없는 한 반각(1byte) 문자를 사용한다.

⑥ 특수문자는 문자표(전각 기호)를 이용하여 작성한다.

⑦ 교정부호 및 화살표로 기재된 지시사항대로 처리하되, ⃝→은 지시사항이므로 작성하지 않는다.

⑧ 1페이지에 [문제1]을 작성하고, 구역을 나누어 2페이지에 [문제2]를 작성한다.

　※ 해당 페이지에 작성하지 않거나 의도적으로 텍스트 작성을 하지 않은 경우 0점 처리

⑨ [문제2]는 문제지와 같이 2단으로 다단을 나누어 작성한다.

⑩ '그림 삽입' 시에는 반드시 "KAIT 수검프로그램"을 통해 다운로드 한 그림 파일을 사용한다.

⑪ 총점 : 200점

　[공통사항1(기본설정, 용지설정)] : 8점, [공통사항2(오탈자)] : 40점

　[문제1] : 46점, [문제2] : 106점

⑫ 기타 특별히 지시되어 있지 않은 사항은 문제지에 준하여 작성한다.

# 펫티켓문화확산캠페인

반려동물로 인한 안전사고가 빈번히 발생하며, **반려인과 비반려인 간의 갈등이 심화하고** 있습니다. 이를 계기로, 우리는 상호 간의 예의와 존중이 필요한 펫티켓이 필수적인 시대에 살고 있습니다. 반려동물과 함께하는 삶에서도 기본적인 에티켓을 준수해야 합니다. 이러한 상황을 고려하여 오는 5월에 펫티켓 홍보 캠페인을 진행할 예정입니다. 많은 분의 관심과 참여를 기다리며, 이 캠페인이 더 나은 동물과 사람의 공존을 위한 큰 기회로 이어지길 기대합니다.

◎ 참여안내 ◎

1. 행사일시 : 2025. 05. 24.(토) ~ 05. 25.(일)
2. 행사장소 : 세종특별자치시 호수공원
3. 행사내용 : *인식표 만들기, 산책키트 만들기, 수의사 무료 건강상담 등*
4. 문 의 처 : 반려동물협회 홈페이지(http://www.ihd.or.kr) 참조

※ 기타사항
- 행사 당일 반려동물과 동반 참여시 목줄이나 배변 봉투를 지참하여 주시고 반려동물이 대형견일 경우 입마개 착용을 당부 드립니다.
- 수의사 무료 건강상담 행사는 행사 당일 10:30분부터 사전 접수로만 진행됩니다.

2025. 04. 10.

반려동물협회

# 펫티켓 문화 확산

## 1. 펫티켓이란?

펫티켓(Pettiquette)은 'pet'과 'etiquette'의 합성어로, 반려인과 비반려인이 서로 지켜야 할 일종의 예의 및 예절을 뜻한다. 펫티켓의 가장 기본이 되는 것은 복종 훈련이다. 반려동물이 사람을 물거나 위협적인 상황이 발생할 때 반려동물을 컨트롤(Control) 할 수 있어야 하기 때문이다. 복종(服從) 훈련이라는 말에서 반려동물을 강압적으로 통제(統制)한다고 생각할 수도 있으나, 복종 훈련은 반려동물이 보호자를 보호자로 명확하게 인식하고 스스로 따르도록 하는 예절 교육에 가깝다. 복종 훈련을 마친 후에도 안전장치는 꼭 필요한 사항이다. 많은 훈련사가 맹견(猛犬)이 아니더라도 사고를 예방하기 위해 일정 크기 이상의 개는 입마개를 착용하는 것을 권장하고 있다.

## 2. 비반려인의 펫티켓

반려인만이 아니라 비반려인①도 지켜야 할 기본적인 펫티켓이 있다. 우선 반려동물의 눈을 응시하지 않아야 한다. 반려동물이 공격의 신호로 받아들일 가능성(可能性)이 크기 때문이다. 자신이 좋아한다고 반려동물에게 갑자기 무작정 다가가서 함부로 만지는 등 반려동물과 그 보호자가 예상할 수 없는 돌발행동을 한다면 자칫 큰 사고로 이어질 수 있다. 항상 보호자에게 먼저 동의와 허락을 구하고 반려동물에게 다가가 인사(Greeting) 할 수 있도록 해야 한다. 또한, 의도는 하지 않았지만, 반려동물이 가까이 있으면 소리를 지르는 행위도 금해야 한다. 반려동물을 자극(刺戟)할 수 있기 때문이다.

### 반려동물 양육가구 비율(단위:%)

| 연도 | 양육가구 |
|---|---|
| 2021 | 23.7 |
| 2022 | 26.4 |
| 2023 | 27.7 |
| 2024 | 28.9 |
| 평균 | 26.68 |

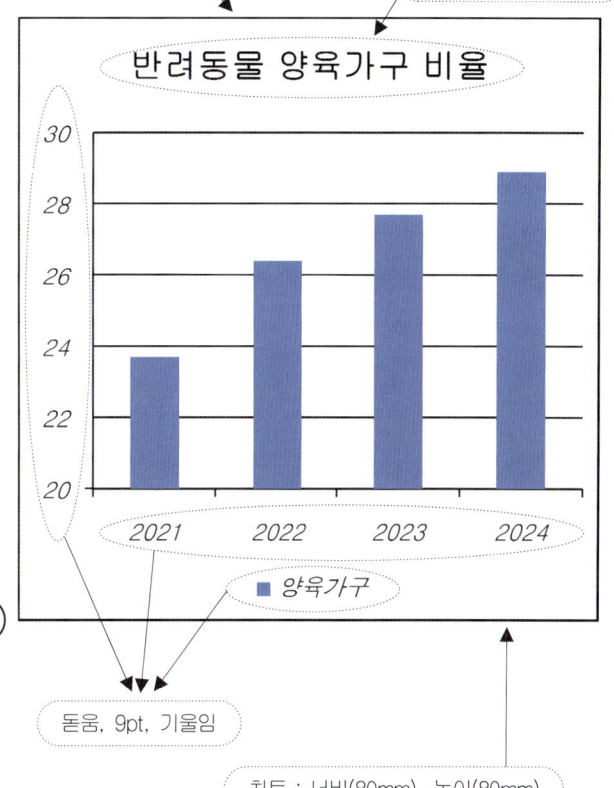

---

① 최근 6개월 이내에 동물을 키운 경험이 없는 사람

# 제10회 최신기출유형

한컴오피스 한글 2022 버전용

◎ 시험과목 : 워드프로세서(한글)
◎ 시험일자 : 20○○. ○○. ○○.(X)
◎ 응시자 기재사항 및 감독위원 확인

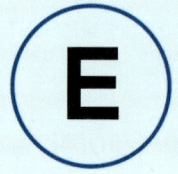

| 수검번호 | DIW - 0000 - | 감독위원 확인 |
|---|---|---|
| 성 명 | | |

## 응시자 유의사항

1. 응시자는 신분증을 지참하여야 시험에 응시할 수 있으며, 시험이 종료될 때까지 신분증을 제시하지 못 할 경우 해당 시험은 0점 처리됩니다.
2. 시스템(PC작동여부, 네트워크 상태 등)의 이상여부를 반드시 확인하여야 하며, 시스템 이상이 있을 시 감독위원에게 조치를 받으셔야 합니다.
3. 시험 중 부주의 또는 고의로 시스템을 파손한 경우는 수검자 부담으로 합니다.
4. 답안전송 프로그램을 통해 파일을 다운로드하여 답안 파일을 작성하시기 바랍니다.
5. 작성한 답안 파일은 답안전송 프로그램을 통하여 전송됩니다. 감독위원의 지시에 따라 주시기 바랍니다.
6. 다음 사항의 경우 실격(0점) 혹은 부정행위 처리됩니다.
    1) 답안 파일을 저장하지 않았거나, 저장한 파일이 손상되었을 경우
    2) 답안 파일을 지정된 폴더(바탕화면 – "KAIT" 폴더)에 저장하지 않았을 경우
        ※ 답안 전송 프로그램 로그인 시 바탕화면에 자동 생성됨
    3) 답안 파일을 다른 보조기억장치(USB) 혹은 네트워크(메신저, 게시판 등)로 전송할 경우
    4) 휴대용 전화기 등 통신기기를 사용할 경우
7. **시험지에 제시된 글꼴이 응시 프로그램에 없는 경우, 반드시 감독위원에게 해당 내용을 통보한 뒤 조치를 받아야 합니다.**
8. 시험의 완료는 작성이 완료된 답안을 저장하고, 답안 전송이 완료된 상태를 확인한 것으로 합니다. 답안 전송 확인 후 문제지는 감독위원에게 제출한 후 퇴실하여야 합니다.
9. 답안전송이 완료된 경우에는 수정 또는 정정이 불가능합니다.
10. 시험 시행 후 합격자 발표는 홈페이지(www.ihd.or.kr)에서 확인하시기 바랍니다.
    ※ 합격자 발표 : 20XX. XX. XX.(X)
    ※ 시험지 공개 : 20XX. XX. XX.(X)

식별CODE

# 디지털정보활용능력 - 한글    시험시간 : 40분

**【문제】 첨부된 문제를 다음의 조건을 적용하여 문서를 작성하시오.**

① 문서는 A4(210mm×297mm) 크기, 세로 용지 방향으로 작성한다.

② 페이지 여백은 아래와 같이 설정한다.

| 왼쪽 | 오른쪽 | 위쪽 | 아래쪽 | 머리말 | 꼬리말 | 제본 |
|---|---|---|---|---|---|---|
| 20mm | 20mm | 20mm | 20mm | 10mm | 10mm | 0mm |

③ 아래와 같이 "자동 글머리 기호 넣기"와 "자동 번호 매기기" 기능을 해제한다.

| 도구 → 빠른 교정 → 빠른 교정 내용 → 입력 자동 서식 ⇒ | 자동 글머리 기호 넣기(해제)<br>자동 번호 매기기(해제) |
|---|---|

 ※ 만약 입력자동서식 메뉴가 없는 경우에는, "자동 글머리 기호 넣기"와 "자동 번호 매기기" 기능이 설정되어 있지 않은 것이므로 별도의 기능 해제 없이 그대로 시험에 응시하시면 됩니다.

④ 글자는 별도의 지시사항이 없는 한 **바탕, 10pt, 양쪽정렬, 줄간격 160%**로 작성한다.

⑤ 영문, 숫자 등은 별도의 지시가 없는 한 반각(1byte) 문자를 사용한다.

⑥ 특수문자는 문자표(전각 기호)를 이용하여 작성한다.

⑦ 교정부호 및 화살표로 기재된 지시사항대로 처리하되, ⬚→은 지시사항이므로 작성하지 않는다.

⑧ 1페이지에 [문제1]을 작성하고, 구역을 나누어 2페이지에 [문제2]를 작성한다.

 ※ 해당 페이지에 작성하지 않거나 의도적으로 텍스트 작성을 하지 않은 경우 0점 처리

⑨ [문제2]는 문제지와 같이 2단으로 다단을 나누어 작성한다.

⑩ '그림 삽입' 시에는 반드시 "KAIT 수검프로그램"을 통해 다운로드 한 그림 파일을 사용한다.

⑪ 총점 : 200점

 [공통사항1(기본설정, 용지설정)] : 8점, [공통사항2(오탈자)] : 40점

 [문제1] : 46점, [문제2] : 106점

⑫ 기타 특별히 지시되어 있지 않은 사항은 문제지에 준하여 작성한다.

# 석면해체제거공사안내

**본**교는 여름방학 기간 중 *석면 해체와 제거 공사가 진행될 예정*입니다. 현재 본관을 포함한 5개동 총 52개 실이 천정텍스가 석면 재질로 시공되어 있습니다. 이에 따라 교육청에서는 전체 석면 건축물을 제거하겠다는 목표로 사업을 추진하고 있습니다. 공사 중 발암물질로 규정된 석면 비산먼지가 날리는 등 안전에 위험이 있으니 공사 관계자를 제외한 외부인은 교내 출입이 전면 금지됩니다. 가정에서도 학생들이 교내 출입하지 못하도록 지도 부탁드립니다.

▲ 공사안내 ▲

1. 공사기간 : 2026. 01. 09.(금) ~ 31.(토)
2. 주요공정 : 기존 석면해체 제거, 무석면 텍스 시공
3. 공사범위 : 5개동 52개실
4. 상세내용 : **<u>본교 홈페이지(http://www.ihd.or.kr) 공지사항</u>**

※ 기타사항

- 2025. 12. 10.(수) 10:00 본교 교무실에서 시공업체의 사전설명회가 예정되어 있사오니 궁금하신 분들께서는 참석하셔도 됩니다.
- 총 3회에 걸쳐 중간 점검이 진행되고 점검일지는 홈페이지 공지사항을 확인하시기 바랍니다.

2025. 11. 24.

## 우리초등학교장

- 가 -

# 석면이 주는 피해

## 1. 자연의 소중함

자연(自然)의 아름다움은 진정하게 자연을 받아들이는 자만이 누릴 수 있는 것입니다. 마음을 열고 세상을 느끼며 소통한다면 자연을 이해할 수 있을 것입니다. 자연을 이해한다는 것은 자연을 사랑하게 된다는 것입니다. 인간(人間)이 자연을 소중히 여기지 않는다면 자연도 우리를 소중히 여기지 않을 것입니다. 인간(human)이 자연의 섭리를 무시한 채 땅을 파헤치는 등 자연이 스스로 정화할 수 없는 강한 독성 오염물(pollutant)을 마구 버린다면 자연 전체가 무너져 버릴 것입니다. 각자의 잘못된 생활 습관들이 모여 지구 오염을 더 가속화하고 있는 것입니다. 자연의 건강은 인간의 건강(健康)과 직결되어 있습니다.

## 2. 심각한 석면가루

석면(石綿)은 존재하는 자연에서 섬유상 규산광물의 총칭으로 화학구조가 수정과 같은 구조를 가지는 섬유성 무기물질을 말합니다. 석면ⓐ은 세계보건기구(WTO) 산하의 국제암연구소(IARC) 지정 1군 발암물질입니다. 석면 가루를 흡입하였을 때 약 20년~40년의 잠복기를 거쳐 폐암, 늑막, 흉막에 암이 발생하는 악성(惡性) 중피종의 위험이 있습니다. 석면이 함유된 탈크(talc)도 1급 발암물질로 지정되어 있습니다. 따라서 석면으로 시공된 각 교육기관 및 지자체의 건물은 해체, 제거 공사를 진행하고 있고, 화장품 등에서도 석면 활석이 검출되어 2009년 1월 1일부터 석면안전관리법 시행에 따라 석면이 0..1% 이상 함유된 건축자재 등은 제조 및 수입이 전면 금지되어 있습니다.

---

ⓐ 자연계에서 섬유상을 띠는 규산염 광물의 일종

### 지역별 석면공사 완료현황

| 지역 | 2023년 | 2024년 |
|---|---|---|
| 서울 | 399,600 | 391,300 |
| 경기도 | 392,900 | 339,700 |
| 경상도 | 98,200 | 96,200 |
| 충청도 | 751,127 | 852,112 |
| 합계 | 1,641,827 | 1,679,312 |

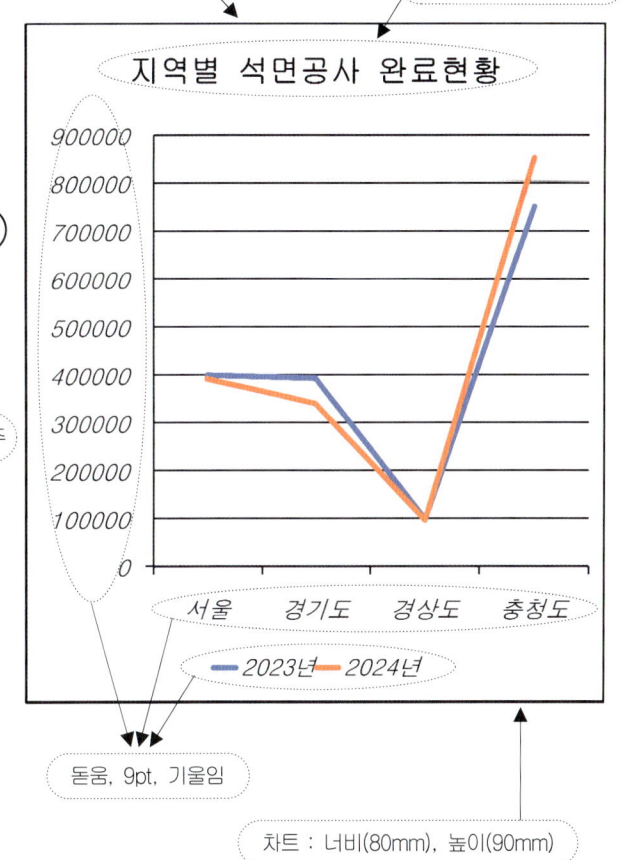

지역별 석면공사 완료현황

 Memo